KB122723

현대와 소통하는 동양 고전,

논 어

현대와 소통하는 동양 고전, 논어

초판 1쇄 인쇄 2014년 11월 07일
초판 1쇄 발행 2014년 11월 13일

지은이   류 근
펴낸이   손 형 국
펴낸곳   (주)북랩
출판등록   2004. 12. 1(제2012-000051호)
주소   서울시 금천구 가산디지털 1로 168,
             우림라이온스밸리 B동 B113, 114호
홈페이지   www.book.co.kr
전화번호   (02)2026-5777
팩스   (02)2026-5747

ISBN   979-11-5585-399-3 03140(종이책)
             979-11-5585-400-6 05140(전자책)

이 도서의 국립중앙도서관 출판시도서목록(CIP)은 서지정보유통지원시스템 홈페이지(http://seoji.nl.go.kr)와
국가자료공동목록시스템(http://www.nl.go.kr/kolisnet)에서 이용하실 수 있습니다.
(CIP제어번호 : CIP2014031927)

현대와 소통하는 동양 고전

논어

류 근 지음

북랩 book Lab

머리말

　논어는 2,500여 년 전에 중국에서 편찬된 공자의 언행록이다. 즉, 논어는 총 20편 약 480장으로 구성되어 있는데 주로 공자를 중심으로 제자 또는 다른 사람들과 주고받은 문답이나 행적 등을 기술한 책이다.

　논어의 중심인물인 공자는 중국 노나라 추읍 창평현에서 기원전 551년에 태어났다. 아버지는 숙량흘이라는 사람이었는데, 그는 추읍의 대부로서 용맹한 무사였다. 숙량흘은 정실부인 시(施) 씨와의 사이에서 9명의 딸만 두어, 가문을 계승시키려고 70세 가까운 나이에 명문가의 딸인 16세 안 씨를 맞아들였다. 그리고 이 사이에서 난 아들이 공자였다.

　숙량흘은 공자가 태어난 지 2년 후에 죽었다. 그리하여 안씨는 공자를 데리고 곡부 궐리로 옮겨 살았다. 공자는 20세부터 55세까지 관리 생활을 하고 그 후에 여러 나라를 돌아다니고, 다시 고향으로 돌아와 교육과 저술 활동을 하다가, 노나라 예공 16년(기원전 476년) 4월 11일 73세에 병으로 세상을 떠났다.

　공자의 어머니 안 씨는 아들 교육에 공을 들였고, 공자도 가난한 살림을 도우면서 향교에서 많은 것을 배우고 익혔다. 공자는 20세를 전후로 창고 출납을 맡는 업무(위리), 소나 돼지 같은 가축을 관리하는 업무(승전) 등의 하급 관리 생활을 했다. 그리고 비교적 높은 관직

인 중도재, 사공, 그리고 대사구(현재의 법무장관 혹은 검찰총장)를 역임한 것은 51세부터 55세까지였다. 그리고 공직에서 은퇴할 나이인 55세에 중국 대륙을 돌아다니다가(주류천하) 68세에 다시 노나라로 돌아왔던 것이다.

공자가 중국 대륙에서 여러 나라를 떠돌아다니면서 충, 효를 중심으로 하는 도덕 정치를 설파하였지만, 이 시절 제후들은 실력을 제일로 여겼기 때문에 공자를 환영할 입장이 아니었다. 그러므로 공자의 주류천하는 현실적으로는 실패한 여정이었다.

그렇지만, 춘추전국시대를 지나면서 공자가 설파한 충, 효를 중심으로 하는 도덕 정치를 여러 제후들이 받아들였다. 이러한 공자가 주장한 유학은 더욱 발전하여 공자의 봉건주의 윤리는 현실적인 통치 이념에 적합한 철학으로 부상하게 되었다. 이러한 유학은 그 후 중국, 한국, 일본 등에서 주류 철학으로 자리 잡기에 이르렀고, 서양의 민주주의가 들어오기 전까지 중국, 한국, 일본 등 동양 주류 철학으로 건재해 왔다.

공자는 주나라(특히 서주시대) 때의 문물제도(동양식 봉건주의)를 이상적인 정치제도로 보았다. 그리고 이러한 제도를 뒷받침하기 위해서 인(仁), 군자 등의 개념을 강조하였다. 즉, 인, 군자 등의 개념을 순조로운 봉건제도를 위한 안전장치로 본 것이다. 논어는 이러한 군자 등의 문답 형식을 정리한 것이다.

이러한 논어의 문답은 당시 정치 질서 속에서 지배자이거나 피지배자에게도 수긍할 수 있는 합리적 윤리를 제시하고자 한 것이다. 그러나 공자가 주류천하 할 때에는 각국의 지배자들이 공자의 합리적 윤리를 받아들이지 않았던 것이다. 그렇지만 공자가 죽은 후에는 논어는 공자의 봉건주의 윤리를 제대로 반영한 문답이 많아 시대를 초월하여 받아들여지게 되었던 것이다. 나도 1960년대 말경, 대학교 교양학부 시절에 논어를 접하게 되었다.

당시 과제물로 논어를 읽고 리포트를 작성하라는 것이었는데, 논어를 읽으면서 우리 생활에 스며든 구절이 많음에 놀랐다. 그래서 논어를 수시로 읽었지만, 의역을 하면서 그 뜻을 이해하여 왔다. 나이가 들면서, 논어 구절보다는 공자나 제자들의 입장을 살피게 되었다.

공자가 봉건주의 속에 군자가 갖추어야 할 인, 예 등의 도덕을 추구하였다고 본다면, 사회나 정치제도 등의 패러다임이 바뀐 오늘날 민주주의에서는 어떠한 모습이었을까, 하는 생각이 떠올랐다. 특히 공자가 내세운 인(仁), 군자(君子) 개념에 주목하였다. 인(仁)이란 개념을 민주주의 등으로 군자를 지성인 등으로 상응한 개념으로 해석하여 보았다. 다행히 큰 무리가 없는 해석이 가능하였다. 그리하여 논어의 원문 내용을 살피면서 현대적 풀이(21세기 말씀)를 시도하여 보았다. 이는 공자가 당대의 이상적인 봉건주의를 추구하였듯이 공자가 오늘날에 있었다면, 이상적인 민주주의 등을 추구하였으리라 생각해서 그런 것이다.

공자가 이상적인 모델로 한 주의 봉건주의는 그 후에 중국뿐만 아니라 우리나라, 일본 등에 심대하게 영향을 주었다. 그리하여 봉건주의가 우리나라 등에게 순수하게 받아들여지지는 않았지만 봉건주의의 안전장치인 인, 효, 군자 등의 개념은 받아들이고 이를 실천하려고 노력하여 왔던 것이다.

이젠 이곳에서 원문을 살리면서 21세기에 공자의 이상적인 민주주의 등을 추구하는 모습을 그려보고자 한다. 원래 재주가 없는 나로서는 현대 생활 속에 스며든 유교정신을 민주주의 등에 맞게 살려보고자 무리를 저지르게 되었음을 밝히고자 한다.

우거에서 류근

차례

머리말 / 04

01
학이(學而)

이 학이(學而)편은 논어의 첫 편으로 배움(學)의 중요함을 가르치고 있다. 배움은 모든 수양의 들어가는 관문이며, 모든 수양의 밑거름이 된다. 공자는 모르는 것을 부끄럽게 여기지 말고, 깨달은 사람을 찾아 바르게 배우기를 권장하고 있다.

주공 이름은 단(旦)이다. 주 왕조를 세운 문왕의 아들이며 무왕의 동생이다. 주공은 무왕과 무왕의 아들인 성왕을 도와 주 왕조의 기초를 확립하였다. 그는 주 왕실의 일족과 공신을 중원의 요지에 배치하여 다스리게 하는 주의 봉건제를 실시케 하였다. 그리고 예악과 법도를 제정하여 주 왕실 특유의 제도 문물을 창시하였다.

주공의 저서에 주례가 있다. 그리고 원래 논어에는 없지만 논어의 각 편에는 논어에 중요하게 다루어지는 인물들의 약력을 소개하고 있다. 제일 먼저 다룬 사람이 공자가 존경하는 주공이다.

이곳에서는 논어의 원문과 한글문도 싣고, 그에 따른 해석문을 실었다. 마지막으로 현 시대에 공자가 살아 있다고 가정하여 시대에 맞게 말하는 공자의 21세기 말씀을 시도하였다. 그리고 그런 시도를 한 배경을 해설문에서 밝혔다.

(1) 배움이 즐거움의 으뜸이다.

子曰學而時習之不亦悅乎
자 왈 학 이 시 습 지 불 역 열 호

有朋自遠方來不亦悅乎
유 붕 자 원 방 래 불 역 열 호

人不知而不慍不亦君子乎
인 불 지 이 불 온 불 역 군 자 호

공자가 말했다.

배우고 그것을 꾸준히 되풀이하여 복습하면 이 또한 기쁜 일이 아니겠는가? 벗이 멀리서 찾아오면 이 어찌 즐거운 일이 아니겠는가? 비록 사람들이 나의 학문과 능력을 알아주지 않아도 결코 서운해하지 않으면 이 또한 군자라 하지 않겠는가?

해석 자왈(子曰), 하면서 문장이 시작하는데 이곳에서 자(子)는 공자를 말하는 것이다. 논어의 대부분 문장이 공자의 말이므로 공자를 줄여서 자(子)로 쓴 것이다. 그리고 이곳에서의 학문은 오늘날에서 보면 인격 수양 등의 인문학인 것이다.

이곳에서 군자는 덕과 학식이 높아서 도덕적으로 완성된 인격자를 말한다. 논어는 학문의 배움을 첫머리에 내세워, 공자가 스스로 깨달은 것이 아니라 기존의 학문을 습득하여 그를 기반으로 더욱 많은 것을 알아감의 중요함을 강조하고 있는 것이다. 이 점이 다른 성인인 석가 등과 다른 것이다.

21세기 말씀 **공자가 말한다.**

배우고 그것을 꾸준히 되풀이 하여 이를 전공하면 진정 기쁜 일이 아니겠는가? 배움이 깊어 지구촌 어디에도 배움의 동지가 있게 되면 진정 기쁜 일이 아니겠는가? 비록 사람들이 나의 학문과 능력을 알아주지 않아도, 배움에 몰두한다면 진정한 지식인이라 하지 않겠는가?

해석 오늘날에는 학문이라 하면 인문학 외에도 자연과학·사회과학 등의 모든 분야를 말한다. 그리고 오늘날 학문은 여러 분야로 세분되어 학문하는 입장에서는 그 세분된 전공 학문 중 특정된 학문을 지칭한다. 그리고 논어에 많이 나오는 군자는 오늘날 민주적 윤리를 갖춘 지성인 또는 지식인을 말한다고 하여도 무리는 없다. 그리고 군자의 반대 개념인 소인, 소인배는 오늘날 일반 시민 즉 보통 사람 등으로 보면 무난하다. 그리고 오늘날에는 학문하는 친구나 동지는 지구촌 어디라도 있는 것이다.

(2) 효(孝)와 제(弟)는 인(仁)을 실천하는 근본이다.

有子曰其爲人也孝弟而好犯上者鮮矣
유 자 왈 기 위 인 야 효 제 이 호 범 상 자 선 의

不好犯上而好作亂者未之有也
불 호 범 상 이 호 작 란 자 미 지 유 야

君子務本本立而道生孝弟也者其爲仁之本與
군 자 무 본 본 립 이 도 생 효 제 야 자 기 위 인 지 본 여

유자가 말했다.

그 사람됨이 효성(孝)스럽고 우애(弟)스러우면서 윗사람을 무시하는 사람은 드물다. 따라서 윗사람에게 함부로 하지 않는 사람이 난동을 부릴 사람은 없다. 그러므로 군자는 반드시 근본에 힘을 쓴다. 이러한 근본이 확립되면 인(仁)이 자연스럽게 생겨나는 것이다. 효(孝)와 제(弟)는 바로 이런 인을 실천하는 데 밑받침인 것이다.

해석 유자는 공자의 제자로서 이름은 약(若)이다. 노나라 출생으로 공자보다 13세 아래이다. 유자는 공자의 모습과 인품이 닮아

공자 사후에 공자 제자들을 잠시 이끌었다고 한다. 그리고 공자가 제시한 '인'이란 개념은 공자도 구체적이고 명확한 개념으로 제시하지는 않았다. 다만 공자가 여러 가지로 인을 언급하는 속에서 '인이란 무엇인가'가 설명되고 있는 것이다.

결국 '인'이란 어질다는 뜻이며 선(善)의 근원이 되고 행(行)의 기본이 되는 개념이다. 그리하여 부모에게는 '효'로 나타내고 나라에는 '충'으로 표현되는 것이다. 이렇게 볼 때에 '인' 개념은 효(孝), 제(悌), 예(禮), 충(忠), 서(恕), 경(敬), 공(恭) 등의 덕목을 모두 아우르는 개념으로 보는 것이다.

21세기 말씀 유자가 말한다.

그 사람됨이 민주적 절차에 순응하는 사람이라면 함부로 민주적 절차를 무시하고 막 행동하지는 않을 것이다. 더 나아가 민주적 질서에 순응하는 사람에게 행패를 부리지는 않을 것이다. 그러므로 지성인이라면 반드시 민주적 절차에 순응해야 한다. 이런 민주적 절차에 모두가 순응하면 자연스럽게 민주적 사회가 생겨나는 것이다. 그러므로 민주적 질서에 순응하는 것이 민주적 사회를 만드는 밑받침이 되는 것이다.

해석
봉건시대의 '인' 개념의 핵심은 지배층이 백성을 통치할 때에 힘, 폭력 등으로 행사하지 말고 도덕적으로 할 것을 권장하는 개념으로 보인다. 그렇다면 오늘날에는 지배층이 힘, 폭력 등에 의한 통치를 벗어나는 것은 민주적 통치만이 가능하다고 보인다. 특히 중국 대륙과 북한의 정치제도를 생각하면 봉건주의 시절에 힘, 폭력 등을 자제시키려고 공자가 도입한 인 개념은 탁월한 발상으로 보이는 것이다.

그리하여 봉건주의 시대의 '인' 개념은 개인적인 윤리를 넘어 오늘날 힘, 폭력 등을 배제하는 민주주의 개념으로 대치하는 것이 합리적 설득이 있다고 보이는 것이다. 그리하여 다소 무리가 있지만 논어의 孝弟도 인 개념을 포함시켜 민주주의, 민주 정치인, 민주적 지성 등으로 대치하여 본 것이다.

(3) 꾸밈이 많은 사람들에는 어진 사람이 적다.

子曰巧言令色鮮矣仁
자 왈 교 언 령 색 선 의 인

공자가 말했다.

미사여구의 말을 구사하거나 좋은 얼굴 빛으로 꾸미는 사람들에게는 어진 사람이 드물다.

해석 공자는 진실하지 않으면서 말과 표정만 그럴듯하게 하는 사람들에게는 어진 사람이 적다고 하여, 상사의 신임만 얻으려는 아첨하는 무리를 경계하고자 한 말로 보인다.

공자가 말한다.

진실한 내용이 없으면서 그럴듯한 미사여구만 사용하거나 불만
스러운 속마음을 숨기면서 겉으로는 미소를 띠며 말하는 사람
들에게는 진실된 민주정치를 하려는 사람은 드물다.

해석 진실한 내용도 없으면서 청산유수같이 말을 잘 구사하거나 가
식적인 미소를 띤 표정은 오늘날 민주적 선거에 늘 있는 현상
이다. 그리하여 이 '교언영색'은 오늘날 민주 정치가에는 귀담
아 들을 내용으로 보인다.

(4) 매일 세 번 반성한다.

曾子曰吾日三省
증 자 왈 오 일 삼 성

爲人謀而不忠乎
위 인 모 이 불 충 호

與朋友交而不信乎
여 붕 우 교 이 불 신 호

傳不習乎
전 불 습 호

증자가 말했다.

나는 날마다 하루에 세 번 반성한다. 첫째, 남을 위하여 일에 정성을 다했는가? 둘째, 친구를 사귀는 데 신의를 다하였는가? 셋째, 가르침을 제대로 복습을 하였는가?

해석 증자의 이름은 삼(參)이며 또 다른 이름은 자여이다. 공자의 제자이며 산동성에서 태어났으며 공자보다 46세 아래이다. 증삼은 특히 효심이 훌륭하였다고 한다.

증삼에게서 공자의 손자 공급을 거쳐 맹자로 유학이 연결된다. 즉, 증삼을 지나 공급을 거쳐 맹자로 연결되어 유교가 번성하게 된다. 맹자 때에 유교가 번성하면서 증삼을 증자로 존칭하게 된다. 증자에 의해 스승 공자를 중심으로 한 문답인 논어가 만들어졌다고 한다.

21세기 말씀 **증자가 말한다.**

나는 날마다 나의 행동에 세 번 뒤돌아본다. 첫째, 다른 사람을 위한 일에 나의 일처럼 정성을 다했는가? 둘째, 사람을 사귀는 데 신의를 다하였는가? 셋째, 사람을 가르치는데 제대로 복습을 하고 임하였는가?

해석 원문의 忠, 信 개념을 이 모든 것을 아우르는 인 개념으로 보고, 인 개념의 대치한 개념인 민주주의로 연결시킬 수도 있으나 이곳에서는 일반적인 행위를 매일 세 번 반성하였다는 것으로만 해석함이 타당해 보여 그렇게 하였다.

(5) 백성의 믿음을 얻어야 한다.

子曰道千乘之國敬事而信
자 왈 도 천 승 지 국 경 사 이 신

節用而愛人使民以時
절 용 이 애 인 사 민 이 시

공자가 말했다.

천승의 나라를 다스리는 데 있어서는 매사를 삼가고 신중히 생각
하여야 하며 백성들의 믿음을 얻어야 한다. 그리고 비용을 최대한
절약하여야 하며 백성들의 수고로움을 될 수 있는 한 덜어 주어야
한다. 한편 백성을 부리는 데에도 적절하게 때를 맞추어야 한다.

해석 천승지국은 수레가 천 개인 나라, 즉 규모가 큰 나라이다.

21세기 말씀 공자가 말한다.

큰 나라를 다스리는 데 있어서는 매사를 신중히 생각하고 민주
적 절차에 따라 행하여 시민들의 믿음을 얻어야 한다. 그리하여
시민의 믿음을 유지하기 위해 공적인 일의 비용을 최대한 절약

하고 시민의 수고로움을 줄여 주어야 한다. 특히 시민에게 부담을 주는 사업일 경우에는 공개적이고 투명한 민주적 절차에 따라야 한다.

해석 논어의 백성은 오늘날 (일반)시민으로 봄이 적절하다. 그리고 신(信) 개념은 인 개념 속에 아울러지는 개념이므로 仁 개념의 오늘날 대치 개념인 민주주의, 민주정치로 연결시켜본 것이다. 오늘날 우리 주변의 천승지국의 예인 중국을 살펴보면, 공무를 공개적이고 투명한 민주적 절차를 거치는 것에 아직 미흡하다고 하겠다.

(6) 어진 사람과 친하고 여력이 있으면 학문에 힘써야 한다.

子曰弟子入則孝出則弟謹而信汎愛衆
자 왈 제 자 입 즉 효 출 즉 제 근 이 신 범 애 중

而親仁行有餘力則以學門
이 친 인 행 유 여 력 즉 이 학 문

공자가 말했다.

어린 제자들은 가정에 들면 부모에게 효도하고, 밖에 나가면 윗사람을 공경하고 행실을 삼가며, 말을 성실하게 하고 사람들에게 믿

음을 주어야 한다. 그리고 모든 사람을 사랑하고 특히 어진 사람과 친해야 하며, 여력이 있으면 학문에 힘써야 한다.

해석 효 개념도 仁을 실현하는 중요한 개념이다. 즉 효 개념은 어버이 쪽에서 보면 어버이가 자식에게 얻는 일방적 혜택으로 보이지만 사회적 측면에서 보면 힘, 폭력 등이 아닌 비교적 평화롭고 질서 있는 개념이기도 한 것이다. 즉, 먼저 태어난 사람들을 우선시하는 윤리이지만 비폭력적인 면도 있는 개념이기는 하다. 그러나 오늘날 민주주의 개념에서는 정돈될 필요가 있는 개념이기도 하다.

21세기 말씀 공자가 말한다.

배움에 있는 사람은 가정에 들면 가정 구성원의 도리에 성실히 임하고 밖에 나가면 민주사회 구성원의 도리에 성실히 임해야 한다. 그러면서도 자기를 연마하기 위한 학문 정진에 힘써야 한다.

해석 효 개념은 仁를 실현하는 개념이지만 仁 개념 안에 포함되는 부분 개념 중 중요한 개념이다. 그러하여 오늘날에는 仁 개념의 대치 개념인 민주주의 개념 안에 포함되어야 한다.

따라서 효를 봉건주의에서와 같이 아버지가 아들에게 일방적으로 봉사받는 개념으로 볼 수는 없고 가정 내의 가정 구성원의 민주주의 개념으로 업그레이드될 개념으로 보인다. 즉, 효 개념을 가정 구성원 간의 평등 내지 의무 개념으로 승화시

켜 보는 것이 옳다고 보인다. 그리고 사람을 사랑하고 어진 사
람과 친할 것을 권유하고 있는데 이러한 것은 모두 민주사회
구성원의 도리에 포함하였다.

(7) 진정한 배움은 성실함에 있다.

子夏曰賢賢易色, 事父母能竭其力
자 하 일 현 현 역 색 사 부 모 갈 기 력

事君能致其身, 與朋友交言而有信
사 군 능 치 기 신 여 붕 우 교 언 이 유 신

雖曰未學, 吾必謂之學矣
수 왈 미 학 오 필 위 지 학 의

자하가 말했다.

어진 사람을 공경하되 아름다운 미인을 좋아하듯 하고, 부모를 섬
기되 극진히 받들고 임금을 섬기되 온몸 바쳐 충성하고 친구를 사
귀되 성실함이 있으면 비록 배우지 않았다고 하여도 나는 그를 학
문이 있는 사람이라 하겠다.

해석 자하는 공자의 제자이며 이름은 복상이고 산시성에서 태어났
으며 공자보다 44세 아래이다. 공문십철 중 한 사람이다.

널리 알려진 민주주의 인사는 공경하되, 최고의 예우로 성실히 해야 한다. 그리고 가정에서는 부모와의 소통에도 성실해야 하고 공무에 임해서는 최선을 다하고, 시민과의 소통에도 성실해야 한다. 이런 자세로 살아가면, 비록 높은 학문을 하지 않았더라도 능히 지성인에 버금가는 것이다.

해석 봉건주의에는 인을 실현하는 대표적인 것이 사군(事君), 사부모(事父母) 등이다. 이들 개념을 오늘날 대치 개념인 민주주의에서 변화되는 모습을 살펴본 것이다. 그리하여 임금을 섬기는 사군 개념은 공무로, 부모를 섬기는 사부모 개념은 가족 내에서의 자세 등으로 살펴본 것이다. 그리고 (여)色은 여자에 빠지는 남자들의 심리에 맞게 쓴 개념으로 보고 최고의 예우로 표현하였다.

(8) 군자라면 허물을 깨달았으면 바로 고쳐야 한다.

子曰君子不重則不威學則不固
자 왈 군 자 불 중 즉 불 위 학 즉 불 고

主忠信無友不如己者過則勿憚改
주 충 신 무 우 불 여 기 자 과 즉 물 탄 개

공자가 말했다.

군자가 중후하지 않으면 위엄이 없고 학문도 결코 견고하지 못하다. 충성과 믿음을 자기의 생활신조로 삼고, 자신과 맞지 않은 사람은 가려서 사귀고 허물이 있으면 고침에 주저하지 말아야 한다.

해석 공자는 군자가 인, 효 등의 수양하기에 앞서 기본 자질로서 말과 행동에서 중후해야 함을 주장하였다. 즉, 말과 행동에서 가벼운 행실을 가장 경계하고자 하였다. 그리고 無友如己者를 일반적으로 자기보다 못한 사람과 사귀지 않는다고 해석하나 나는 맞지 않은 사람은 가려서 사귀는 것으로 해석하였다.

21세기 말씀 공자가 말한다.

지성인이라면 신중하게 말을 하여야 한다. 평소 말을 가볍게 하면 전공하는 학문에 관한 말도 믿음이 가지 않을 우려가 있다. 그리고 지성인이라면 민주주의 신념을 늘 견지하여야 하고, 스스로에게 엄격히 하여 민주주의에 맞지 않은 행실을 발견하면 곧바로 고쳐야 한다. 더 나아가 민주주의에 맞지 않은 행실을 하는 사람과는 깊게 사귀지도 말아야 한다.

해석 군자는 지성인으로 보고, 충, 신은 仁 개념의 부분 개념으로 보아 仁 개념 대치 개념인 민주주의 등으로 살펴본 것이다.

(9) 효도하기는 정말 어렵다.

子曰父在觀其志父沒觀其行
자 왈 부 재 관 기 지 부 몰 관 기 행

三年無改於父之道可謂孝矣
삼 년 무 개 어 부 지 도 가 위 효 의

공자가 말했다.

아버지 살아계실 때는 그 뜻을 살피고, 아버지가 돌아가시면 생존 시의 행적을 살펴보고, 삼년상을 지나도록 아버지가 행하던 道를 그대로 지켜야 효자라 할 수 있다.

해석 여기서 말하는 道는 구체적으로 지적하는 것은 없으나 군자가 갖출 윤리를 말하는 것이다. 결국 인을 중심으로 효, 충 등의 윤리를 말하는 것이다.

아버지 살아 계실 때는 아버지와 끊임없이 소통하여야 한다. 그리고 아버지가 돌아가시면 생존 시의 아버지의 뜻을 살펴야 보아야 한다. 그리하여 살아 있을 때는 아버지와 소통하고, 돌아가시면 아버지 뜻을 살피는 것이 진정한 지성인이다.

해석 여기서 道는 봉건주의 핵심 개념인 仁을 추구하는 것으로 보인다. 그리하여 道는 仁 개념 대치 개념인 민주주의 등의 개념으로 살펴볼 수도 있으나 이곳에서는 일반적인 현대 생활에서 바람직한 아버지와 자식의 소통의 문제로 살펴본 것이다. 그리고 효자는 봉건주의 시대의 仁을 실현하는 군자여서 오늘날 지성인으로 살펴본 것이다.

(10) 학문함은 바르게 나아감에 있다.

君子食無求飽居無求安敏於事而慎於信
군 자 식 무 구 포 거 무 구 안 민 어 사 이 신 어 신

就有道而正焉可謂好學也已
취 유 도 이 정 언 가 위 호 학 야 이

공자가 말했다.

군자는 자기만의 끼니에 배부르게 먹는 것을 바라지 않으며, 거처에도 자기만의 안락함을 구하지 않는다. 그러면서 자기가 하는 일을 민첩하면서 신중하게 하고 道에 어긋나지 않게 한다. 그리고 군자는 학문을 좋아하는 사람이라 할 수 있는 것이다.

해석 공자는 도를 추구하는 사람을 군자로 보고 있다. 그리하여 여기서 말하는 도는 인, 충 등의 윤리인 것으로 보인다.

21세기 말씀 **공자가 말한다.**

지성인이라면 주변에 배부르지 않은 많은 사람 속에 자기만 배부름을 추구하지 않으며, 주변에 어울리지 않은 넓은 정원을 가진 집보다는 검소한 집을 선호한다. 그리고 하고자 하는 일은 민첩, 신중하고도 민주적 절차에 맞게 처리한다. 이러한 사람이 진정한 지성인이다.

해석 道 있는 사람은 인과 효 등을 수행하는 사람으로 보이는데 오늘날 민주주의 등을 추구하는 지성인으로 본 것이다.

(11) 분수를 알고 즐겨야 한다.

子貢曰貧而無諂富而無驕何如
자 공 왈 빈 이 무 첨 부 이 무 교 하 여

子曰可也未若貧而樂富而好禮者也
자 왈 가 야 미 약 빈 이 락 부 이 호 례 자 야

子貢曰詩云如切如磋如琢如磨其斯之謂與
자 공 왈 시 운 여 절 여 차 여 탁 여 마 기 사 지 위 여

子曰賜也始可與言詩已矣告諸往而知來者
자 왈 사 야 시 가 여 언 시 이 의 고 제 왕 이 지 래 자

자공이 공자에게 물었다.

가난하여도 결코 아첨함이 없으며, 부유하면서도 교만함이 없으면 어떠합니까?

공자가 대답했다.

가난하여도 매사 즐겁게 살고, 부유하면서도 예를 좋아하는 사람만 못하다.

자공이 화답했다.

시경에 이르되 끊고(切) 갈고(磋) 쪼고(琢) 닦는(磨) 것과 같다는 것이 바로 그것을 이르는 것이군요?

공자가 이에 응했다.

비로소 너와 더불어 시를 논할 만하구나. 지난 과거를 말해 줌에 미래를 알지니.

자공의 이름은 단목사이고 위나라에서 태어났으며 공자보다
31세 아래이다. 공문십철 중 한 사람이다. 자공은 언변에 능
하여 국제 관계에 개입하여 많은 공을 세웠고 공자가 죽은 후
공자의 묘를 6년이나 지켰다고 한다.

여기 공자와 자공의 대화에서는 소극적이지만 無諂 無驕를 도
덕으로 인정하면서도 적극적인 貧而樂道 富而好禮를 더욱 훌
륭함을 말하고 있는 것이다.

그리고 시경에 나오는 뼈와 뿔을 다스리는 사람은 그것을 절
단(切)하고 다음에는 갈아서(磋) 사용하고, 나무나 돌을 다스
리는 사람은 쪼아(琢) 놓은 다음에 다듬(磨)어서 사용하는 것
처럼 도덕을 한 차원을 높이는 것을 이런 절차탁마 절차처럼
하여야 함을 주장하고 있는 것이다.

자공이 공자에게 묻는다.

가난한 사람이 주변에 손 내밀리지 않고 살거나, 부유한 사람이
과시하지 않고 사는 것은 원만한 처신이지요?

공자가 대답한다.

가난해도 그런 삶을 즐기면서 사는 것이 멋진 인생이며 부유하
다면 주변을 돌보며 사는 것도 또한 훌륭한 인생이 아니겠는가?

자공이 이에 화답한다.

자기 스스로만 처신을 잘하면 되는 세상이 아니어서 시경에 나
오는 절차탁마에 맞게 보다 주위에 맞는 신중한 처신을 하는 것
이 바람직한 것이지요.

이에 공자가 자공을 칭찬한다.

비로소 너와 함께 시경도 논할 수 있게 되었구나. 그리고 자네의
생각 주머니가 커져, 주변의 지나간 것과 앞날을 같이 토론할 만
하구나.

해석 오늘날에는 시경에 나오는 구절이 큰 의미는 없지만 시경에 나
오는 절차탁마 구절은 오늘날에도 인용되고 있어서 시대에 맞
게 풀어 보았다.

(12) 내가 남 모름을 걱정해야 한다.

子曰不患人知不己知　患不知人也
자 왈 불 환 인 지 불 기 지　환 불 지 인 야

공자가 말했다.

남이 나를 알아주지 못함을 걱정하지 말고, 내가 남을 알지 못함
을 걱정하여야 한다.

해석 자기 수양을 강조하는 공자 입장에서 당연한 말이라 하겠다.
누구에게 보이기 위해 수양하는 것은 아니라는 것이 공자의
입장이기 때문이다.

오늘날 지구촌에는 유명한 학문의 전당이 많아 나의 학문의 깊이를 알지 못하는 것이 일반적이다. 따라서 젊은 날에 지구촌 저명한 학문의 전당에 가서 나의 학문을 보다 견주고 수련을 하지 못할 수 있음을 걱정해야 한다.

해석 오늘날 지구촌 학문은 나날이 발전하고 있다. 그리하여 나날이 발전하는 학문을 접하지 못하는 것을 걱정해야 하는 시대임을 명심해야 한다.

02
위정(爲政)

위정편은 올바른 정치를 위한 공자 등의 말을 살핀다. 그리하여 군자는 학문과 덕을 쌓고 자기 수양으로 인격을 완성한 다음에 정치에 참여하여 백성을 고루 잘살게 해주어야 한다고 하였다. 올바른 정치는 모든 백성들을 사랑하고 덕을 고루 베풀어 어진 정치를 펼쳐야 한다고 한다. 한마디로 공자는 정치는 바르게 함이라 주장한다.

증자 기원전 506년에 때어나서 기원전 436년에 죽었다. 성은 증, 이름은 삼이고 또 다른 이름은 자여이다. 산동성 출신으로 공자가 죽은 후 노나라 지방에서 후학을 가르쳤다. 증자에서 공자의 손자인 자서를 거쳐 맹자로 연결되어 증자는 유교 계보상 중요한 위치에 있다.

(1) 정치는 덕으로 해야 한다.

孔子曰爲政以德譬如北辰
공 자 왈 위 정 이 덕 비 여 북 진

居其所而衆星共之
거 기 소 이 중 성 공 지

공자가 말했다.

정치는 덕으로 해야 한다. 비유하자면 마치 북극성이 제자리에 머물러 있으면서 뭇별이 그에게 향하는 것과 같다.

해석 고대인들은 방향을 살필 때에 별의 위치를 보았다. 따라서 고대인들이 북극성이 자기 자리에 그대로 있으면서 주변의 별들이 북극성을 중심으로 돌고 있음을 알았던 것이다. 그리고 북극성이 제자리에 있으면서 주변의 별들이 그 주변을 도는 것을 북극성의 덕치로 표현한 것이다.

21세기 말씀 공자가 말한다.

오늘날 정치를 하려면 민주주의에 맞게 하여야 한다. 비유컨대 마치 북극성이 제자리에 머물러 있어도 뭇별이 그를 향하여 운행하듯이, 민주주의가 모든 사회질서를 선도하여야 한다.

해석 정치를 덕으로 해야 함을 강조하는데 오늘날 정치를 덕으로 한다는 것은 민주주의 정치를 한다는 말인 것이다.

(2) 시에는 사악함이 없어야 한다.

子曰詩三百一言以蔽之曰思無邪
자 왈 시 삼 백 일 언 이 페 지 왈 사 무 사

공자가 말했다.

시의 삼백여 편의 시는, 한마디로 표현한다면 사악함이 없다는 것
이다.

> **해석** 여기서 말하는 시 삼백이라 함은 시경의 시를 말한다. 시경은
> 중국 고대 최고의 시가집이다. 시경은 건국 선조들의 공덕을
> 노래한 송(頌), 군주 제후 대부 등의 의식·정치·전쟁·외교 등
> 을 노래한 아(雅), 민요·백성·생활 등을 노래한 풍(風)으로 이
> 루어져 있다. 공자는 이러한 시경의 시는 억지로 만든 것이
> 아니라 모두 거짓 없는 감정의 발로로 보고 있는 것이다.

21세기 말씀 **공자가 말한다.**
일반 시민들이 좋아하는 시나 노래는 정치나 종교 등에서 벗어
나 순수해지고 사악함도 없어져 시대의 희로애락을 담고 있다.

해석 오늘날 과학이 발달하여도 지구촌 시민들은 여러 가지 방식으로 자기의 애환을 노래나 시로 표현하고자 한다. 그리하여 지구촌 시민들의 애환을 드러내는 노래나 시는 차고 넘치고 있다. 그러나 이렇게 차고 넘치는 노래나 시가 연속적인 지지와 환호를 받으려면 순수하고 사악함이 없음을 유지해야 한다.

(3) 나는 열여섯에 학문에 뜻을 두었다.

子曰吾十有五而志于學三十而立
자 왈 오 십 유 오 이 지 우 학 삼 십 이 립

四十而不惑五十而知天命
사 십 이 불 혹 오 십 이 지 천 명

六十而耳順七十而從心所欲不踰矩
육 십 이 이 순 칠 십 이 종 심 소 욕 불 유 구

공자가 말했다.

나는 열다섯 살에 학문에 뜻을 두었고, 서른 살에 독립하였으며, 마흔 살에 쉽게 현혹되지 않았고, 쉰 살에 천명을 알았으며, 예순 살에 남의 말도 귀담아 들을 줄 알았고, 일흔 살에 마음대로 일을 하여도 결코 법도를 넘지 않았다.

논어의 문장 중 15지(志), 30입(立), 40불혹(不惑), 50지천명(知天命) 등 이곳의 문장은 오늘날까지 많이 쓰이고 있다. 그만큼 이곳의 문장 내용은 시대를 초월하여 인간 내면 성장의 기준표처럼 활용하고 있다.

21세기 말씀 공자가 말한다.

나도 다른 아이들처럼 열다섯에 학문의 맛을 알았으며, 서른 살에 전공 학문을 마치고 생활전선에 뛰어들었으며, 마흔 살에 전공 학문을 살린 삶의 터전을 잡았다. 쉰 살에 전공 학문을 살리는 길에서 제대로 삶을 찾았다. 예순 살에 이르러 전공 분야에 대해 전수할 정도에 이르렀다. 일흔 살에 마음대로 일을 하여도 결코 전공 학문을 욕되지 않게 되었다.

해석 오늘날 보통 시민이면 겪는 인생행로인 것이다.

(4) 효 실행은 늘 하는 예절에 어김이 없는 데 있다.

孟懿子問孝子曰無違, 樊遲御子告之曰
맹 의 자 문 효 자 왈 무 원 번 지 어 자 고 지 왈

孟孫問孝於我我對曰無違, 樊遲曰何謂也
맹 의 자 효 어 아 아 대 왈 무 원 번 지 왈 하 위 야

子曰生事之以禮　死後之以禮　祭之以禮

자 왈 생 사 지 이 례 사 후 지 이 례 제 지 이 례

공자가 대답했다.

(맹의자가 효에 대해 묻자) 어김이 없어야 한다.

번지가 수레를 끌고 가는데 공자가 번지에게 말했다.

맹손이 내게 효를 물어, 그에게 어김이 없는 것이라고 말해 주었다.

번지가 공자에게 물었다.

무엇이 어김이 없는 것인가요?

공자가 대답했다.

부모가 살아계실 때 예로 섬기고, 돌아가시면 예로써 장사를 치르고, 그 후에 제사를 예로써 하는 것이다.

해석 맹의자(맹손)는 노나라 대부, 환공의 후손이다. 이름은 하기이며 맹희자의 아들이다. 맹희자는 노나라 환공의 큰아들 경부의 후손이었다. 평소 맹희자는 공자를 존경하여 왔는데 임종 전에 그의 아들 맹의자에게 공자에게 예절을 배우라고 유언하여 맹의자가 공자에게 예에 대해 물어 공자가 예에 대해 핵심을 짧게 대답해 준 것이다. 번지는 공자의 제자였는데 공자보다 36세 아래이다. 이름은 수(須)이고 또 다른 이름은 子遲였다.

21세기 말씀 **공자가 대답한다.**

(맹의자가 家庭 禮에 대해 묻자) 가정 내에서 도리를 지켜야 한다.

번지가 공자에게 묻는다.

가정 내에서 도리를 지키는 것은 무엇인가요?

공자가 대답한다.

어버이가 존경받고 자녀들의 존재감도 인정받는 가정 내 도리의 실행을 말한다. 구체적으로 말하면, 가정 구성원이 살아 있을 때는 존경과 존재감 있게 서로 위하고 가정 구성원 중 먼저 사망하면 경건하게 장사 지내고, 그 후에도 남아 있는 가정 구성원들이 묘지 등을 성실히 관리하고 추모 제사를 성실히 지내야 한다는 것이다.

해석 효 개념은 충 개념과 더불어 봉건제도의 중심이 되는 개념이었다. 즉, 효 개념은 가정의 가장인 부를 중심으로 일사불란하게 형성되었던 개념이었다. 오늘날 봉건제도의 핵심개념인 효 개념도 민주적 개념에 맞게 변화해야 한다. 그리하여 민주 가정의 가정 구성원 간에도 민주적 개념을 도입한 것이다.

(5) 사람의 행동을 살펴보면 그의 진심을 알 수 있다.

子曰視其所以觀其所由
자 왈 시 기 소 이 관 기 소 유

察其所安人焉廋哉人焉廋哉
찰 기 소 안 인 언 수 재 인 언 수 재

공자가 말했다.

사람이 하는 행동을 관찰하면서, 그런 행동의 이유도 살펴보고, 그 행동의 결과에 만족하고 있나 없나를 살펴보면 한 인간의 인품을 충분히 가려낼 수 있다. 사람이 어찌 자신을 숨길 수 있겠느냐?

해석 사람의 행동, 그리고 그러한 행동의 동기를 살펴보고 나아가 그 행동의 결과에 만족감이나 불편함을 느끼는지를 관찰한다면 겉으로 본심을 숨기려 해도, 그의 진심을 알 수 있다는 것이다.

21세기 말씀 **공자가 말한다.**

사람의 행동을 유심히 관찰하고, 그 이유도 함께 살펴보아야 한다. 그러면 그가 행동의 결과에 평안함을 느끼거나 불편함의 느낌을 드러내기 마련이다. 이러한 것을 보면 그 사람의 본심이 무엇인지 알 수 있지 않겠느냐?

오늘날 민주주의 시대에서도 각종 선거로 지도자를 선출하는
데 이 문구가 시의 적절한 문구라 하겠다. 대체적으로 민주적
선거에서 뽑히는 지도자 후보들의 진심을 알기는 어렵다.

(6) 옛것에서 새로움이 태생된다.

子曰溫故而知新可以爲師矣
자 왈 온 고 이 지 신 가 이 위 사 의

공자가 말했다.

옛것을 익혀, 그로부터 새것을 터득한다면 남을 가르칠 스승도 됨
직하다.

해석 온고이지신은 오늘날에도 많이 애용되는 문구이다. 모름지기
모든 학문의 발달은 갑자기 이루지는 것이 아니다. 그리하여
오늘날 과학이 발달하여도 온고이지신은 학문 등을 추구하는
데 명심해야 할 문구이다.

21세기 말씀 **공자가 말한다.**
지금까지 쌓아온 학문을 완전히 분석하고 익히면, 그 학문을 기
반으로 새로운 것을 창조할 수 있다고 하겠다. 이러한 자세를 견

지한다면, 남을 가르치는 스승도 됨직하다고 하겠다.

해석 이 구절은 학문에 적용되는 것이 일반이었다. 그러나 오늘날에는 매사가 학문하는 것과 비슷하여 학문 외에도 활용되는 문구로 보인다.

(7) 군자는 일정한 물건만 담아내는 그릇이 아니다.

子曰君子不器
자 왈 군 자 불 기

공자가 말했다.

군자는 일정한 물건만 담는 그릇 같은 존재가 아니다.

해석 군자는 덕을 수양한 전인적 인격을 갖춘 사람을 말한다. 그리하여 군자는 한 가지만 지식을 갖춘 기술자가 아니어서 어느 경우에도 적응할 수 있는 인격과 능력을 갖춘 사람을 지칭한다.

21세기 말씀 공자가 말한다.
지성인은 일정한 물건만 담을 수 있는 그릇 같은 존재가 아니어서 적재적소에 활용할 수 있게 학문과 덕을 두루 갖추어야 한다.

오늘날 민주정치는 시대적 요청이다. 그리하여 민주정치 지도자들은 도덕적 수양과 현대 학문적 능력을 겸비해야 하므로 꼭 귀담아 들어야 할 문구이다.

(8) 군자는 먼저 행하고 말은 그 후에 한다.

子貢問君子,子曰先行其言以後從之
자 공 문 군 자 자 왈 선 행 기 언 이 후 종 지

공자가 대답했다.

(자공이 군자에 대해 묻자) 군자는 먼저 말하고자 하는 바를 실천하고 그 뒤에 말을 해야 한다.

자공은 언변이 뛰어났다. 그래서 공자는 자공이 실행보다는 말을 앞세울 우려가 있음을 내다보고 언행일치로는 부족하다고 판단하여 말에 앞서 행동에 나설 것을 주문한 것으로 보인다.

21세기 말씀 **공자가 대답한다.**

(자공이 지성인에 대해 묻자) 오늘날 지성인이라면 행하고자 하는 일이 있으면 우선 행하기 전에 일에 대해 이해 당사자에게 소상히

알리고, 그 뒤에 최선을 다해 그 일을 실행해야 한다. 그리고 일이 뜻대로 실행되지 못하면 그 실행 못하였음도 곧바로 알려주어야 한다.

해석 오늘날 지성적 정치인은 민주주의에 맞게 행동하여야 한다. 그리하여 말보다 먼저 행동하기보다는 말과 행동이 같이 움직여야 한다.

(9) 군자는 편파적이지 않게 사람을 사귄다.

子曰君子周而不比, 小人比而不周
자 왈 군 자 주 이 불 비 소 인 비 이 불 주

공자가 말한다.
군자는 두루 사람을 사귀어서 편파적이지 않으나, 소인은 이해타산적이어서 편파적으로 사람을 사귄다.

해석 군자와 소인의 대조하는 문구가 논어 전편에 나온다. 논어에서 보이는 군자는 인을 실현하는 봉건주의에서 이상적 인격을 갖춘 사람을 말한다. 그리고 이와 대조되는 소인은 자기이익을 먼저 내세우는 사람을 말한다. 오늘날에서 보면 이익

을 추구하는 사람이 일반적인 인격을 갖춘 사람이므로 여기
서의 소인에 해당하는 사람인 것이다. 즉, 소인은 일반적인 사
람이다.

21세기 말씀 공자가 말한다.

지성인은 각계각층의 사람들과 대화가 가능하여 누구와도 대화
하는 것을 즐기나, 보통 사람들은 자기 주변하고만 대화를 해서
대화가 편협적이다.

해석 오늘날에는 군자는 지성인으로 해석되고 소인은 일반인, 또는
시민으로 해석된다. 즉, 봉건제도에서는 소인은 자기 이익을
우선시하는 이상적 인격자인 군자의 반대 개념으로만 보는데,
오늘날에는 자기 이익을 우선시하는 것은 일반 시민들의 자
세로 해석되므로 꼭 부정적인 개념으로 보는 것은 바람직하
지 않다고 하겠다. 그리하여 이곳에서는 지성인의 반대 개념
을 일반인 또는 시민으로 서술코자 한다.

(10) 사색만 하고 배우지 않으면 위태롭다.

子曰學而不思則罔, 思而不學則殆
자 왈 학 이 불 사 즉 망 사 이 불 학 즉 태

공자가 말했다.

배우기만 하고 생각하지 않으면 사리에 어둡고, 사색만 하고 배우지 않으면 독단에 빠질 위험에 있다.

해석 독서만 많이 하고 그 독서의 내용에 대한 자기 검토가 없으면 그 독서가 탁상공론에 그칠 우려가 있고, 자기 사색만 하고 독서를 하지 않으면 독단에 빠질 우려가 크다.

21세기 말씀 **공자가 말한다.**

배움에만 열심이고 응용하는 데 소홀하면 탁상공론의 우려가 있고, 반면 배우는 데 소홀하고 자기 방식에만 안주하면 독단에 빠져 경쟁에 뒤질 우려가 있다.

해석 오늘날에도 학문하는 자세에서 귀담아 들을 문구이다. 따라서 배움에도 열심이고 그 응용도 수시로 점검해야 함을 말해주고 있다.

(11) 오로지 이단에 치우쳐 배우면 해될 우려가 많다.

子曰攻乎異端斯害也已
자 왈 공 호 이 단 사 해 야 이

공자가 말했다.

오로지 이단에 치우쳐 배우면 해될 우려가 많다.

해석 정도에서 벗어난 것을 異端이라 한다. 여기서 이단이라 하면 정통 유학을 벗어난 양자, 묵자 등을 지칭하며 더 넓게 살펴보면 노장철학도 해당된다고 하겠다. 이단을 배우면 무조건 해롭다는 것이 아니라 정통 유학을 도외시하고 이단만 배우면 해될 우려가 있음을 말하는 것이다.

21세기 말씀 공자가 말한다.

오늘날 학문은 아무 경계도 없어, 학문의 올바른 것도 스스로 세워 나가야 한다. 그리하여 두루 인정되는 올바른 학문을 도외시하고 오로지 이단에 치우쳐 배우면 해될 우려가 많고, 학문 진전도 이룰 수 없다.

해석 오늘날에는 학문에 아무 경계가 없다. 그러나 우리나라의 경우에 남북한이 대립하고 있고, 북한은 아직도 호전성을 드러내고 있다. 그리하여 공산주의와 관련된 서적의 출판은 제한

되고 있다. 그렇지만 공산주의 관련 서적도 무조건 제한되어
서는 안 된다. 즉, 정도의 학문을 발전시키기 위해서도 공산주
의 관련 서적들도 시민들의 접근을 무조건 제한하는 것은 바
람직하지 않다.

(12) 모르는 것을 모른다고 하는 것이 곧 아는 것이다.

子曰由誨女知之乎知之爲知之
자 왈 유 회 여 지 지 호 지 지 위 지 지

不知爲不知是知也
부 지 위 부 지 시 지 야

공자가 말했다.

유(由: 자로)야. 너에게 안다는 것에 대해 가르쳐 주겠다. 아는 것을
안다고 하고, 모르는 것을 모른다고 하는 것이 곧 아는 것이다.

해석 자로는 공자의 제자이고, 이름이 중유(仲由)이다. 산동성 출신
으로 공자보다 9세 아래이다. 제자 중 최연장자였다. 매사에
직선적으로 행동하는 성격으로 솔직하기도 하였다. 공자는
자로가 제대로 알지도 못하면서 나서는 성격을 충고하면서
한 말이다. 자로는 공문십철 중 한 사람이다.

중유야. 안다는 것에 대해 제대로 알려주겠다. 오늘날 학문이 발전하여 지식인은 서로 간 지식을 공유한다. 만약에 새로운 지식이 나오면 빨리 습득하여야 학문을 쫓아갈 수 있다. 제때에 습득하지 않아 모르는 지식이 있으면 모른다고 솔직히 말하고, 빨리 습득하여야 한다. 따라서 오늘날에는 모르는 것을 모른다고 하고, 새로운 지식의 습득에 소홀하지 않는 것이 아는 것의 시작이라 하겠다.

해석 오늘날 나날이 발전하는 학문에서 학문을 습득하려는 사람이 꼭 본받을 구절이다.

(13) 조직의 우두머리에 정직한 사람을 등용하라.

哀公問曰何爲則民服

애 공 문 왈 하 위 즉 민 복

孔子對曰擧直錯諸枉則民服

공 자 대 왈 거 직 조 제 왕 즉 민 복

擧枉錯諸直則民不服

거 왕 조 제 직 즉 민 불 복

애공이 물었다.

어떻게 하면 백성들이 따르겠습니까?

공자가 대답했다.

정직한 사람을 찾아내 굽은 사람들의 위에 등용해 쓰면 곧 백성들이 복종하게 됩니다. 반면에 굽은 사람을 등용하여 정직한 사람 위에 쓰면 곧 백성들이 복종하지 않습니다.

해석 애공은 이름이 희장(姬將)이며 춘추 때 노나라 군주로 공자가 있던 시대의 군주이다. 군주를 능가하는 삼환씨를 제거하려다 실패하여 노나라에서 쫓겨났다.

21세기 말씀 **애공이 공자에게 묻는다.**

선거에 의해 선출된 지도자가 선거후 어떻게 하면 시민들을 무리없이 이끌 수 있겠습니까?

공자가 대답한다.

선거에 공을 세운 사람을 등용하기보다는 시민들에게 신망받는 정직한 사람을 높은 자리에 등용해야 합니다. 그래야 시민들이 지도자의 말을 믿게 되고 시민들을 무리 없이 이끌 수 있습니다. 만약에 선거에 공을 세운 사람들을 높은 자리에 등용하면 시민들은 논공행상 차원으로만 평가하게 됩니다. 그리하여 지도자의 말을 믿지 않게 되고 시민들은 선거 때처럼 분열하여 이끌기가 어렵습니다.

해석 애공과 공자의 대화에서 굽은 사람과 곧은 사람이 논해지고 있다. 오늘날 대표적으로 굽은 사람이 개입할 곳은 선거 후의 논공행상 차원에서 자행되는 공직 임명이다. 그러므로 선거에서 승리한 조직의 우두머리는 논공행상 차원을 떠나 유능하고 정직한 인사를 요소요소에 과감하게 임명하여야 한다.

03
팔일(八佾)

천자가 종묘에 제사지낼 때에 추는 8열(8x8=64명)의 춤을 팔일무라 한다. 그리고 제후는 6일무, 대부는 4일무, 사는 2일무이다. 팔일(무)은 이러한 신분에 맞는 예악이어서, 예의 질서 감각이라 할 수 있다. 그리하여 예악의 파괴는 사회 분란을 야기한다고 경계하였다.

민자건 성은 민이고 이름은 손이다. 또 다른 이름이 민자건이다. 공자의 제자이며 공자보다 15세 아래이다. 덕행이 뛰어나고 효자로도 유명하다. 공문십철 중 한 사람이다.

(1) 오만한 자는 자신의 분수를 모른다.

孔子謂季氏八佾舞於庭
공 자 위 계 씨 팔 일 무 어 정

是可忍也孰不可忍也
시 가 인 야 숙 불 가 인 야

공자가 계씨를 비판하며 말했다.

천자에게만 허락된 팔일무를 사일무만 허락된 대부인 계씨가 자기 정원에서 춤추게 하였으니, 이런 계씨 같은 위인은 무슨 짓이든 하지 못하겠는가?

해석 계손씨는 공자시대 노나라 환공의 후손으로 권력의 실권자인 대부이다. 숙손씨, 맹손씨와 더불어 삼환씨라 하였고, 이들의 횡포로 군주들이 무력하게 되었다. 이 계손씨가 대부에게 허락된 4열 4일 동안 춤추는 사일무를 무시하고 천자에게만 허락된 팔일무를 춤추게 하였는데 이를 공자가 비판한 것이다.

봉건제도에서는 가옥의 크기, 의복의 구별, 춤추는 것 등에서 신분의 등급에 맞게 하였다. 그리하여 대부 계씨는 4일무를 추게 하지 않고 제후의 6일무도 넘어 천자에게만 허락된 팔일무를 추게 한 것은 봉건제도의 근간을 허무는 행동이어서 공자가 비난한 것이다. 그리고 대부는 주나라 시대 경(卿)과 사(士) 사이의 중간 벼슬이다. 대체로 경은 고급관리이고 대부는 상급관리이며 사는 하급관리로 보면 무난하다.

無所不爲의 권력을 계승해온 북한 왕조세력은 민주선거에 의해 선출되는 지도자들처럼 취임식을 하는 것은 정말 역겨운 짓이다. 이렇게 중세 왕조처럼 3대에 걸쳐 권력을 농단해온 북한 왕조세력들은 민주선거로 당선된 사람처럼 민주주의 전당인 의사당 앞에서 취임식의 모양새를 내고자 혈안이다. 그들은 진정한 민주선거를 갈망하는 시민들의 진정한 민심은 안중에도 없다. 그리하여 이런 위인들은 민주주의 흉내만 내고 왕조를 유지하고자 무슨 짓이든 하지 않겠는가?

해석 오늘날 민주주의를 하지 않는 대표적인 나라인 북한 집권 세력을 사례로 들어 보았다.

(2) 사람이 어질지 못하면 사람 구실을 못한다.

子曰人而不仁如禮何

자 왈 인 이 불 인 여 례 하

人而不仁如樂何

인 이 불 인 여 례 하

공자가 말했다.

사람으로서 바탕이 어질지 못하면 禮가 제대로 이루어지겠는가?

사람이 본래 어질지 못하면 음악을 스스럼 없이 즐기겠는가?

해석 공자는 사람이 본질적으로 어질어야(仁) 예의도 예악 등을 받
아들일 수 있음을 강조하는 것이다. 공자는 봉건주의에서 仁
개념을 모든 윤리의 밑바탕임을 말하고 있는 것이다.

21세기 말씀 **공자가 말한다.**

오늘날 진정한 민주사회에서 살지 못한다면 어떻게 자유로운 사
회생활을 할 수 있겠는가? 한편 이런 민주사회에서 살지 못한다
면 어떻게 자유로운 음악 등을 즐길 수 있겠는가?

해석 仁 개념을 개인적으로 어질다는 뜻으로 좁게 해석하기보다는
민주사회 전반으로 넓게 해석하는 것이 시대를 반영하는 것
이다.

(3) 예의 근본은 검소하고 정성스러움에 있다.

林放問禮之本, 子曰大哉問禮與其奢也

임 방 문 례 지 본 자 왈 대 재 문 례 여 기 사 야

寧儉喪與其易也寧戚

녕 검 상 여 기 역 야 녕 척

공자가 대답했다.

(노나라 사람 임방이 예의 근본을 묻자) 참으로 훌륭하구나. 그런 질문을 하다니. 예는 사치하기보다는 검소하여야 한다. 예컨대 장례는 예식에만 치중하는 것보다는 진심으로 애통해하는 자세가 중요하다.

해석 임방은 노나라 사람이다. 또 다른 이름은 자립이다. 공자의 제자이다. 이곳에서 공자는 예를 갖추는 것을 진심어린 정성에 있음을 강조하는 것이다. 그리하여 정성이 결여된 화려한 예식보다는 정성을 갖춘 검소한 예식이 바람직함을 말하고 있다.

21세기 말씀 **공자가 대답한다.**

(노나라 임방이 예의 근본을 묻자) 참으로 자세가 훌륭하구나. 정말 기특하다. 예의 근본이 따로 있는 것이 아니다. 예의 근본은 일반 시민으로 살아가는 데 무리 없이 평범하고 검소하게 살아가는 것이다. 예컨대 장례도 평범하고 무리 없게 검소한 절차로 하면 된다. 다만 이러한 절차에 진심한 마음이 수반되면 된다.

해석 공자시대의 禮는 후대에 이르러 법령으로 발전하였다. 그러나 이곳에서는 오늘날에도 그대로 하는 장례 절차 등의 순수한 禮를 살펴본 것이다.

(4) 문화가 없으면 오랑캐이다.

子曰夷狄之有君, 不如諸夏之亡也
자 왈 이 적 지 유 군 불 여 제 하 지 망 야

공자가 말했다.

오랑캐에게도 군주가 있으나, 이것은 중국의 여러 제후국에 임금이 없는 것만 못하다.

해석 공자는 주의 봉건제도에 자부심이 컸다. 이러한 제도를 갖춘 중국을 문화국으로 보고 중국 주변의 나라는 이러한 제도를 갖추지 못하다고 오랑캐로 치부한 것으로 보인다. 공자는 평화롭게 권력을 안배하고 있는 봉건제도를 이상적인 제도로 보고 이런 제도를 갖춘 중국을 문화국가로 자부하고 있는 것이다. 그렇다고 중국 주변국을 비하하는 말이라기보다는 무력에 의한 지배하는 나라보다는 仁으로 다스리는 문화국을 강조하기 위해 오랑캐란 말을 꺼낸 것으로 보인다.

21세기 말씀 공자가 말한다.

폭압 정치만 일삼는 북한 같은 나라에도 통치자는 시민을 위한다고 부산을 떤다. 그러나 민주정치를 하는 나라의 지도자는 시민을 위한다고 부산을 떨지 않는다. 그래도 시민들은 그의 정치를 믿어, 크게 관심을 갖지 않고 자기 하는 일에 몰두하면서 살아간다.

폭압정치를 하는 대표적인 나라는 북한이고, 민주정치를 하는 나라는 우리 대한민국 정도로 보면 족하다고 본다.

(5) 덕을 세운 터반 위에 예가 빛이 난다.

子夏問曰巧笑倩兮未目盼兮
자 하 문 왈 교 소 천 혜 미 목 반 혜

素以爲旬兮何謂也
소 이 위 순 혜 하 위 야

子曰繪事後素, 曰禮後乎
자 왈 회 사 후 소 왈 례 후 호

子曰起予者商也, 始可與言詩已矣
자 왈 기 여 자 상 야 시 가 여 언 시 이 의

자하가 공자께 물었다.

"예쁜 웃음에 보조개가 매혹을 더하고 아름다운 눈동자가 흰 분으로 더욱 빛나네." 이 시경의 시구는 무엇을 말하는 것입니까?

공자가 말했다.

그림을 그릴 때도 흰 비단을 우선 마련한다. 그리고 그 위에 채색을 하여 아름다움을 이룸을 말한다.

자하가 그 뜻을 이해하고 한마디 했다.

禮가 충과 믿음보다 뒤라는 것이지요?

공자가 자하를 칭찬하며 말했다.

나를 일깨워주는 것은 바로 너구나. 상아, 비로소 나와 더불어 시를 이야기할 만하구나.

해석 자하가 시경의 시구를 인간의 도덕과 결부시켜 공자와 대화하는 것이다. 자하는 이러한 도덕을 시구와 결부시키는 능력이 탁월하여 공자도 자극이 되어 공자도 좋아했다.

21세기 말씀 **자하가 공자께 묻는다.**

'예쁜 웃음에 보조개가 매혹을 더하고 아름다운 눈동자가 흰 분으로 더욱 빛나네.'라는 이 시경의 시구는 무엇을 말하는 것입니까?

공자가 응답한다.

아름다움을 칭찬하는데, 보조개와 흰 분을 동원하였는데 이는 그림 그릴 때 좋은 종이를 우선 마련하는 것과 같은 것이다.

자하가 그 뜻을 이해하고 한마디 한다.

뛰어난 그림을 그릴 종이처럼, 훌륭한 민주국가를 만들려면 좋은 밑바탕이 되는 민주 헌법 등을 먼저 갖추어야 한다는 것이지요?

공자가 자하를 칭찬하며 말한다.

어려운 시구를 우리 일상사의 제도로 견주면서 풀이하다니 대단하구나. 상아, 나와 더불어 민주주의를 논할 만하구나.

해석 자하가 禮에 앞선 충과 믿음을 거론하여 충, 신 개념을 아우르
는 개념인 인 개념을 거론하는 것으로 보고, 仁 개념의 현대
적 개념인 민주주의를 살펴본 것이다.

(6) 하늘에 죄를 지으면 기도할 곳이 없다.

王孫賈問曰與其媚於奧寧媚於竈, 何謂也
왕 손 가 문 왈 여 기 미 어 오 영 미 어 조 하 위 야

子曰不然, 獲罪於天無所禱也
자 왈 불 연 획 죄 어 천 무 소 도 야

왕손가가 공자께 물었다.

아랫목 신에게 아첨하기보다는 차라리 부엌의 신주에게 아첨하라
는 말이 있는데 무슨 말입니까?

이에 공자가 응답했다.

그렇지 않소. 하늘에 죄를 지으면 기도할 곳이 없소이다.

해석 왕손가는 위나라 영공의 중신이며 군사권을 장악했던 대부이
다. 공자가 위나라에서 벼슬을 하려는 느낌을 받은 왕손가가
위나라 영공을 아랫목 신으로 표현하고 왕손가 자신을 부엌
의 신주로 표현하면서 자기가 실제적으로 벼슬에 영향을 줄

수 있음을 공자에게 은근히 알아들으라고 한 것이다. 이에 공자는 군주를 무시하는 왕손가의 무례를 지적한 것이다.

21세기 말씀 **왕손가가 공자께 묻는다.**

중앙정부의 통치는 시민 생활과 별로 관계가 없으므로 크게 신경 쓰지 말고, 직접 시민 생활에 영향을 주는 지방정부의 통치는 크게 신경을 쓰라는 말이 공공연하게 얘기되는데 과연 이 말이 옳은가요?

이에 공자가 응답한다.

그런 말은 잘못된 말이지요. 중앙정부의 민주 통치는 정말 중요하지요. 중앙정부의 민주 통치는 시민 생활에 직접 영향을 주는 것 같아 보이지 않으나 민주주의의 근간이므로 민주적인 중앙정부가 무너지면 나라의 민주주의가 몰락할 수 있어 중앙정부의 민주적인 통치는 중요하지요.

해석 오늘날 풀뿌리 민주주의 발달을 위해 지방정부는 꼭 필요하다. 그렇다고 하더라도 중앙정부를 무시하는 지방정부는 민주주의 근간을 흔드는 것이다.

(7) 감정은 적절하게 표출되어야 한다.

子曰關雎樂而不淫哀而不傷

자 왈 관 저 낙 이 불 음 애 이 불 상

공자가 말했다.

시경의 관저편은 즐거우면서도 결코 문란하지 않고 슬프면서도 감
정을 상하지 않게 한다.

해석 관저는 시경의 첫 편이다. 시경 국풍의 첫 번째 시이기도 하다.
문왕의 왕비가 자기보다 나은 후비를 구하면서 걱정하는 시
이다. 왕비가 왕의 후비를 구하면서 걱정하는 시이므로 봉건
주의 때에 부부의 도리와 처신을 알 수 있게 하는 시이다.

21세기 말씀 공자가 말한다.

오늘날 시나 음악도 문명의 발달과 더불어 엄청나게 발전하고 있
다. 그러나 아무리 시와 음악이 발전하더라도 건강한 사회 기강
안에서 존재하여야지, 감정 표출이 너무 노골적이거나 심하게 슬
퍼서 사회 기강을 심하게 무너지게 해서는 안 된다.

해석 오늘날 민주사회에서는 남녀의 사랑과 결혼은 서로 간 민주적
결합이어야 한다. 시경의 왕비가 후비의 간택을 걱정하는 것
은 민주사회에 어울리지 않는 시이다. 다만 왕비가 그 당시 왕

비 입장에서 최선을 다하듯이 오늘날 부부는 서로 상대방을
위해 최선을 해야 한다.

그리고 시나 음악도 민주주의 사회 안에서 존재하는 것이다.
민주 사회의 근간을 흔드는 것은 바람직하지 않다고 본다.

04
이인(理仁)

이 편은 仁을 밝혔다. 仁은 큰 선행을 일컫는 말로 군자가 인을 얻으면 반드시 예약을 행하게 된다. 仁은 오직 사람만이 지니고 있는 선한 마음인 동시에 그 마음을 바탕으로 서로 사랑하고 더불어 잘 사는 덕을 말한다.

재아 기원전 522년에 태어나 기원전 458년에 죽었다. 성은 재이고 이름은 여이다. 또 다른 이름이 재아이다. 공자의 제자이며 언변술이 뛰어났으며 공자에게 꾸지람을 많이 들었다. 공문십철 중 한 사람이다.

(1) 仁으로 사는 것이 아름답다.

子曰里仁爲美, 擇不處仁焉得知
자 왈 리 인 위 미 택 불 처 인 언 득 지

공자가 말했다.

어진 마을의 인심은 아름다운 것이다. 스스로 인후한 마을을 택하여 살지 않는다면 어찌 지혜롭다고 하겠느냐?

해석 공자가 마을 전체가 어질다는 것을 언급하고 있다. 더 나아가 어진 마을을 선택하여 사는 것이 지혜로운 사람이라고 한다. 공자가 인 개념을 개인적 수양에서 권장하는 것을 넘어 사회적으로 인 개념을 사용한 것으로 보인다. 공자는 폭력, 전쟁보다는 순리, 평화로운 질서가 정착하길 바라는 마음을 드러내고 있는 것이다.

21세기 말씀 **공자가 말한다.**

오늘날 민주주의를 받아들이는 나라는 시대에 순응하는 나라이다. 따라서 아직도 민주주의를 받아들이지 못하는 나라는 시대에 순응하지 못하는 나라인 것이다. 시대에 순응하지 못하는 이런 지혜롭지 못한 나라들은 언제 지구촌 추세인 민주주의를 받아들일 것인가?

해석 이곳에서 인 개념을 개인적 수양을 넘어 사회적 개념으로 사용하는 것으로 볼 때 오늘날 인 개념의 대치 개념인 민주주의로 살펴본 것이다. 우리나라 주변에는 아직 민주주의를 받아들이지 않는 대표적인 나라가 북한이다. 물론 우리도 북한의 민주화를 도와야 하지만 북한 시민들도 빨리 민주 의식이 깨어나야 한다.

(2) 仁한 사람만이 仁한 마음에 안주한다.

子曰不仁者不可以久處約
자 왈 불 인 자 불 가 이 구 처 약

不可以長處樂
불 가 이 장 처 낙

仁者安仁知者利仁
인 자 안 인 지 자 리 인

공자가 말했다.

不仁者는 곤궁한 일에 처하면 오래 견디어내지 못하고, 행복한 때가 와도 오래 누리지 못한다. 반면에 仁者는 仁한 마음에 안주하며 知者는 仁을 이롭게 활용한다.

해석 공자는 인 개념을 여러 가지 경우에 활용하였다. 이곳에서는
인 개념을 개인적으로 오는 불행과 행복 등에 관련하여 이야
기하고 있다.

21세기 말씀 공자가 말한다.

민주주의 질서의식이 몸에 배어 있지 않은 사람은 곤궁한 처지
에 이르면 견디어내지 못하고 탈법하고, 행복을 주는 일이 있으
면 이를 오로지 하는 탐욕심만 키운다. 그러나 민주주의 질서의
식이 몸에 배인 사람은 어떠한 상황에서도 지켜야 할 분수를 지
키려 하고, 더 나아간 사람은 민주주의 질서의식만을 지키는 의
식을 넘어 민주주의 자체를 즐기려 한다.

해석 오늘날 민주주의 개념은 온 인류가 추구하여야 할 개념이다.
따라서 각개의 시민들은 개인적으로도 민주주의를 성찰해야
함을 살펴보았다.

(3) 오직 仁한 사람만이 사람을 사랑하거나 미워할 줄 안다.

子曰惟仁者能好人能惡人
자 왈 유 인 자 능 호 인 능 오 인

공자가 말했다.

　오직 仁한 사람만이 사람을 사랑할 줄 알고 사람을 미워할 줄도
안다.

　해석 공자는 오직 仁한 사람만이 사람을 사랑하기도 하고 미워할
　수 있다고 강조한다. 공자는 仁을 완성한 사람은 다른 사람을
　사랑하여도 편파적으로 하지 않고 미워하여도 매몰차게 사람
　을 내몰지 않는다는 것이다. 모두 다 사랑 안에서 아우른다
　는 뜻이다.

　21세기 말씀 **공자가 말한다.**
　민주주의를 진정 사랑하는 사람은 제대로 시민을 사랑하고,
　민주주의에 벗어난 시민에게도 민주주의 안으로 인도하려 노력
　한다.

　해석 오늘날 인 개념의 대치되는 민주주의 개념에서 민주주의 신념
　으로 사는 사람이 시민에게 어떻게 대할까를 살펴본 것이다.

(4) 진실로 仁에 뜻을 두면 악함도 이겨낸다.

子曰苟志於仁矣無惡也
자 왈 구 지 어 인 의 무 오 야

공자가 말했다.

진실로 仁에 마음을 두면 악함도 이겨낸다.

해석 원문은 진실로 인에 마음을 두면 악함도 없어진다고 해석된다. 그러나 아무리 仁한 마음을 가졌더라도 악한 마음이 저절로 없어지기는 어렵다고 보고 악함을 이겨내는 것으로 해석하여 보았다.

21세기 말씀 **공자가 말한다.**

진정 민주주의를 사랑하는 사람은 어떠한 상황에서도 민주주의를 벗어나지 않는다.

해석 민주국가에서는 지도자를 시민의 선거로 뽑는다. 그러나 뽑힌 지도자들이 민주주의에 벗어나는 경우가 많다. 그리하여 이곳에서 여러 비민주적인 상황에서도 진정한 민주주의 신념을 가진 사람은 민주주의를 벗어나지 않는다는 것을 강조하여 보았다.

(5) 아침에 道를 깨달으면 저녁에 죽어도 좋다.

子曰朝聞道夕死可矣
자 왈 조 문 도 석 사 가 의

공자가 말했다.

아침에 道를 깨달으면 저녁에 죽더라도 괜찮다.

> **해석** 공자가 여기서 말하는 도란 사물의 (당연한) 이치를 말한다고
> 보인다. 노장철학에서 도는 무위를 말하겠지만 유학에서 도란
> 수양으로 터득되는 행동철학을 말한다. 즉, 인, 충, 효 등의 인
> 간이 마땅히 준수해야 할 행동철학이다. 이러한 행동철학을
> 아침에 터득하여 저녁에 죽어야 할 상황이라면 기꺼이 죽겠다
> 는 결연한 자세를 공자가 보여주고 있다

> **21세기 말씀 공자가 말한다.**
> 민주주의 가치를 진실로 깨달으면, 이에 따라 민주주의를 지키기
> 위해 설사 죽더라도 여한이 없다.

> **해석** 우리나라도 혹독한 이승만, 박정희 독재를 경험하였다. 이러한
> 독재를 넘어서기 위해 많은 희생이 있었다. 그렇게 얻은 민주
> 주의는 엄청나게 소중하여 이를 표현한 것이다.

(6) 군자는 덕을 생각하고 소인은 자기 처지만 생각한다.

子曰君子懷德小人懷土
자 왈 군 자 회 덕 소 인 회 토

君子懷刑小人懷惠
군 자 회 형 소 인 회 혜

공자가 말했다.

군자는 덕을 생각하고 소인은 땅을 생각하며, 군자는 법을 생각하고 소인은 혜택을 생각한다.

> **해석** 봉건주의에서는 대체적으로 훌륭하게 나라를 다스리는 사람들을 군자라 한다. 그리고 군자에게는 인, 충 등 훌륭한 덕을 쌓을 것을 요구한다. 그러나 일반 백성들은 자기들만 생각하는 것이 대부분이어서 이들을 소인으로 표현하는 것이다.

21세기 말씀 공자가 말한다.

지성 정치인은 민주주의를 위해 고뇌하나 일반인은 자기의 처지를 헤쳐 나가는 데만 몰두한다. 그리고 지성 정치인은 법령을 준수하고자 하나 일반인은 법령을 피해 자기 혜택만을 찾고자 한다.

> **해석** 대체적으로 봉건주의에서는 지배 세력은 군자로, 피지배 세력

은 소인으로 표현한다. 그러나 오늘날 민주주의에서는 정치하는 세력을 지성 정치인 등으로 표현하고 일반 시민들은 시민, 일반인으로 표현함이 온당할 것으로 보인다.

(7) 군자는 사물을 대처할 때에 義를 먼저 생각한다.

子曰君子喩於義小人愉喩利
자 왈 군 자 유 어 의 소 인 유 어 리

공자가 말했다.

군자는 사물을 대처할 때에 의를 생각하나 소인은 사물의 이해타산을 먼저 생각한다.

해석 여기서 군자의 자세는 특히 공무를 담당하는 벼슬아치에게 요구되고, 소인의 자세는 평범한 백성의 심리 상태를 살펴본 것이다.

21세기 말씀 공자가 말한다.
지성인은 사물을 대처할 때에 도덕적 판단을 먼저 생각하나 일반인은 사물을 대처할 때에 이해타산을 먼저 생각한다.

해석 오늘날 사물을 대처할 때는 본능적으로 이해타산적으로 움직인다. 그러나 지성인이라면 이해타산에 앞서 도덕적 판단을 우선해야 한다.

(8) 부모에게 자신이 있는 곳을 밝혀야 한다.

子曰父母在不遠遊遊必有方
자 왈 부 모 재 불 원 유 유 필 유 방

공자가 말했다.

부모가 살아계시거든 먼 곳으로 여행하지 않으며 부득이 가는 경우에는 반드시 있는 곳을 알려야 한다.

해석 봉건주의에서 부모를 섬기는 것(효)과 군왕을 섬기는 것(충)은 최고의 덕목에 해당한다. 쉽게 설명하면 부모 등을 위해 항상 비상 대기하여야 함을 의미한다.

21세기 말씀 **공자가 말한다.**

가정에서는 가족들이 매일매일 숙식을 같이 하는 것이 도리이다. 그리하여 여행 등으로 가정에서 떨어져 있을 때는 수시로 안부를 교환하는 것이 도리이다.

해석 오늘날에는 부모를 섬기는 자세는 민주주의에 맞지 않는다. 그리하여 가정에서도 민주주의가 스며들어야 한다. 그리하여 부모에 대한 효는 마땅히 가족 간의 도리로 보아야 하므로 일반적으로 서로 숙식과 안부 교환도 하는 것이 도리이다.

(9) 말만 앞세우지 않을까 조심하라.

子曰古者言之不出恥躬之不逮也
자 왈 고 자 언 지 불 출 치 궁 지 불 체 야

공자가 말했다.

옛사람이 말을 함부로 하지 않는 것은 자신의 실천이 따르지 못하면 어쩔까 (두려워) 해서 그렇다.

해석 공자는 언행일치를 가장 모범적인 군자의 행실로 본다. 그리하여 행실이 말을 따라잡지 못하는 것에 두려워 할 정도였다. 사람들은 행실이 말을 따라잡지 못하는 경향이 있으므로 이를 경계하는 문구이다.

공자가 말한다.

오늘날 言路가 열려 있는 민주사회에서도 말을 함부로 하면 그 파장이 크므로 말조심을 하여야 한다.

오늘날 민주사회에서는 말을 할 기회가 많아지고 말의 여파는 엄청나게 커서 언행일치의 중요성이 점점 커지고 있다. 그리하여 정당하고 정확한 말을 하여야 하고 그런 말을 반드시 실행에 책임을 져야 한다.

(10) 행동은 민첩해야 한다.

子曰君子欲訥於言而敏於行
자 왈 군 자 욕 눌 어 언 이 민 어 행

공자가 말했다.

군자는 비록 말을 어눌하게 하더라도 행동은 민첩해야 한다.

공자는 번지르르하게 말하는 것을 좋아하지 않았다. 그만큼 행실의 중요성 때문이다.

공자가 말한다.

지성인은 말을 청산유수같이 하지 않더라도 말에 수반된 행동은 경우에 맞게 빨리 처리해야 한다.

해석 오늘날 민주주의는 각종의 선거가 있고 그 선거 때는 말을 쏟아내고 있으므로 그 말에 따르는 실행이 중요하다.

(11) 덕은 결코 외롭지 않다.

子曰德不孤必有隣

자 왈 덕 불 고 필 유 린

공자가 말했다.

덕은 외롭지 않고 반드시 이웃이 있다.

해석 이곳에서의 덕은 仁, 孝 등의 봉건주의 때에 군자가 갖출 도덕의 모든 것을 말하는 것으로 보인다. 덕 있는 사람에게는 이웃이 몰려들기 때문에 외롭지 않다.

21세기 말씀 공자가 말한다.

오늘날 민주주의를 하고자 하는 사람이나 조직은 외롭지 않고 반드시 그 이웃이 있다. 더 나아가 국제적으로도 민주주의 하는 나라도 그 이웃이 있는 것이다.

해석 봉건주의 때에 군자가 갖출 도덕을 오늘날 민주주의 시대 때의 처지로 살펴본 것이다.

05
공야장(公冶長)

이 편에는 여러 사람에 대한 인물평이 많다. 간결하면서도 재치 있는 말로써 여러 사람에 대한 성품, 지혜 등을 논평하고 있다.

공야장 공자의 사위이다. 노나라 사람이며 또 다른 이름은 자장 또는 자지이다. 죄를 지어 감옥에 간 사실이 있었다. 인품이 훌륭하여 공자가 믿고 자기 딸과 혼인케 했다. 감옥에 간 것도 무고에 의해 갔다고 한다.

(1) 사람은 모름지기 인품이 훌륭해야 한다.

子謂公冶長可妻也

자 위 공 야 장 가 처 야

雖在縲絏之中非其罪也

수 재 루 설 지 중 비 기 죄 야

以其子妻之

이 기 자 처 지

공자가 공야장을 두고 말했다.

사위로 삼을 만하다. 비록 포승에 묶여 감옥에 있으나, 그의 죄가
아니라 무고에 의해서이다.(그러면서 실제로 자신의 딸을 그에게 시집보냈다.)

해석 공자가 공야장의 인품이 훌륭하여 사위로 삼았다고 한 것으
로 보아 공야장이 믿음직한 사람인 것으로 보인다.

21세기 말씀 **공자가 공야장을 두고 말한다.**

그는 믿음직하고 과묵하여 사위로 삼을 만하다. 공야장은 민주
주의를 위해 싸우다가 감옥에 자주 간다. 공야장은 진정 민주주
의를 사랑하는 사람이다.

해석 공야장은 공자가 사위로 인격이 훌륭한 사람이다. 공야장은
무고로 감옥에 간 전력으로 보아 오늘날 민주주의 투사로 짐
작해본 것이다.

(2) 어진 사람은 어느 경우에도 살아남는다.

子謂南容邦有道不廢
자 위 남 용 방 유 도 불 폐

邦無道免於刑戮
방 무 도 면 어 형 육

以其兄之子妻之
이 기 형 지 자 처 지

공자가 남용에 대해 말했다.

나라에 도가 있을 때에는 버림받지 않을 것이며, 나라에 도가 없을 때에는 형벌이나 주륙을 면할 것이다.(그러면서 공자가 형의 딸을 남용에게 시집보내게 했다.)

해석 남용은 남궁괄을 말하며 또 다른 이름은 자용이다. 자용은 공자의 제자로 공자의 조카사위가 되었다. 그는 학식이 많았고 덕행이 높았고 언행이 신중하였다고 한다.

21세기 말씀 공자가 남용에 대해 말한다.

나라가 민주화가 되어 있을 때에는 시민들에게 환영받을 지도자가 될 것이며, 아직 민주주의가 이루어지지 않았을 때에도 민주화하는 과정에 기여할 것이다.

해석 공자는 딸이나 조카의 배필들을 현재 위치에서는 다소 부족하더라도 장래에는 훌륭할 사람들이 될 것을 예견하였다. 오늘날 민주주의와 관련하여 배필을 살펴보았다.

(3) 군자가 군자를 낳는다.

子謂子賤君子哉
자 위 자 천 군 자 재

若人魯無君子者
약 인 노 무 군 자 자

斯焉取斯
사 언 취 사

공자가 자천을 평했다.

군자로다. 정말 군자로다. 노나라에 군자가 없었다면, 그가 어디에서 군자다운 학덕을 취했겠는가!

해석 자천은 이름은 복불제이며 또 다른 이름이 자천이다. 공자의 제자이며 공자보다 30세 아래이고 노나라에서 태어났다.

21세기 말씀 공자가 자천을 평한다.

지성인이로다. 정말 지성인이로다. 비록 지구촌 최고 학문할 곳이라 장담할 수는 없지만 우리나라는 학문할 곳으로 훌륭한 곳이라 자부한다. 이러한 곳에서 자천 같은 지성인이 지성과 학문을 제대로 습득하지 않았겠느냐?

해석 공자가 자천을 칭찬하면서 자기 나라 학문의 터반을 은근히 자랑하고 있어, 이곳에서 우리나라의 학문의 터반을 자랑하여 보았다.

(4) 군자는 나라의 중요한 일을 해야 한다.

子貢問曰賜也何如
자 공 문 왈 사 야 하 여

子曰女器也
자 왈 여 기 야

曰何器也
왈 하 기 야

曰瑚璉也
왈 호 련 야

자공이 공자에게 물었다.

저는 어떤 사람입니까?

공자가 응답했다.

너는 그릇과 같다.

무슨 그릇인가요?

호련 같은 그릇이다.

해석 호련이란 그릇은 종묘 제사 때에 기장과 피를 담는 옥으로 만든 제기이다. 제기 가운데에서도 중요한 그릇이다. 공자는 제자인 자공의 언어가 뛰어나 나라 사이 국제 문제를 맡게 했는데 이러한 역할을 제기에 비유한 것이다.

21세기 말씀 **자공이 공자에게 묻는다.**

저는 어떤 일에 적합한가요?

공자가 응답한다.

너는 언변이 뛰어나 국제 갈등 해소하는 데 적합하다고 하겠는데 이는 祭器로 치면 호련과 같은 존재이다.

자공이 다시 묻는다.

국제 갈등에 제가 할 것이 있나요?

공자가 대답한다.

오늘날 국제 갈등이 끊일 날이 없다. 너는 언변과 덕망이 뛰어나니 국제 분쟁을 해소할 국제기구에서 갈등을 조정할 지도자가 되어야 한다.

자공은 언변이 뛰어나 당시 중국의 대립하는 나라에 뛰어들어
많은 공적을 남겼는데 오늘날 국제분쟁 조정자로 그려보았다.

(5) 말재주가 뛰어나다고 모든 것이 해결된 것은 아니다.

或曰雍也仁而不佞

혹 왈 옹 야 인 이 불 녕

子曰焉用佞禦人以口給屢憎於人

자 왈 어 용 녕 어 인 이 구 급 루 증 어 인

不知其仁焉用佞

불 지 기 인 언 용 녕

어떤 사람이 말했다.

옹야는 인덕은 있으나 말재주가 없습니다.

공자가 이에 대해 말했다.

말재주를 어디에 쓰겠느냐? 약삭빠른 구변으로 남의 말을 막아서
자주 남에게 미움을 살 뿐이다. 그가 어진지는 모르겠지만, 그의
말재주를 무엇에 쓰려고 그러느냐?

여기의 옹은 염옹을 말하며 또 다른 이름은 중궁이다. 염옹은
비천한 출신이어서 말을 단련하지 못해 말재주가 없었다. 그

러나 행실은 공자 눈에도 훌륭하여 염옹을 공자가 두둔하는 것이다. 공문십철 중 한 사람이다.

21세기 말씀 **염옹에 대해 사람들이 말했다.**

옹야는 민주주의 신념은 확고해 보이나 이를 표현하는 것이 다소 어눌해 보입니다.

공자가 이에 대해 말한다.

비록 염옹이 표현하고자 하는 것에 다소 어눌한 점은 있습니다. 그러나 그의 민주주의 신념과 능력은 정말 확고합니다. 그가 표현하는 데 아직 단련되지 않아서 그런 것입니다. 내가 그의 민주주의 신념과 능력을 보장하겠습니다.

해석 논어에서는 염옹은 비천한 출신이라고 하고 있어 말을 조리 있게 하지 못한다고 하였다. 오늘날에는 비천한 출신은 없으므로 아직 표현하는 데 단련되지 않은 것으로 표현하였다.

(6) 학문과 덕행을 충분히 쌓은 후에 공직에 나서야 한다.

子使漆雕開仕
자 사 칠 조 개 사

對曰吾斯之未能信

대 왈 오 사 지 미 능 언

子說

자 열

칠조개가 대답했다.

(공자가 칠조개에게 벼슬을 권하자) 저는 아직 학문과 덕행이 아직 일천

하여 벼슬하기에는 자신이 없습니다.

(이런 대답에 공자가 만족하며, 더 이상 권하지 않았다)

해석 칠조개의 또 다른 이름은 자약(子若)이며 공자 제자이다. 공자

보다 11세 아래이며 채나라에서 태어났다.

21세기 말씀 칠조개가 대답했다.

(공자가 칠조개에게 공직선거에 출마할 것을 권하니) 제가 학문은 그래도

하였지만 선거에 출마할 정도의 경력을 아직 못 쌓았습니다.

(공자도 솔직한 칠조개에게 더 이상 권하지 않았다)

해석 오늘날 학문과 덕을 제대로 이수하지 않고 높은 벼슬을 하는

자에게 붙어 손쉽게 벼슬길에 나서는 것이 흔하다. 공자 시대

에도 그런 사람이 많았던 것으로 보인다. 많은 학문을 한 것으

로 알려진 칠조개가 벼슬을 할 정도의 학문한 것이 아니라고

겸손한 태도를 보이고 있어, 오늘날 선거에서 살펴본 것이다.

(7) 자신의 학문 수준을 스스로 알아야 한다.

子謂子貢曰女與回也孰愈
자 위 자 공 왈 여 여 회 야 숙 유

對曰賜也何敢望回
대 왈 사 야 하 감 망 회

回也聞一以知十賜也聞一以知二
회 야 문 일 이 지 십 사 야 문 일 이 지 이

子曰弗如也吾與女弗如也
자 왈 불 여 야 오 여 여 불 여 야

공자가 자공에게 물었다.

너와 안회는 누가 나으냐?

자공이 대답했다.

제가 감히 어떻게 안회와 견주겠습니까? 안회는 하나를 들으면 열을 알고, 저는 하나를 들으면 둘을 압니다.

공자가 말했다.

나와 네가 모두 그만 못하니라.

해석 공자는 제자 중 안회를 매우 사랑하였다. 그가 요절하자 공자가 식음을 전폐하고 곡을 하였다고 한다. 자공도 공자 제자 중 출중하였는데 공자는 안회를 자공보다 훌륭하다고 칭찬하고 있다.

21세기 말씀 **공자가 자공에게 묻는다.**

너와 안회는 누가 더 나의 현대정치학에 정진하느냐?

자공이 대답했다.

제가 어찌 안회와 견주겠습니까? 안회가 선생님의 현대정치학의 정진에 으뜸이지요. 저도 선생님의 현대정치학의 정진에 어느 정도 열심이지만 안회의 정진이 워낙 앞서 나가서 견주는 것은 무리입니다.

공자가 말한다.

그럴 것이다. 안회의 현대정치학의 연구는 나도 수시로 참고한다.

해석 논어에서는 안회의 학문의 출중함을 살펴보고 있는데 여기서 학문은 짐작컨대 봉건주의를 밑받침하는 인에 대한 학문으로 보인다. 그리하여 오늘날에는 대치 개념인 민주주의를 보고 이 민주주의 연구를 윤리학보다는 현대정치학에서 살펴본 것이다.

(8) 공자는 인간 천성, 하늘 이치 등에는
   내놓고 말하지 않았다.

子貢曰夫子之文章可得而聞也
자 공 왈 부 자 지 문 장 가 득 이 문 야

夫子之言性與天道不可得而聞也
부 자 지 언 성 여 천 도 불 가 득 이 문 야

자공이 말했다.

선생님의 덕에 관한 문장을 많이 들었지만 추상적인 인간의 천성,
하늘의 이치 등에 관해서는 별로 듣지 못했다.

해석 공자철학의 핵심을 자공이 말하고 있다. 공자는 추상적인 신,
내세 등을 직접 거론하지 않았다. 공자의 관심은 실전적인 생
활윤리로 모아지고 있는 것이다.

21세기 말씀 자공은 말한다.

공자는 우리가 사는 사회생활에서 필요한 도덕 등을 주로 말하
였다. 그리하여 공자는 구체성이 없는 공허하고 추상적인 개념이
나 근거 없는 논리를 내놓고 전개하지는 않았다.

해석 공자의 자세는 오늘날 전문적인 학문하는 자세와 같다.

(9) 아랫사람에게 묻는 것은 부끄러운 일이 아니다.

子貢問曰孔文子何以謂之文也
자 공 문 왈 공 자 문 하 이 위 지 문 야

子曰敏而好學不恥下問是以謂之文也
자 왈 민 이 호 학 불 치 하 문 시 이 위 지 문 야

자공이 공자에게 물었다.

공문자에게 어찌하여 문이라 시호하였나요?

공자가 대답했다.

그는 명민하였고 배우기를 좋아하셨고 아랫사람에게 묻기를 부끄럽게 여기지 않았다. 이런 이유 때문에 문이라 하게 된 까닭이다.

해석 공문자는 공자 시대 사람으로, 성은 공이고 이름은 공행이며
위나라 대부였다.

21세기 말씀 **자공이 공자에게 묻는다.**

사람들이 공행 대부를 어찌하여 진정한 박사라고 칭송하나요?

공자가 대답한다.

오늘날 학문이 나날이 발전하고 있다. 그리하여 학문하는 사람은 새롭게 나온 지식을 습득해야 한다. 한편 학계는 권위의 탈을 벗지 못하고 있기도 한다. 이러한 분위기에 공행은 학자적 권위를 누리지 않고, 새로운 지식을 개척한 사람에게 묻기를 서슴지

않는다. 그러한 자세를 보고 공행대부를 진정한 박사라고 칭찬하는 것이다.

해석 오늘날도 학문적으로 훌륭하면 박사 학위를 갖는 사람들이 많다. 그렇지만 많은 박사 학위 취득자들 중에서도 진정 사회에 기여도가 많으면 박사 중에 박사로 칭찬하고 원로로 모시고 있다.

(10) 진심으로 친구를 대하라.

子曰晏平仲善與人交久而敬之
자 왈 안 평 중 선 여 인 교 구 이 경 지

공자가 말했다.

안평중은 남과 사귀기를 잘한다. 그는 사귄 지 오래되어도 남이 공경했다.

해석 안평중은 공자시대에 제나라의 대부였는데 제나라를 부강하게 만든 훌륭한 대부였다.

공자가 말한다.

안평중은 중요한 공직에 있었는데, 공적인 처신과 사적인 처신을 잘 구별하였다. 그는 공적인 일은 공적인 입장에서 공정하게 처리하였고, 사적인 일에는 누구와도 스스럼없게 교제하였다. 그리하여 그는 누구에게도 공경 받으면서, 사귐을 가졌다.

안평중이 제나라에서 훌륭하게 관리 생활을 한 것으로 보아 공적으로나 사적으로도 처신을 잘했다고 보여 이를 살핀 것이다.

(11) 생각은 적절해야 한다.

季文子三思而後行
계 문 자 삼 사 이 후 행

子聞之曰再思可矣
자 문 지 왈 재 사 가 의

공자가 말했다.

(계문자가 세 번 생각하고 실천한다는 말을 듣고 나서)

두 번 생각하면 되느니라.

계문자는 공자 시대 때에 노나라 대부인데 박학하고 재주가 많았지만 너무 신중하였는데 이를 공자가 충고한 것이다.

21세기 말씀 **계문자 행위를 듣고 공자가 말한다.**

계문자는 박식하고 재주가 뛰어났지만, 실천할 때에 너무 생각을 많이 함이 단점이었다. 그러므로 보통 일은 한번 깊게 생각하여 일 처리하고 중요한 것은 두 번 생각하여 일을 처리하면 좋겠다.

해석 오늘날 중요한 결정을 할 때는 전문가 그룹에서 이미 검토가 된다. 그리하여 최종적으로 판단하는 사람은 다른 각도에서 살펴볼 필요가 있다. 공연히 시간을 끌면 장고하면 악수가 나온다는 바둑 격언을 상기할 필요가 있다.

06
옹야(雍也)

옹은 공자의 제자이다. 옹야 편은 인물을 평가한 구절이 많다. 전반부는 대체로 인물됨을 배척하는 말이 많고 후반부는 대체로 칭찬하는 말이 많다. 이 후반부에는 인, 지, 군자 등에 관한 구절이 많아 공자사상을 연구하는 데 큰 도움을 준다.

염옹 성은 염이고 이름은 옹이다. 그리고 또 다른 이름은 중궁이다. 중궁은 공자보다 29세 아래이며 공자의 제자이며 노나라에서 태어났다. 천민 출신이지만 덕행이 뛰어났다고 한다. 공문십철 중 한 사람이다.

(1) 훌륭한 덕행을 쌓으면 왕도 될 만하다.

子曰雍也, 可使南面
자 왈 옹 야 가 사 남 면

仲弓問子桑佰子
중 궁 문 자 상 백 자

子曰可也簡
자 왈 가 야 간

공자가 말했다.

옛날 왕이 신하를 대할 때는 남쪽을 바라보고 앉았는데, 중궁도
왕이 될 만한 인격을 갖추었다.

공자가 중궁에게 말했다.

(중궁이 자상백자가 어떤 사람인지 묻자) 그는 도량이나 식견, 그리고 덕행
이 있어 왕 노릇을 할 수 있는 능력자라고 전해진다.

해석 자상백자는 공자보다 앞선 세대의 노나라 대부였는데 도량이
넓고 덕행도 훌륭한 대부였다고 한다.

21세기 말씀 공자가 말한다.

오늘날 민주주의 나라에서는 훌륭한 인격과 능력을 갖추고 있으
면 시민들이 호응하므로 대통령 등 지도자가 될 수 있는 시대가
되었다. 옛날 훌륭한 덕행을 쌓아서 왕이 될 만한 인격을 갖추었

던 자상백자, 중궁 같은 사람들이 오늘날 민주주의 시대에 있었
으면 이에 해당한다고 하겠다.

해석 논어에 나오는 자상백자나 중궁처럼 인격과 능력을 겸비하여
도 명성이 오르지만 오늘날 민주주의 시대에는 인격과 능력을
겸비한 사람은 지도자로 선출되는 시대임을 표현하여 보았다.

(2) 몸가짐의 태도가 지나치게 소탈, 대범하면 안 된다.

仲弓曰居敬而行簡
중 궁 왈 거 경 이 행 간

以臨其民不亦可乎
이 임 기 민 불 역 가 호

居簡而行簡無乃大簡乎
거 간 이 행 간 무 내 대 간 호

子曰雍之言然
자 왈 옹 지 언 연

중궁이 말했다.

몸가짐을 경건하게 하면서 소탈하고 대범한 태도로 백성을 대하면
좋지 않겠습니까? 그러나 몸가짐에 경건함도 없이 소탈, 대범하게

백성을 대한다면 지나친 소탈, 대범한 것이 아니겠습니까?

이에 공자가 대답했다.

네가 말하는 것이 맞다.

해석 공자와 중궁이 자상백자의 훌륭한 인격에 대해 대화하면서 지나친 소탈, 대범은 바람직하지 않다고 말하고 있다.

21세기 말씀 중궁이 말한다.

올곧은 민주정치를 하는 지도자라면 몸가짐에 조심하면서 소탈하고 대범하게 시민과 스스럼없이 지내야 하지 않겠습니까? 그러나 아무리 올곧은 민주정치를 하는 지도자라도 일정한 기강도 갖추지 않고 무조건 시민에게 소탈하고 대범하면 기강이 일거에 무너지지 않겠습니까?

공자가 대답한다.

네가 말하는 것이 맞다.

해석 아무리 민주정치가 자리 잡혀도 지도자는 몸가짐을 조신해야 한다. 민주주의를 역이용하려는 무리는 존재하므로 민주주의를 무너뜨리는 세력에게까지 관용을 베풀어서는 안 될 것이다.

(3) 학문이 뛰어나도 건강이 있어야 한다.

哀公問弟一熟爲好學
애 공 문 제 일 숙 위 호 학

孔子對曰有安回者好學
공 자 대 왈 유 안 회 자 호 학

不遷怒不貳過不幸短命死矣
불 천 노 불 이 과 불 행 단 명 사 의

今也則亡未聞好學者也
금 야 즉 망 미 문 호 학 자 야

애공이 물었다.

제자 중에서 누가 가장 배움을 좋아합니까?

공자가 대답했다.

안회가 학문을 배우기를 좋아했습니다. 그는 화나는 일이 있어도 다른 사람에게까지 감정을 옮기지 않았고, 잘못한 것을 다시 반복하는 일이 없었습니다. 그러나 불행히도 단명하여 일찍 죽어 지금은 없으니 이승에서는 그처럼 학문을 좋아한다는 제자를 보지 못했습니다.

해석 공자가 단명하여 죽은 제자 안회를 엄청나게 사랑했음을 보여주고 있다. 안회가 죽은 후에도 안회만큼 학문을 좋아하는 제자가 없다고 극언까지 하고 있다.

애공이 묻는다.

제자 중에 누가 가장 배움을 좋아합니까?

공자가 대답한다.

안회라는 제자가 현대정치학의 배움에 열정이 뛰어났습니다. 그러나 불행히도 그 학문의 완성을 보지 못하고 일찍 죽었습니다. 안회가 죽은 후 제자들은 정치나 관료로만 진출하여 현대정치학의 연구를 계승할 제자가 없어 안타깝습니다.

해석 안회는 논어의 어려 곳에서 학문 열정이 뛰어났음을 공자가 말하고 있다. 안회가 빠져든 학문은 공자의 학문인 仁 개념일 것이다. 그리하여 공자의 인 개념의 학문을 오늘날 인 개념 대치 개념인 민주주의 개념으로 표현한 것이다. 그리고 공자의 민주주의 개념을 현대정치학에서 살펴본 것이다.

(4) 주어진 상황에 따라 대응한다.

子華使於齊冉子爲其母請粟
자 화 사 어 제 염 자 위 기 모 청 속

子曰與之釜請益
자 왈 여 지 부 청 익

日與之庾冉子與之粟五秉
왈 여 지 유 염 자 여 지 속 오 병

子曰赤之適齊也乘肥馬衣輕裘
자 왈 역 지 적 제 야 승 비 마 의 경 구

吾聞之也君子周急不繼富
오 문 지 야 군 자 주 급 불 계 부

原思爲之宰與之粟九百辭
원 사 위 지 재 여 지 속 구 백 사

子曰毋以與爾隣里鄕黨乎
자 왈 무 이 여 이 인 리 향 당 호

공자가 말했다.

(자화가 사신이 되어 제나라로 떠나자 염자가 그의 어머니를 위해 곡식을 더 줄

것을 청하자) 여섯 말 넉 되를 주어라.

(이때 염구가 조금 더 줄 것을 청하자) 열여섯 말을 주라.

(그러나 염구는 곡식 80섬을 주었다.)

공자가 말했다.

(자화가 가난하지 않음을 느끼면서) 자화가 제나라에 갈 때에 살찐 말을

타고 가벼운 가죽옷을 입었었는데 내가 듣기로는 군자는 궁핍한

지경에 처한 사람을 돌봐주고 부유한 사람에게는 계속 재물을 늘

려주지 않는다고 한다.

공자가 말했다.

(원사가 영읍을 다스릴 때 공자가 그에게 곡식 900석을 주자 그는 사양을 하였는

데) 사양하지 마라. 가져다가 남으면 이웃의 마을에 나눠 주어라.

해석 자화는 이름이 공서적이다. 노나라에서 태어났으며 공자보다 42세 아래이다. 공자의 제자이며 예절에 능하여 외교적 일을 하였다. 공자는 그가 공무 수행을 하는 데 비교적 풍족하게 씀을 느껴 공무 비용을 후하게 제공하지 않으려고 하였다. 한편 원사 또는 자사는 이름이 원헌이고 공자가 사구 벼슬을 할 때에 원헌을 가신으로 임명한 사람으로 공무 비용을 아껴 씀을 공자가 알고 있어 공무 비용을 후하게 주려고 한 것이다. 공자가 공무 비용에도 합리적인 윤리관을 보여주고 있는 것이다.

21세기 말씀 공자가 말한다.

(자화가 사신이 되어 제나라로 떠나자 염자가 그의 어머니를 위해 곡식을 줄 것을 청하자) 오늘날 계약에 의해 일을 할 때는 이미 책정된 금액만 지급하면 된다. 또 다른 조건을 제시하면 계약을 갱신해야 한다.
공자가 말한다.
(자화가 가난하지 않음을 느끼면서) 오늘날에는 일의 성격, 일 처리 능력 등을 고려하여 계약을 체결한다. 특별한 처지는 고려하지 않음이 원칙이다.
공자가 말한다.
(공자가 원사에게 고액 연봉을 주자 원사가 고액 연봉을 사양하자) 사양하지 마라. 내가 너의 일 처리 솜씨를 눈여겨봤다. 고액 연봉에 어긋

나지 않게 일 처리를 잘해주기 바란다.

해석 공자가 오늘날 민주주의 사회에서 하는 자유스런 계약을 하는 경제관을 살펴본 것이다.

(5) 타고난 출신보다 부단한 노력이 중요하다.

子謂仲弓曰犂牛之子騂且角
자 위 중 궁 왈 리 우 지 자 성 차 각

雖欲勿用山川其舍諸
수 욕 물 용 산 천 기 사 저

공자가 중궁에게 말했다.

얼룩소의 새끼라 하더라도 털이 붉고 뿔이 곧게 났으면 비록 희생으로 쓰지 않으려고 해도 산천의 신이 어찌 이를 내버려 두겠느냐?

해석 제사용 소는 원칙적으로는 얼룩지지 않은 소이어야 하지만, 얼룩소라도 털과 뿔이 좋으면 훌륭한 소이므로 제사용으로 희생시키는 소로 적격하다고 강조하고 있다. 이는 중궁이 천민 출신이지만 훌륭한 인격을 도야하였음을 격려하려 하는 글이다.

공자가 중궁에게 말한다.

오늘날 민주정치가 행해지는 나라에서 너처럼 궁벽한 시골 출신
이라고 하여, 나라를 이끌고 갈 지도자로 선출되지 말라는 법은
없는 것이다. 오로지 민주정치를 제대로 할 신념과 나라를 위한
헌신 자세, 능력 등이 시민을 감동시키면 부족함이 없다. 너는
이제 나라를 이끌 지도자가 될 수 있으니 분발하거라.

해석 중궁이 천빈 출신이어서 오늘날에는 궁벽한 시골 출신으로 표
현하여 보았다.

(6) 仁을 향한 자세는 늘 지속적이어야 한다.

子曰回也其心三月不遠仁
자 왈 회 야 기 심 삼 월 불 원 인

其餘則日月至焉而已矣
기 여 즉 일 월 지 언 이 이 의

공자가 말했다.

안회는 그 마음이 석 달을 두고도 仁에서 어긋난 적이 없었다. 그
러나 다른 사람들은 하루나 또는 한 달, 그리고 어쩌다 한 번 仁에
도달할 뿐이다.

해석 仁 개념은 봉건주의를 공고하게 했던 덕목으로 공자가 추구했던 최고의 가르침이었다. 그런 仁 개념을 애제자였던 안회가 仁 개념을 제대로 이해하고 실천하였는데 애석하게 요절하여 공자는 안타까워했던 것이다.

21세기 말씀 공자가 말한다.
오늘날 민주정치가 곳곳에서 흔들리는데 안회는 민주주의를 사랑하는 마음이 굳건해 사소한 민주 절차라도 어긋난 적이 없었다. 오늘날 민주주의가 굳건하게 유지되려면 안회 같은 지도자가 계속 나와야 한다.

해석 봉건주의에서는 인 개념이 소중하였음을 공자는 여러 번 말했다. 이러한 인 개념을 잘 실천한 안회에 대해 대치개념인 민주주의에서의 실천을 살펴본 것이다.

(7) 정치는 과감성, 사리분별력 등이 필요하다.

季康子問仲由可使從政也與
계 강 자 문 중 유 가 사 종 정 야 여

子曰由也果於從政乎何有
자 왈 유 야 과 어 종 정 호 하 유

曰賜也可使從政也與

왈 사 야 가 사 종 정 야 여

曰賜也達於從政乎何有

왈 사 야 달 어 종 정 호 하 유

曰求也可使從政也與

왈 구 야 가 사 종 정 야 여

曰求也藝於從政乎何有

왈 구 야 예 어 종 정 호 하 유

계강자가 물었다.

자로(중유)는 가히 정치에 참여시킬 만합니까?

공자가 대답했다.

중유는 과감하게 맺고 끊으니 정치에 참여해도 문제가 없습니다.

계강자가 또 물었다.

자공(사)를 정치에 참여시킬 만하겠습니까?

공자가 대답했다.

사는 사리에 통달하니 정치에 참여하는 데 어려움이 있겠습니까?

계강자가 다시 물었다.

염유(구)는 정치에 참여시킬 만하겠습니까?

공자가 대답했다.

구는 다재다능하니 정치에 참여하는 데 어려움이 있겠습니까?

해석 仲由는 자로이고 賜는 자공이고 求는 염유이다. 염유의 또 다른 이름은 자유이다. 염유는 공자보다 30세 아래이다. 그는 실권자 계손씨에게 발탁되었으며, 이지적이며 냉철하였다. 계강자는 노나라 실권자로 상경이었다.

공자가 말한다.

(계강자가 자로, 자공, 염유에 대해 물으니) 민주정치의 지도자는 이익단체의 조정 역할이 중요합니다. 그리하여 수시로 대립하는 이익단체의 갈등을 해소하면서 과감한 결단성도 필요합니다. 따라서 과단성 있는 중유(자로)는 민주정치를 훌륭히 해낼 것입니다. 또 민주정치는 시민의 다양한 요구를 수용, 해결해야 합니다. 그리하여 다양한 요구를 수용, 해결할 줄 아는 지도자가 요구됩니다. 따라서 모든 일에 통달한 賜(자공)가 민주 정치의 지도자로서 부족함이 없습니다. 한편 발달한 민주정치 체제에서는 경제, 문화, 체육 등 여러 분야의 발전도 갖추어야 합니다. 특히 자유로운 여유를 즐길 수 있게 예술의 발전이 중요합니다. 따라서 예술에 조예가 깊은 求(염유)는 발달한 나라의 정치에 능할 것입니다.

해석 공자의 대표적인 제자인 자로, 자공, 염유의 능력을 오늘날 정치적 환경에서 살펴본 것이다.

(8) 길이 아니면 가지 않아야 한다.

季氏使閔子騫爲費宰
계 씨 사 민 자 건 위 비 재

閔子騫曰善爲我辭焉
민 자 건 왈 선 아 사 언

如有復我者則吾必在汶上矣
여 유 복 아 자 즉 오 필 재 문 상 의

민자건이 말하였다.

(계씨가 민자건을 비읍의 읍재로 삼으려 하자, 민자건은 자신을 데리러 온 계씨의

사자에게) 나를 위해 잘 거절해 주시오. 만약 다시 나를 신하로 삼으

려 데리러 오는 일이 있다면, 나는 노나라를 떠나 제나라의 문수

가에 가 있을 것이오.

해석 민자건은 이름이 민손이다. 공자 제자 중 덕행이 뛰어났으며
공자보다 16세 아래이다.

21세기 말씀 민자건이 말한다.

(계씨의 사신에게) 계씨는 민주주의를 무너뜨리고 권력을 쥔 쿠데타
세력이어서 그 동안 민주주의 신념이 투철한 나를 활용하려 하
는 것으로 보입니다. 나는 계씨 휘하에서 벼슬할 생각이 없고 오
히려 계씨가 민주주의를 회복시키지 않으면, 자건은 평생 민주주

의를 위해 투쟁하려 한다고 전해 주십시오.

해석 민자건이 효의 덕행이 뛰어났다고 하여 오늘날 대치 개념인 민주주의에서 살펴본 것이다.

(9) 스승 노릇하기도 힘들다.

伯牛有疾子問之自牖執其手曰
백 우 유 질 자 문 지 자 유 집 기 수 왈

亡之命矣夫斯人也而有斯疾也
망 지 명 의 부 사 인 야 이 유 사 질 야

斯人也而有斯疾也
사 인 야 이 유 사 질 야

공자가 말했다.

(백우가 병을 앓자 공자가 문병하러 가서, 공자가 남쪽 창문으로 백우의 손을 잡고) 이럴 수가 없다. 천명이로다. 이 착한 사람이 이런 병에 걸리다니……

해석 백우의 이름은 염경이다. 덕행이 뛰어난 공자의 제자이다. 문둥병을 앓았다고 한다.

(문둥병을 앓는 백우를 문병하면서) 착한 나의 제자인 백우가 이런 병에 걸리다니. 살다 보면 누구나 병이 찾아오며, 이를 퇴치하지 못하면 죽을 수도 있다. 이러한 자연의 이치는 누구나 알고 있지만 이를 유념하여 모쪼록 건강해야 한다.

해석 오늘날에도 고치지 못하는 병에 대해 어쩔 수 없음을 공자도 솔직히 인정하는 것으로 표현하였다. 다른 종교처럼 엄청난 괴력이 없음을 보여주는 것이다.

(10) 진정한 군자는 가난을 즐긴다.

子曰賢哉回也一簞食一瓢飮
자 왈 현 재 회 야 일 단 식 일 표 음

在陋巷人不堪其憂
재 누 항 인 불 감 기 우

공자가 말했다.

참으로 안회는 현명하다. 한 그릇 밥과 한 쪽박 물을 먹으며 누추한 거리에 살고 보면 사람들은 그 괴로움을 참지 못하거늘, 안회는 그 즐거운 마음이 변하지 않으니 참으로 어질다.

안회는 安貧樂道한 것으로 보인다. 안회가 일부러 가난한 삶을 사는 것 같지는 않고 다만 가난하다고 지지리 궁상을 떨지 않고 주어진 환경에서 도를 추구한 것으로 보인다.

21세기 말씀 공자가 말한다.

참으로 현명하구나, 안회여. 가난하면 현실과 타협하여 학문을 대부분 포기하지만 안회는 가난한 현실을 그대로 받아들이며 학문을 계속하니 가히 놀랄 만하다. 안회는 우리나라 민주주의를 위해 일반 시민들의 입장을 몸소 느끼면서 학문을 하니 우리나라 민주주의 발전에 크게 기여할 것이다.

해석 안회의 도를 닦는 내용이 인으로 보여 오늘날 민주주의를 연구하는 것으로 살펴보았다.

(11) 자신의 능력에 미리 한계를 긋지 마라.

冉求曰非不說子之道力不足也
염 구 왈 비 불 열 자 지 도 력 부 족 야

子曰力不足者中道而廢今女劃
자 왈 력 부 족 자 중 도 이 폐 금 녀 획

염구가 말했다.

선생님께서 추구하시는 도를 좋아하지 않는 것은 아니지만 제가
실행하기엔 힘이 부족합니다.

공자가 대답했다.

힘이 부족하다는 사람은 실제로 도중에서 그만두지만 너는 스스
로 써보지도 않고 힘을 한정하는구나.

해석 염구가 학문 연구에 소극적인 면이 있었던 것으로 보인다. 그
러한 태도를 절묘하게 공자가 꾸짖는 것이다.

21세기 말씀 **공자가 말한다.**

(염구가 새로운 학문의 배움이 힘에 버거움을 말하니까) 오늘날 지구촌에
민주주의 나라가 아직은 많지 않다. 민주주의는 이제껏 인간이
만들어낸 최상의 제도로 보인다. 이러한 제도를 현대정치학에서
우리가 제대로 익혀서 시민들에게 베풀어야 완성되는 것이다. 그
런데 너는 그런 제도를 익히는 데 힘들어 하니, 그런 자세로 앞
으로 시민들에게 민주주의를 어떻게 베풀 것인가?

해석 이곳에서도 공자가 추구하는 도는 결국 인 개념인 것으로 보
인다. 오늘날 개념으로 민주주의 개념을 살펴본다.

(12) 군자다운 학자가 되어라.

子謂子夏曰女爲君子儒, 無爲小人儒
자 위 자 하 왈 여 위 군 자 유 무 위 소 인 유

공자가 자하에게 말했다.

너는 군자다운 학자가 되어야 한다. 따라서 소인 같은 학자는 되지 말거라.

해석 자하의 이름은 복상이다. 공자보다 44세 아래이며 공자의 제자이다. 자하는 외부로 드러나는 禮를 중요시하였고 시문학에 조예가 있었다. 공문십철 중 한 사람이다.

21세기 말씀 공자가 자하에게 말한다.

너는 제대로 된 지성적인 학자가 되어야 한다. 따라서 이기적인 지식인에 머물러서는 안 된다.

해석 논어에 나오는 군자 중 이곳에서의 군자가 대표적인 개념으로 보인다. 그리하여 이곳에서는 제대로 된 지성인으로 해석하여 보았다.

(13) 공직자는 공명정대하여야 한다.

子遊爲武城宰子曰女得人焉爾乎
자 유 위 무 성 재 자 왈 여 득 인 언 이 호

曰有澹臺滅明者行不由徑
왈 유 담 대 멸 명 자 행 불 유 경

非公事未嘗之於偃之室也
비 공 사 미 상 지 어 언 지 실 야

공자가 물었다.

(자유가 무성의 읍재가 되자) 너는 쓸 만한 인재를 얻었느냐?

이에 자유가 대답했다.

담대멸명이라는 사람을 얻었습니다. 그는 길을 갈 때에 지름길을 가지 않고 공적인 일이 아니면 저의 집에 온 적도 없습니다.

해석 자유는 공자의 제자이며 이름은 언언이다. 오나라에서 태어났으며 공자보다 45세 아래이다. 담대멸명도 공자의 제자이고 무성 사람이며, 다른 이름은 자우(子羽)이며 공자보다 39세 아래이다.

21세기 말씀 공자가 묻는다.

(자유가 무성 읍재에 선출되자) 너는 같이 일할 인재를 발탁했느냐?

이에 자유가 대답했다.

담대멸망과 같은 공명정대한 인재를 발탁했습니다. 그는 민주적
행정, 공정한 일 처리, 모든 일에 청념성을 갖춘 사람입니다.

해석 담대멸망은 공자의 제자였으며 학문으로는 주목을 받지 못했
지만 공적인 일을 처리하는 데는 청렴하여 오늘날 행정 관리
의 모범이 될 인물로 보인다.

(14) 자신의 공적을 내세우지 마라.

子曰孟之反不伐奔而殿將入門
자 왈 맹 지 반 불 벌 분 이 전 장 입 문

策其馬曰非敢後也馬不進也
책 기 마 왈 비 감 후 야 마 불 진 야

공자가 말했다.

맹지반은 자신의 공을 자랑하지 않았다. 맹지반이 싸우다 후퇴할
때는 군대의 후미에 있으면서 추격하는 적을 막아 아군이 무사히
피신하게 하고, 성문에 들어올 무렵에는 그가 탄 말을 채찍질하였
지만 후미에 있었다. 그러면서 일부러 후미에 있으려 했던 것이 아
니라 말이 늦어서 처진 때문이라고 겸손하게 말했다고 한다.

맹지반의 이름은 측(側)이며 춘추전국시대 노나라 대부였다.

공자가 말한다.

오늘날 정치인들은 맹지반같이 자신의 공을 자랑하지 않아야 한다. 민주주의 나라에서는 선거를 치르는데, 전쟁터에서도 훌륭한 인격을 유지한 맹지반같이 치열한 승부를 하는 선거에도 인격을 유지해야 한다.

민주주의가 발달하여 선거가 자주 있는데 선거에 이기기 위해서는 인격의 품위를 잃는 경우가 태반이다. 선거가 많은 요즈음에도, 전쟁터에서 자기 생명이 위험에 빠져 있어도 인격의 품위를 유지한 맹지반 같은 사람이 요구된다.

(15) 인간은 합당한 도리대로 살아야 한다.

子曰誰能出不由戶
자 왈 수 능 출 불 유 호

何莫由斯道也
하 막 유 사 도 야

공자가 말했다.

어느 누구도 문을 통하지 않고서는 안에서 밖으로 또는 밖에서 안으로 들어갈 수 없다. 어찌 道의 길이 문과 같은데 이러한 道의 길을 가지 않는가?

해석 공자가 말하는 도의 길은 봉건주의의 밑받침이 되는 仁 개념이다. 공자는 인이 사람에게 필수불가결한 윤리로 보고 누구나 통과할 문에 비유하여 말하고 있다.

21세기 말씀 **공자가 말한다.**

오늘날 민주주의를 하지 않고서는 지구촌에서 살아남기가 점점 어려워지고 있다. 어찌 민주주의를 받아들이지 않고 살아남으려 하는가?

해석 북한 공산주의는 신민주주의라 주장하지만 지배자의 교체도 없고 시민들의 자유도 없어 민주주의라 할 수 없다. 시대는 점점 민주주의가 요구되어 북한 공산주의는 획기적인 수정이 요구되고 있다.

(16) 타고난 소질도 꾸준히 연마하여야 군자가 된다.

子曰質勝文則野文勝質則史
자 왈 질 승 문 즉 야 문 승 질 즉 사

文質彬彬然後君子
문 질 빈 빈 연 후 군 자

공자가 말했다.

꾸밈(文)이 바탕(質)에 못 미치면 촌(野)스럽다 하고 꾸밈(文)이 바탕(質)보다 많으면 文弱에 흐른다고 한다. 그리하여 꾸밈과 바탕이 혼연일체로 조화를 얻어야 비로소 군자가 될 수 있다.

해석 바탕과 꾸밈이 혼연일체로 조화되는 것이 군자에게 맞는 이상적인 것이다.

21세기 말씀 **공자가 말한다.**

뛰어난 자질과 적성을 갖고 있더라도 학문은 꾸준히 연마하여야 한다. 한편 자질과 적성을 갖추고 있지 않는데도 무조건 학문을 하려는 사람이 많으나 이는 바람직하지 않다.

해석 시대를 초월하는 말이다. 요즈음도 자기 재능과 능력을 견주면서 일을 연마하여야 한다. 자기 능력과 재능을 살피지 않고 무조건 일에 뛰어들어 망치는 경우가 많음을 명심할 필요가 있다.

(17) 사람이 살아가는 도리는 정직에 있다.

子曰人之生也直
자 왈 인 지 생 야 직

罔之生也幸而免
망 지 생 야 행 이 면

공자가 말했다.

사람이 살아가는 도리는 정직에 있으니, 정직하지 않고 살아가면 요행히 난을 면할 뿐이다.

해석 정직은 仁이나 孝 등과는 직접 관계는 없어 보이지만 봉건주의에서도 인이나 효 등 모든 윤리의 기반이 정직에 있음을 알아야 한다.

21세기 말씀 공자가 말한다.

민주주의는 시민들의 정직한 삶에 기반을 둔다. 그리하여 시민들에게 정직한 삶이 없으면 민주주의는 요원하다.

해석 봉건주의 하에서 仁, 孝 등 윤리의 기반이 정직에 있듯이 오늘날 민주주의 기반도 위정자나 시민의 정직에 있음을 알아야 한다.

(18) 최상의 도의 길은 즐기면서 하는 길에 있다.

子曰知之者不如好之者
자 왈 지 지 자 불 여 호 지 자

好之者不如樂之者
호 지 자 불 여 락 지 자

공자가 말했다.

해야 할 일을 아는 사람은 해야 할 일을 순순히 하는 사람만 못하고, 해야 할 일을 순순히 하는 사람은 해야 할 일을 즐기면서 사람만 못하다.

해석 혹자는 道와 연관시켜 해석하기도 하지만 생활 일반사로 넓혀서 해석함이 타당하여 보인다.

21세기 말씀 공자가 말한다.

꼭 해야 할 일을 알기만 하고 자기 일로 여기지 않는 시민이 많다. 이런 시민보다는 그런 일은 자기의 의무로 알고 실행하는 시민이 훌륭하다. 그리고 그 일을 의무적인 일로만 알고 실행하는 시민은 그 일 의무 자체를 즐겨서 실행하는 시민만 못한 것이다.

해석 오늘날 세상사 의무적인 일을 처리할 것이 많다. 이러한 의무적인 세상사에 무관심한 시민, 관심을 갖는 시민, 즐겁게 일을 처리하는 것 등으로 살펴본 것이다.

(19) 귀신을 공경하되 적당한 거리를 두어라.

樊遲問知, 子曰務民之義敬鬼神而遠之可謂知矣
번 지 문 지 자 왈 무 민 지 의 경 귀 신 이 원 지 가 위 지 의

問仁, 曰仁者先難而後獲可謂仁矣
문 인 왈 인 자 선 란 이 후 획 가 위 인 의

공자가 대답했다.

(번지가 지혜에 대해 묻자) 사람들이 지켜야 할 도리에 힘쓰고, 귀신은 거리를 두고 공경하면 지혜롭다 할 수 있다.

공자가 대답했다.

(번지가 다시 仁에 대해 묻자) 仁은 어려운 일을 남보다 먼저 하고, 얻는 것은 뒤에 얻는 데 있다.

> **해석** 공자는 신(귀신)의 존재를 인정하였지만 신을 적당한 거리에서 모셔야 한다고 하면서, 인간 윤리 실천에 우선권을 두었다.

21세기 말씀 **공자가 대답한다.**

(번지가 지혜로운 처신에 대해 묻자) 민주 시민으로 살아갈 도리를 실

천하고, 종교를 갖되 소원 등을 비는 기복적인 행위에 빠지지 않아야 지혜롭다고 하겠다.

(번지가 민주주의 기본에 대해 묻자) 남을 의식하지 않고 매사에 민주주의를 실천해야 한다. 그리하여 민주주의를 실천하고 그로부터 얻는 것은 공정하게 취득하고 분배해야 한다.

해석 공자 시대에나 지금이나 종교를 대하는 인간의 처신은 크게 다르지 않다. 그리고 인 개념 대치 개념으로 민주주의 실행을 살펴 보았다.

(20) 슬기로운 이는 물을 좋아하고, 어진 이는 산을 좋아한다.

子曰知者樂水仁者樂山
자 왈 지 자 낙 수 인 자 요 산

知者動仁者靜知者樂仁者壽
지 자 동 인 자 정 지 자 락 인 자 수

공자가 말했다.

슬기로운 사람은 물을 좋아하고, 어진 사람은 산을 좋아한다. 그리하여 슬기로운 사람은 물 흐르듯 활발하고, 어진 사람은 산처럼 움직이지 않는다. 또한 슬기로운 사람은 변화하는 일에 맞서 매사 즐겁게 처리하려 하고, 어진 사람은 매사 일 처리를 신중하게 처리하여 오랫동안 유지된다.

해석 이곳에 나오는 '지자낙수 인자낙산'이란 말은 오늘날에도 많이 인용되는 문구이다. 다만 나는 '인자장수'란 말을 매끄럽게 해석하기 위해 그냥 수명의 장수로 해석하기보다 일의 오랜 유지로 해석하여 보았다.

21세기 말씀 **공자가 말한다.**

지혜로운 사람은 민주주의를 잘 활용하고, 어진 사람은 민주주의 유지에 최선을 다 한다. 그리하여 지혜로운 사람은 물 흐르듯 매사에 낙천적이어서 시민과 호흡을 같이하며, 어진 사람은 민주주의의 유지에 산처럼 신중하여 민주주의 유지에 만전을 기한다.

해석 지혜로운 사람과 어진 사람의 처신의 자세를 오늘날 민주주의와 함께 살펴본 것이다. 그리하여 '지자낙수'는 민주주의를 잘 활용하는 것으로 '인자낙산'은 민주주의 유지에 노력하는 것으로 묘사하였다.

(21) 군자는 쉽게 속임수에 빠지지 않는다.

宰我問曰仁者雖告之曰井有仁焉其從之也
재 아 문 왈 인 자 수 고 지 왈 정 유 인 언 기 종 지 야

子曰何爲其然也君子可逝也不可陷也
자 왈 하 위 기 연 야 군 자 가 서 야 불 가 함 야

可欺也不可罔也
가 기 야 불 가 망 야

재아가 물었다.

어진 사람은 우물 속에 어진 사람이 빠졌다고 속이면 그를 구하러
우물에 달려듭니까?

공자가 대답했다.

어찌 그럴 수 있겠느냐? 군자를 우물까지 가게 할 수는 있어도 속
임수에 빠지지 않을 것이다. 일시적으로 속는다 해도 사리 분별을
전혀 못 하게 할 수는 없다.

해석 재아는 공자의 제자로 말을 잘했다고 한다. 노나라 사람으로
제나라 임묘대부가 되었다. 공문십철 중 한 사람이다.

21세기 말씀 재아가 물었다.

우물 속에 아는 시민이 빠졌다고 속이면, 지성적인 사람도 그를
구하러 황급히 우물 속으로 뛰어듭니까?

공자가 대답한다.

어찌 그럴 수 있느냐? 지성인이라면 황급히 우물가에 달려가겠지만 무조건 우물 속으로 뛰어들지는 않을 것이다. 우물가에 와서 상황을 파악하여 대응할 뿐이다.

해석 오늘날 지성인은 정당한 행동이 필요한 곳에는 이해득실을 넘어서 올바르게 행동해야 한다. 그러나 지성인이라 해서 올바르게 행동한다고 우직하게 무조건 나서지는 않을 것이다.

(22) 군자는 널리 배우고 禮에 일관해야 한다.

子曰君子博學於文約之以禮
자 왈 군 자 박 학 어 문 약 지 이 례

亦加以不畔矣夫
역 가 이 불 반 의 부

공자가 말했다.

군자는 널리 글을 습득하되 일관된 禮로써 절제하면서 예의범절에 맞게 행동해야 한다.

해석 군자는 봉건주의에 맞는 仁 개념을 다양하게 습득해야 한다.

그러나 습득한 仁 개념의 학문이 일관된 禮로써 통제, 제약되어야 봉건주의에 맞는 행동을 하게 된다.

21세기 말씀 **공자가 말한다.**

지성인은 널리 전공 학문을 다양하게 습득해야 한다. 그러나 이런 습득할 학문이 민주주의라는 테두리 범위에서 권장되어야 한다.

해석 오늘날 학문의 자유를 살펴보았다.

(23) 하늘에 부끄러울 것이 없다.

子見南子子路不說夫子失之曰
자 견 남 자 자 로 불 열 부 자 시 지 왈

予所否者天厭之天厭之
여 소 부 자 천 염 지 천 염 지

공자가 말했다.

(공자가 남자를 만나자 자로가 기뻐하지 않으니) 내 행동에 잘못이 있었다면 하늘이 나를 버리리라.

해석 남자라는 여자는 절세의 미녀로 공자시대 위나라 영공의 부인
이다. 영공의 총애를 받자 권력을 남용하고 음란한 생활을 하
였다고 한다. 남자가 영공을 접견하려면 자기를 우선 만날 것
을 주장하였다. 공자도 영공을 만나기 위해 남자를 만났던 것
이다. 공자의 제자인 자로가 이런 공자의 행동을 우려하였던
것이다.

21세기 말씀 **공자가 말한다.**

(공자가 남자를 만나자 자로가 기뻐하지 않으니) 나는 절세 미녀 남자라
고 해도 이는 의례적인 경우이니 걱정하지 마라. 내가 여자 문제
로 망하는 사람을 많이 보아 왔으니 내가 도를 넘는 행동을 하
겠느냐? 자로야. 걱정 말라.

해석 오늘날에도 정치하는 남자들은 여자와의 관계에서 처신을 잘
못하면 곤욕을 치른다. 대표적인 사례가 미국 대통령 클린턴
의 여자 접촉이다.

(24) 중용의 덕은 지극하다.

子曰中庸之爲德也
자 왈 중 용 지 위 덕 야

其至矣乎民鮮久矣
기 지 의 호 민 선 구 의

공자가 말했다.

중용의 덕은 지극하구나. 그러나 사람들이 이를 제대로 체득하여
실행하는 사람이 적다. 이에 대해 말하는 것이 너무 오래 되었구나.

해석 논어에서 중용은 크게 다루지 않으나 공자의 손자인 자서는
별도로 크게 다룬다. 중용의 덕은 지극하는 데 있다고 한다.

21세기 말씀 **공자가 말한다.**

시민들이 민주주의를 발전시키려면 각자의 삶에서 민주주의를
실천하는 것에 있다. 그러나 이를 인식하고 실천하는 시민이 아
직 적으니 민주적인 나라가 되려면 아직 요원하구나.

해석 중용은 인간 삶의 자세에서 지극하다고 한다. 인간 삶의 자세
가 지극한 것은 오늘날 민주주의 실천으로 보아도 크게 무리
는 없어 보여서 다루어 보았다.

(25) 인의 실현은 정말 어렵다.

子貢曰如有博施於民而能濟衆
자 공 왈 여 유 박 시 어 민 이 능 제 중

何如可謂仁乎
하 여 가 위 인 호

子曰何事於仁必也聖乎
자 왈 하 사 어 인 필 야 성 호

堯舜其猶病諸
요 순 기 유 병 저

자공이 물었다.

만약 어떤 사람이 백성들에게 널리 베풀고, 대중을 어려움에서 구
제할 수 있다면 仁이라고 할 수 있겠습니까?

공자가 말했다.

어찌 仁에서 그치겠느냐? 그러면 반드시 성인의 경지에 오를 것이
니 요순도 이것을 근심하셨다.

해석 인의 궁극적인 목표는 사람들이 모두 인간답게 살아가고 세상
이 질서와 평화를 얻는 데 있다고 하겠다. 여기서 공자가 仁
개념을 명확히 밝히고 있다.

21세기 말씀 자공이 물었다.

만약 어떤 사람이 일반 시민에게 두루 베풀고, 대중을 어려움에서 구제할 수 있다면 시대적 지성이라고 할 수 있겠습니까?

공자가 말한다.

어찌 시대적 지성에서 그치겠느냐? 그러한 민주주의 사회를 이룩하는 사람이 오늘날 지구촌 모든 나라에서 우러러 보는 진정한 지성이며 선각자인 것이다.

해석 공자가 말하는 인 개념이 궁극적으로 사람을 사람답게 살게 하고, 나라 간 평화와 질서를 유지하는 것이 진정한 민주주의이다. 이를 실현하는 사람이 진정한 지성이며 선각자이다.

(26) 진정한 仁의 실현은 다 함께 하는 데 있다.

夫人者己欲立而立人
부 인 자 기 욕 립 이 립 인

己欲達而達人
기 욕 달 이 달 인

인자한 사람은 자기가 서고자 할 때에 남도 서게 하고, 자기가 통달하고자 할 때에 남에게도 통달할 기회를 준다.

해석 仁 개념에 관한 간단한 문구이지만 인간 사회가 존재하는 한
영원한 진리이다.

21세기 말씀

진정한 민주주의를 사랑하는 사람이라면 자기에게 먼저 주어진
기회를 독점하지 않고 정보 공유를 모색하고, 자기에게 먼저 주어
진 통달할 기회를 독점하지 않고 남에게도 통달할 기회를 준다.

해석 시대를 초월한 진리를 말하고 있는데 특히 민주주의에서는 폭
넓게 그리고 조직적으로 실현 가능한 말이다.

(27) 仁의 실행은 가까운 데에 있다.

能近取譬可謂仁之方也已
능 근 취 비 가 위 인 지 방 야 이

가까운 데서 손쉽게 취할 수 있는 것을 비유할 수 있다면 仁 같은
것이다. 즉, 먼 곳에서 취하기보다는 가까운 곳에서 仁의 실행을
손쉽게 찾을 수 있다.

해석 인 개념이 사람이 모두 사람답게 사는 궁극적 목표이므로 인

의 실현은 가까운 이웃에게부터 실현 가능한 개념이다.

가까운 데서 손쉽게 취할 수 있는 것을 비유할 수 있다면 민주주의 같은 것이다. 즉, 원대하거나 먼 곳에서 취하기보다는 가까운 우리 생활 주변서 민주주의 실행을 찾을 수 있는 것이다.

해석 인 개념이 인간이 모두 사람답게 하는 것이 목표라면 오늘날 민주주의에서 가장 실현 가능한 개념이라 하겠다.

07
술이(述而)

　이 편은 공자의 생각과 말과 행동을 기록한 글이 많다. 이 편에는 논어 중 가장 아름답고 빛나는 글이 수록되어 있다. 특히 성현, 현인, 군자 등의 덕행이 많이 있다.

　염유 기원전 552년에 태어나 기원전 481년에 죽었다. 성은 염이고 이름은 구이며 공자 제자이다. 또 다른 이름이 자유 또는 염유이다. 정사에 뛰어났으며 계강자의 신하로 있어, 공자의 노여움도 받았으나 공자가 고향에 돌아와 사는 데 공을 세웠다.

(1) 고전을 중히 여기고 이를 즐겨라.

子曰述而不作信而好古
자 왈 술 이 불 작 신 이 호 고

竊比於我老彭
절 비 어 아 노 팽

공자가 말했다.

전통적인 것을 따르고 임의적으로 만드는 것을 조심하며, 쭉 내려
오는 것을 소중히 믿고 따름을 즐겼다. 이러한 자세는 노팽에 견주
고자 한다.

해석 노팽은 700년을 살았다는 상나라 현명한 대부였다고 한다. 그
는 옛것을 따르고 말로 전달하였다고 한다. 공자가 있었던 훨
씬 이전 시대의 대부였는데 국가의 관습법도 소중하게 따른
것으로 보인다.

21세기 말씀 **공자가 말한다.**

시대적인 가치관을 담은 법이나 관습은 소중하게 지켜야 한다.
따라서 이런 법이나 관습은 민주주의 발전을 위한 것이 아닌 단
순히 정치적 이해득실에 따라 바꾸면 안 된다. 법이나 관습의 개
정에 신중했던 유명한 옛 대부 노팽을 따르고자 한다.

오늘날 민주주의 법 체계를 살펴보았다. 민주주의 법 체계에도 소중히 간직하고 지켜나갈 것을 공자는 강조하고 있다.

(2) 배움에 게으르지 않는다.

子曰默而識之學而不厭
자 왈 묵 이 식 지 학 이 불 염

誨而不倦何有於我哉
회 이 불 권 하 유 어 아 재

공자가 말했다.

묵묵히 스스로 깊이 깨닫고, 배우는 것에 싫증을 내지 않았으며, 사람들 가르침에도 게을리 않았던 사람이 바로 나라는 사람이다.

물론 공자가 열심히 배우고 익히는 학문이 봉건주의의 밑바탕이 되는 仁, 孝 등의 학문이다.

21세기 말씀 **공자가 말한다.**
나는 그냥 묵묵히 현대정치학에 대해 깊이 연구하고, 사람들에게 민주주의 등을 가르침에 열심이었다. 이런 일은 내게 주어진 천명으로 보인다.

공자가 추구했던 봉건주의 학문은 오늘날은 민주주의 등의 현대정치학으로 살펴본 것이다.

(3) 배워도 실행하기는 쉽지 않다.

子曰德之不修學之不講
자 왈 덕 지 불 수 학 지 불 강

聞義不能徒不善不能改
문 의 불 능 사 불 선 불 능 개

是吾憂也
시 오 우 야

공자가 말했다.

덕을 제대로 닦지 못하고, 학문을 깊게 익히지 못함과 의로운 것을 듣고도 이를 실천에 옮기지 못하고, 옳지 못함을 알면서도 즉시 고치지 못함이 곧 나의 걱정거리이다.

해석 대단히 좋은 문구이다. 즉, 공자도 덕을 수양하고 실천하기는 보통 인간처럼 어려움을 솔직하게 드러내고 있는 문구이다.

21세기 말씀 공자가 말한다.

실제로 현대정치를 제대로 알지도 못하면서 현대정치를 많이 아는 것처럼 가르쳤고, 주변에서 민주정치에서 벗어난 정치를 많이 보면서 이를 공개적으로 비판하지 못하고 더 나아가 나 스스로도 이런 비민주적 행위를 하고 있다는 것이다. 이러한 잘못을 알고도 고치지 못함이 있는데 정말 나의 걱정거리이다.

해석 공자가 고민했던 것을 해결하는 길은 현대정치학의 영원한 과제인 것이다.

(4) 주공을 꿈에서도 뵙지 못한다.

子曰甚矣吾衰也久矣
자 왈 심 의 오 쇠 야 구 의

吾不復夢見周公
오 불 복 몽 견 주 공

공자가 말했다.

내가 몸이 쇠약해진 지 오래 되었구나. 내가 꿈속에서도 주공을 뵙지 못하였다.

해석 주공의 이름은 단이며 주나라 문왕의 아들이며 무왕의 동생이다. 주공은 두 왕을 모시면서 중국 봉건제도의 통치이념과 문물 그리고 제도와 예악을 완성하였다. 공자는 이러한 주공을 존경하였던 것이다.

21세기 말씀 **공자가 말한다.**

내가 몸이 쇠약해진 지 오래 되었구나. 중국의 봉건제를 확립한 주공과 꿈속에서의 대화를 더하여, 오늘날 민주정치를 실현하는 방법을 터득해야 하는데 이 정도도 할 수 없을 정도로 정말 쇠약하구나.

해석 봉건제도의 밑바탕이 되는 인 개념을 제안한 공자가 오늘날 인 개념의 시대적 대치 개념인 민주주의를 위해 고뇌하는 것으로 살펴본 것이다.

(5) 우선 道에 뜻을 두고 덕을 지켜라.

子曰志於道據於德
자 왈 지 어 도 거 어 덕

依於仁遊於藝
의 어 인 유 어 예

공자가 말했다.

道에 뜻을 두고 덕을 굳게 지키며, 인에 의지하며 육례를 익힌다.

해석 육례는 공자시대의 군자가 갖추어야 할 여섯 가지 교양 품목이다. 육례는 예절(禮), 음악(樂), 활쏘기(射), 말타기(御), 글씨(書), 산수(數) 등이다.

21세기 말씀 공자가 말한다.

나는 민주정치 연구에 뜻을 두고 있으며, 기회가 있으면 민주정치에 뛰어들기도 한다. 그리하여 민주정치를 실제로 체험하여 민주주의를 몸소 느끼는 것을 소홀치 않는다. 그리면서도 현대정치학을 위한 연구에 부지런함을 잊지 않는다.

해석 인 개념에 대치되는 민주주의 개념 등의 현대정치학을 살펴본 것이다.

(6) 배우고자 하는 사람은 모두 받아들인다.

子曰自行束脩以上

자 왈 자 행 속 수 이 상

吾未嘗無誨焉
오 미 상 무 회 언

공자가 말했다.

육포 한 묶음인 속수의 예물을 가져와 배우기를 청하면, 나는 가
르쳐 주지 않은 적이 없다.

해석 속수란 말린 고기(육포)의 10개 단위 한 묶음을 말한다. 공자
당시에 제자가 되고자 하는 사람이 스승에게 드리는 것으로
일반적 예절이라 하겠다.

21세기 말씀 공자가 말한다.
나의 현대정치학은 민주주의 등에 관한 특강인데, 일반 강의처
럼 일정한 소정의 양식에 따라 신청하면 누구나 들을 수 있다.

해석 공자의 인 개념을 대치 개념인 민주주의 등 현대정치학에 관
한 특강 형식으로 살펴본 것이다.

(7) 슬픔은 함께 나누어야 한다.

子食於有喪者之側未嘗飽也
자 삭 어 유 상 자 지 측 미 상 포 야

子於是日哭則不歌
자 어 시 일 곡 즉 불 가

공자가 말했다.

상을 당한 사람 옆에서 식사할 때에는 배불리 먹지 않았고, 초상
날 곡을 하였을 때는 노래를 부르지 않았다.

해석 공자의 인 개념은 독특한 것이 아니라 그 당시 인간이 살아가
는 도리를 지키는 것이다. 그리하여 이곳에서는 상을 당할 때
의 도리를 얘기하는 것이다.

21세기 말씀 **공자가 말한다.**

상을 당한 사람을 조문하여, 식사를 하게 되면 배불리 먹지 않
았고, 조문한 날에 묵념으로 조의를 표하고 분위기에 맞지 않는
노래 등은 삼갔다.

해석 오늘날 조문할 때도 공자 당시와 크게 다르지 않았던 것이다.

(8) 군자는 들어감(등용)과 물러남(퇴임)을 분명히 한다.

子謂顔淵曰用之則行
자 위 안 연 왈 용 지 즉 행

舍之則藏有我與爾有是夫
사 지 즉 장 유 아 여 이 유 시 부

공자가 안연에게 말했다.

나를 써주면 나의 능력을 펼쳐 행하고 나를 버리면 나의 능력을 감추고 은거해야 하는데, 오직 너와 나만이 이것이 가능하다.

해석 공자가 공직에 대한 처신 방식을 가장 애제자인 안회와 나눈 대화이다.

21세기 말씀 **공자가 안연에게 말한다.**

나는 으레 있는 민주 선거에서 이기면 나의 능력을 힘껏 펼치고 선거에서 지면 선거에서 이긴 사람에게 활짝 길을 열어주고 스스로는 은거하면서 조용히 산다. 너도 이런 방식처럼 하는 것이 바람직하다고 본다.

해석 봉건주의 시대의 인 개념 대치 개념인 민주주의에서 일어나는 각종의 선거에서 이기고 지는 상황에서 공자의 자세를 살펴본 것이다.

(9) 큰일을 하려면 조심성 있게 도모해야 한다.

子路曰子行三軍則誰與
자 로 왈 자 해 삼 군 즉 수 여

子曰暴虎憑河死而無悔者吾不與也
자 왈 포 호 빙 하 사 이 무 회 자 오 불 여 야

必也臨事而懼好謀而成者也
필 야 임 사 이 구 호 모 이 성 자 야

자로가 말했다.

선생님께서 삼군을 통솔하시게 되면 누구와 함께하시겠습니까?
공자가 대답했다.

호랑이를 맨주먹으로 때려잡으려고 하거나 맨몸으로 강을 건너가
려고 하다가 죽어도 후회하지 않는 사람과는 나는 함께하지 않을
것이다. 오히려 필히 큰일을 앞에 두고 두려워할 줄 알고, 충분히
꾸미고 신중히 다루어 성공을 도모하는 사람과 함께하겠다.

해석 자로가 용맹 과감한 성격이지만 일을 성취하려면 용맹 과감
외에도 필요한 요소가 많음을 공자는 지적해주고 있다.

21세기 말씀 **자로가 공자께 묻는다.**
선생님께서 삼군을 통솔하시게 되면 누구와 함께하시겠습니까?
공자가 대답한다.

오늘날 지구촌에는 비민주적 지도자도 많다. 그들과 함께 세계 평화를 도모하여야 하므로 그런 지도자에게 민주적 절차에 따를 것을 설득해야 한다. 그리하여 민주적 절차에 따를 것을 권장하고 그들이 무력시위를 할 때에는 단호하게 응징할 태세를 갖추어 그들의 오만함을 분쇄해야 한다. 즉, 오늘의 군 통수권자는 강온 양면을 겸비해야 한다.

해석 오늘날 강성대국을 주장하는 북한과 대화할 때에 민주적 절차로 유도하는 우리 입장에서 살펴본 것이다.

(10) 의롭지 않은 부귀는 뜬구름 같다.

子曰富而可求也雖執鞭之士
자 왈 부 이 가 구 야 수 집 편 지 사

吾亦爲之如不可求從吾所好
오 역 위 지 여 불 가 구 종 오 소 호

공자가 말했다.

부유함을 추구하여 얻을 수 있다면 비록 채찍을 드는 마부라도 되겠다. 그러나 만일 富를 구함이 옳지 못하면 내가 즐기는 바를 좇아 살겠다.

공자는 부를 추구하는 데 귀천을 따지지 않고 긍정적이다. 다
만 부를 추구하는 데도 정당할 것을 요구하고 있다.

공자가 말한다.
오늘날 대부분의 나라에서는 직업의 귀천 없이 부유함을 추구
하는 것은 자연스런 모습이다. 그러나 富를 추구하는 데도 정당
할 것이 요구된다.

오늘날 부를 추구하는 데 공자 시대와 다를 것이 없다. 즉, 시
대를 초월한 명문구이다.

(11) 仁을 추구하여 仁을 얻으면 후회는 없다.

冉有曰夫子爲衛君乎
염 유 왈 부 자 위 위 군 호

子貢曰諾,吾將問之
자 공 왈 낙 오 장 문 지

入曰伯夷叔齊何人也
입 왈 백 이 숙 제 하 인 야

曰,古之賢人也　曰怨乎
왈 고 지 현 인 야　왈 원 호

曰求仁而得仁又何怨

왈 구 인 이 득 인 우 하 원

出曰, 夫子不爲也

출 왈 부 자 불 위 야

염유가 좌중에 물었다.

선생님께서 위나라 군주를 도울까요?

자공이 말했다.

내가 선생님께 물어보리라.

자공이 들어가 공자께 물었다.

백이와 숙제는 어떤 사람입니까?

공자가 대답했다.

옛날에 있었던 현명한 사람이었다.

자공이 다시 물었다.

그들도 후회한 적이 있었나요?

공자가 대답했다.

인을 추구하여 인을 얻었는데 또 무슨 후회할 것이 있었겠느냐?

자공이 나와서 염유에게 대답했다.

선생님은 위나라 군주를 도와주지 않으실 것이다.

해석 백이, 숙제는 은나라 말기에 고죽군의 아들들이다. 고죽군은
셋째 아들인 숙제에게 왕위를 물려주려 하였다. 그러나 숙제
는 큰아들인 백이가 왕위를 물려받아야 한다고 하고 백이는

아버지의 뜻대로 숙제가 받아야 한다고 하였다. 그리하여 두 형제는 은나라를 떠나 주나라 문왕에게 몸을 의탁하여 둘째 아들이 왕위를 물려받았다.

한편 여기서 공자의 제자들이 공자의 개입 여부를 묻는 것은 위나라 군주의 계승 문제이다. 이는 위나라 군주의 부자간에 왕위 싸움을 말한다. 즉, 위나라 영공이 죽자 손자인 이(輒)가 왕위에 올랐다. 영공의 아들인 괴외는 영공의 부인인 남자가 음란하다고 하여 쳐내려다가 실패하여 송나라로 피신하였고, 진나라에 망명한 상태에 있었다. 그리하여 망명한 상태의 괴기와 영공의 손자 輒 간에 왕위 다툼이 일어난 것이다. 여기에서 공자의 의중을 묻는 것이다.

선생님이 위나라 군주를 도울까요?

자공이 답한다.

내가 공자께 물어보겠다.

자공이 들어가 공자께 묻는다.

백이, 숙제는 어떤 사람인가요?

공자가 대답한다.

그들은 주어진 분수에 맞게 행동하는 지성적인 사람들이라고 본다. 오늘날 민주주의에 적합한 사람들이다.

자공이 묻는다.

그들도 후회한 적이 있었나요?

공자가 대답한다.

그들만큼 분수에 맞게 민주적이고 지성적으로 살아온 사람은 없다. 그들은 어느 환경에 있더라도 후회는 없으리라.

자공이 나와서 염유에게 말한다.

분수에 맞게 지성적으로 살아온 백이, 숙제를 스승님이 좋게 말하는 것으로 보아, 선생님은 민주주의를 도외시하고 권력 다툼의 한가운데 있는 위나라 어떤 지도자도 멀리할 것이다.

해석 백이와 숙제가 갖고 있는 인격이라면 오늘날 민주주의에 적합한 인격을 갖춘 지도자로 보여 그에 상응한 표현을 해 보았다.

(12) 가난함 속에도 즐거움이 있다.

子曰飯疏食飲水曲肱而枕之
자 왈 반 소 식 음 수 곡 굉 이 침 지

樂亦在其中矣不義而富且貴
낙 역 재 기 중 의 불 의 이 부 차 귀

於我如浮雲
어 아 여 부 운

공자가 말했다.

소박한 밥을 먹고 물을 마시며 팔을 굽혀 베고 눕더라도 즐거움이 그 안에 있다. 의롭지 않은 富와 貴를 얻는 것은 나에게는 뜬구름과 같다.

해석 공자가 가난을 권하는 것은 아니다. 다만 가난하다고 하여 주눅 들지 말고 당당하게 살고 부정한 방법으로 치부하는 것을 경계하려 하였다.

21세기 말씀 **공자가 말한다.**

소박한 밥을 먹고 우물물을 마시고 편안하게 자는 것이 즐거운 나의 삶의 바탕이다. 이러한 소박한 삶을 벗어나려고 부정한 방법이라도 동원하여 부귀를 얻으려 하지만 내게 그런 삶은 뜬구름과 같다.

해석 오늘날에도 변함없는 명문구이다. 즉, 부정한 방법으로 얻는 치부를 경계함에 공자의 자세는 준엄하다.

(13) 도를 알면 걱정거리도 잊는다.

葉公問孔子於子路,子路不對
섭 공 문 공 자 어 자 로 자 로 불 대

子曰女奚不曰其爲人也
자 왈 여 해 불 왈 기 위 인 야

發憤忘食樂以忘憂
발 분 망 식 락 이 망 우

不知老之將至云爾
부 지 노 이 장 지 운 이

공자가 자로에게 말했다.

(섭공이 자로에게 공자의 인물됨을 물었는데, 자로가 대답하지 않았다고 하니까)
너는 어찌하여 이렇게 말하지 않았느냐? 그(공자)는 분발하면 먹을
것도 잊고 도를 즐기므로 걱정거리를 잊으며 늙은 것조차 모른다
고 말하지 그랬느냐?

해석 葉公은 공자 시대에 초나라 대부로서, 섭현을 다스렸으며 인망
이 높았다고 한다.

21세기 말씀 공자가 자로에게 말한다.
(섭공이 자로에게 공자의 인물됨을 물었는데 자로가 대답하지 않았다고 하니
까) 너는 어찌하여 이렇게 말하지 않았느냐? 그(공자)는 분발하면

먹을 것도 잊고 민주주의 등의 현대정치학에 빠져 몰두하여 걱정거리를 잊으며 늙은 것조차 모른다고 말하지 그랬느냐?

해석 공자의 도 개념을 현대정치학의 민주주의 등을 설명한 것이다.

(14) 태어나면서 모든 것을 아는 사람은 없다.

子曰我非生而知之者
자 왈 아 비 생 이 지 지 자

好古敏以求之者也
호 고 민 이 구 지 자 야

공자가 말했다.

나는 태어나면서 아는 사람이 아니라, 옛것을 점검하기 좋아해서 이를 부지런히 탐구하여 내 것으로 한 것뿐이다.

해석 공자가 학문을 얻기 위해 부단한 연구와 노력을 하였음을 몰라 무조건 감탄하고 추종만 하는 제자들의 자세를 나무라는 것으로 보인다.

나도 다른 사람들과 같이 태어나면서 아는 사람이 아니다. 다만 철나고부터 현대정치 연구에 뜻을 두고, 기존 현대정치의 이론을 점검하기 즐거하며, 현대정치의 기존 이론을 더욱 세련시키고 그런 와중에서 보다 새로운 이론을 개발한 것뿐이다.

해석 공자의 학문은 인 개념이어서 인 개념 대치 개념의 민주주의 개념을 내포하는 현대정치학을 살펴본 것이다.

(15) 道는 상식의 길에 있다.

子不語怪力亂神
자 불 어 괴 력 난 신

공자는 道를 상식선 안에서 찾았다.

상식에 벗어난 괴이함, 괴력 내지 폭력, 난동 내지 분란, 미신 내지 귀신 등에 대해서는 말씀을 하지 않았다.

해석 괴, 력, 난, 신은 요즈음도 많이 쓰이고 있다. 범상치 않은 것 (괴), 덕으로 하지 않는 폭력(력), 다스림(治)이 없는 난동(난), 사람을 말하지 않는 귀신(신) 등은 공자가 추구하는 인 개념과 무관한 것이어서 공자는 이런 것들을 추구하지 않았다.

공자는 허황된 지식 내지 행위를 추구하지 않는다. 오늘날 일반적으로 인정되는 학문을 추구하였으며, 비과학적인 논리를 내세우는 일, 비민주적인 탈법 내지는 폭력, 비합법적으로 정권을 유지 내지는 탈취하는 행위, 종교를 빙자한 재물 취득 행위 등을 용납하지 않는다.

해석 오늘날 합리적 지성인은 비민주적인 처신, 그리고 무조건적인 신앙의 자세에서 탈피하고 있다.

(16) 세 사람이라도 함께 길을 가면 그 안에 스승이 있다.

子曰三人行必有我師焉
자 왈 삼 인 행 필 유 아 사 언

擇其善者而從之
택 기 선 자 이 종 지

其不善者而改之
기 불 선 자 이 개 지

공자가 말했다.

세 사람이 길을 가면 반드시 나의 스승이 있으리니, 그중에서 옳은 것을 가려 따르고 그중의 옳지 못한 것을 가려내 잘못을 고쳐야 한다.

해석 공자는 퍽이나 배움에 열렬한 지성인이었다. 사람이 세 사람 안에서도 귀담아 들을 것과 버려야 할 것을 찾는 자세이다.

21세기 말씀 **공자가 말한다.**

오늘날 민주주의 사회에서 어떤 주제를 가지고 토론하면 의견이 대립하는 것은 자연스러운 현상이다. 대립하는 의견 중 수렴하여야 할 경우와 버려야 할 경우가 생겨난다. 그리하여 수렴하여야 할 경우나 버려야 할 경우에도 민주적인 토론을 거쳐야 한다. 이러한 토론 과정에서 의견이 대립해 해결이 안 되면 최종적으로 다수결로 해결하여야 한다.

해석 다수결로 하는 민주주의 기본을 다루어 보았다.

(17) 德은 하늘에 있다.

子曰天生德於子
자 왈 천 생 덕 어 자

桓魋其如子何
환 퇴 기 여 자 하

공자가 말했다.

하늘이 나에게 덕을 내려주셨는데, 한퇴가 나를 어찌할 수 있겠느냐?

해석 한퇴는 송나라 경공 때 사마 벼슬을 하던 신하였다. 공자가 송나라에서 강론을 하였을 때에 공자가 한퇴에게 불이익한 강론을 할까 봐 죽이려 하자 천천히 도피하면서 공자가 한말이다.

21세기 말씀 공자가 말한다.

사람은 태어날 때에 주어진 가족, 사회적 환경 등으로 숙명과 같은 삶을 영위한다. 이미 나는 시대를 선도에서 이끄는 사람이 되어 있어, 개인적 욕심만 생각하는 한퇴 같은 사람이 나(공자)를 제거하기는 어려울 것이다.

해석 오늘날 시대를 이끄는 지도자를 독재자 등이 마음대로 못함을 다루어 보았다.

(18) 숨기는 것이 하나도 없다.

子曰二三者而我爲隱乎,吾無隱乎爾
자 왈 이 삼 자 이 아 위 은 호 오 무 은 호 이

吾無行而不與二三子者,是丘也
오 무 행 이 불 여 이 삼 자 자 시 구 야

공자가 말했다.

그대들은 내가 무엇인가 숨긴다고 생각하느냐? 나는 숨기는 것이
없다. 나는 어떤 행동이든 자네들과 같이 행동하지 않는 것이 없
다. 이렇게 행동하는 것이 바로 나 丘(공자)이다.

해석 공자의 학문하는 자세는 허심탄회했던 것으로 보인다. 다만
제자들은 공자를 자기들과 다르게 숨겨놓고 말하는 것으로
오해하는 것을 공자가 그렇지 않음을 얘기하고 있는 것이다.

21세기 말씀 공자가 말한다.

그대들은 내가 무슨 주제를 토론할 때에 미리 결론을 내심에 내
고 토론에 임한다고 생각하느냐? 그러나 나는 결론을 미리 내심
에 내고 임한 적이 없다. 나는 토론에 임하여서는 젊은 자네들
의 튀는 견해를 많이 반영하고자 노력해 왔다.

해석 오늘날 바람직한 대학 석학들의 강의하는 방법을 제시하여 보

있다.

(19) 공자는 학문, 실천, 충성, 신의를 가르쳤다.

子以四教文行忠信
자 이 사 교 문 행 충 신

공자는 네 가지를 가르쳤다.

공자는 제자들에게 사람이 갖추어야 할 네 가지를 가르쳤는데, 그 네 가지가 학문·실천·충성·신의였다.

해석 공자가 가르친 문·행·충·신으로 표현되는 네 가지이다. 앞에 있는 '문행'은 배우고 닦는 개인적인 수양이고, 뒤에 있는 '충신'은 수양된 문행으로 얻는 사회적 미덕으로 보인다.

21세기 말씀

공자는 제자들에게 현대정치학의 중요한 네 가지를 가르쳤다. 현대정치의 흐름, 현대정치에서 민주주의, 민주주의에서 정당, 민주주의에서 선거 등이다.

해석 공자가 가르친 네 가지인 문·행·충·신에서 오늘날 현대정치학에서 민주주의 등을 살펴보았다.

(20) 늘 성인을 그리며 그를 따르고자 한다.

子曰聖人吾不得而見之矣, 得見君子者斯可矣
자 왈 성 인 오 불 득 이 견 지 의 득 견 군 자 자 사 가 의

子曰善人吾不得而見之矣, 得見有恒者斯可矣
자 왈 선 인 오 불 득 이 견 지 의 득 견 유 항 자 사 가 의

亡而爲有虛而爲盈約而爲泰難乎有恒矣
망 이 위 유 허 이 위 영 약 이 위 태 난 호 유 항 의

공자가 말했다.

성인을 내가 만날 수 없더라도, 진정한 군자라도 만날 수 있으면 다행이라 하겠다. 한편 선한 사람을 만날 수 없더라도, 언제나 마음이 변치 않는 사람을 만날 수 있으면 다행이라 하겠다.

그러나 없으면서도 있는 척하고, 비어 있으면서도 가득 찬 척하고, 가난해도 태연하려는 것이 일반적이지만 그냥 그대로를 받아들이기는 정말 어려운 일인가?

해석 처음 줄은 성인, 군자에 대한 그리움을, 그다음 줄은 善人에 대한 그리움, 그리고 마지막 줄은 恒心者에 대한 그리움을 말하

고 있다.

공자가 말한다.

현대정치를 강의하는 나로서는 모범적인 민주정치를 하는 지도자를 만날 수 있기가 정말 힘들다. 그렇지만 다행히 민주정치를 하려는 지도자는 많은 것 같다. 즉, 지구촌에 누구나 민주정치를 표방하고 있다. 그러나 실제적으로는 민주정치를 하지 않는 지도자는 아직도 많다. 내가 보기에는 지구촌 민주정치가 본 궤도에 올랐다고 하기에는 아직 이르다.

해석 오늘날 지구촌 민주주의를 현황을 살펴본 것이다.

(21) 잠자는 새는 잡지 않는다.

子釣而不網弋不射宿
자 조 이 불 망 익 불 사 숙

공자는 낚시질은 하되 그물질을 하지 않았고, 잠자는 새는 잡지 않았다.

해석 공자가 젊었을 때에 가난하여 제사 음식을 위해 낚시 등을 하였지만 그러한 일에서도 도리를 지키고 있음을 보여 주고 있다.

해석 오늘날에도 공자 시대처럼 물고기나 날짐승 등을 한꺼번에 많
이 잡는 것은 바람직하지 않아 보인다.

(22) 함부로 창작하지 않는다.

子曰蓋有不知而作之者我無是也
자 왈 개 유 불 지 이 작 지 자 아 무 시 야

多聞擇其善者而從之
다 문 택 기 선 자 이 종 지

多見而識之知之次也
다 견 이 식 지 지 지 차 야

공자가 말했다.

나는 어떤 것인지 잘 알지도 모르면서 함부로 창작하는 것을 하지

않는다. 많은 것을 듣고 그중 좋은 것을 가려내어 이를 따랐고, 많은 것을 본 것 중에서 골라내어 기술하였다. 이런 내 방식이 知의 버금이라고 본다.

해석 공자가 창작의 모범 답안을 제시한 것으로 보인다.

21세기 말씀 **공자가 말한다.**
제대로 연구하고 숙고하여야만 창작이 된다. 그렇게 하려면 많이 듣고 많이 보아야 한다. 그리고 이러한 과정을 거쳐, 가장 좋은 것을 택하고 나름대로 숙고하여 창작을 하게 된다. 이러한 창작 방식이 내가 하고 있는 방식이다.

해석 논어에서 공자가 제시한 창작 방식은 오늘날에도 각종 연구에서 모범이 되는 방식으로 보인다.

(23) 仁은 결코 먼 곳에 있지 않다.

子曰仁遠乎哉, 我欲仁斯仁至矣
자 왈 인 원 호 재 아 욕 인 사 인 지 인

공자가 말했다.

仁이 멀리 있겠는가? 그렇지 않다. 내가 끊임없이 仁을 추구하면
드디어 仁이 나를 따르리라.

해석 仁의 길은 참다운 인간의 길을 찾아나서는 것이다. 그 길은 나
자신에서 나 자신을 찾는 길이다.

21세기 말씀 공자가 말한다.

민주주의가 멀리 있겠느냐? 그렇지 않다. 하나하나 일반 시민
이 끊임없이 민주주의를 따르면 민주주의가 드디어 시민을 따
르리라.

해석 仁 개념을 민주주의 개념으로 하여 일반 시민과 민주주의를
살펴 본 것이다.

(24) 잘못이 있으면 바로잡아야 한다.

陳司敗問昭公知禮乎孔子曰知禮
진 사 패 문 소 공 지 례 호 공 자 왈 지 례

孔子退揖巫馬期而進之曰
공 자 퇴 읍 무 마 기 이 진 지 왈

吾聞君子不黨君子亦黨乎
오 문 군 자 불 당 군 자 역 당 호

君取於吳爲同姓謂之吳孟子
군 취 어 오 위 동 성 위 지 오 맹 자

君而知禮孰不知禮
군 이 지 례 숙 불 지 례

巫馬期以告子曰
무 마 기 이 고 자 왈

丘也幸茍有過人必知之
구 야 행 순 유 과 인 필 지 지

진나라 사패가 물었다.

노나라 소공은 예를 아십니까?

공자가 대답했다.

예. 그렇습니다.

사패가 공자의 제자 무마기에게 읍하고 말했다.

(공자가 물러가자) 내가 들으니 군자는 남의 잘못을 덮어 주지 않는다고 하였소. 그런데 군자도 남의 잘못을 덮어 줍니까? 노나라 왕은 오나라의 여인에게 장가들었고, 오나라와 노나라는 같은 성이라서 노나라 왕은 부인을 오맹자라 불렀는데 이러한 소공이 예를 알았다면 누가 예를 모른다고 하겠습니까?

공자가 말했다.

(무마기가 이를 공자에게 알리자) 나는 행복하구나. 내가 잘못 말하면 반

드시 이를 지적하는구나.

해석 진 사패는 陳나라의 형벌을 다스리는 장관(사구)이다. 당시 노
나라와 오나라는 희(姬)씨 성의 同性국가였다.

21세기 말씀 **진나라 사패가 공자에게 묻는다.**

노나라 소공은 예를 아십니까?

공자가 대답한다.

(깊게 생각 않고) 예, 잘 알고 있지요.

진나라 사패가 공자 제자인 무마기에게 정색하면서 따진다.

(공자가 자리를 뜨자) 공자의 말은 잘못이오.. 뼈대 있는 가문은 동
성끼리는 결혼하지 않는 것은 관습인데, 노나라 소공은 이를 무
시하고 동성과 결혼하였소이다. 이런 것을 지적하는 나의 질문
에 공자는 소공의 행동에 동조하였소이다.

공자가 말한다.

(이러한 사패의 지적을 무마기가 공자께 아뢰니) 나는 동성의 결혼을 지
적하는구나, 생각은 하였다. 그러나 동성이라고 무조건 결혼을
반대하는 것은 잘못이라고 생각한다. 즉, 지나치게 가까운 사이
에서 결혼하는 것은 반대하지만, 어느 정도 촌수가 먼 사이에는
동성이라도 결혼이 허용되는 것이 민주사회에 맞는다고 본다.

해석 민주사회에서 동성동본의 결혼을 살펴보았다.

(25) 군자는 음악도 즐긴다.

子與人歌而善
자 여 인 가 이 선

必使反之而後和之
필 사 반 지 이 후 화 지

공자는 노래도 열심이었다.

공자는 어떤 사람이든 노래를 함께 부를 때 그 사람이 잘 부르면 반드시 다시 부르게 하였다. 그런 뒤에 공자는 따라 노래를 불렀다.

해석 공자는 음악도 좋아하였는데, 음악을 확실히 익힐 때까지 노력하였음을 보여주고 있다.

21세기 말씀

공자도 노래 부르는 것을 좋아하였다. 특히 노래에 조예가 깊어 새로운 노래를 익히려 노력하였고, 이를 따라 부르기를 하여 노래에 숙달하고자 노력하였다.

해석 공자는 음악까지도 숙달코자 노력하여 전 인격을 달성하는 진정한 지성인의 자세를 보여주고 있다.

(26) 가르침에 게으르지 않았다.

子曰若聖與仁則吾豈敢
자 왈 약 성 여 인 즉 오 기 감

抑爲之不厭誨人不倦
억 위 지 불 염 회 인 불 권

則可爲云爾已矣公西華曰
즉 가 위 운 이 이 의 공 서 화 왈

正唯弟子不能學也
정 유 제 자 불 능 학 야

공자가 말했다.

聖과 仁을 내가 감히 달성하였다고 하겠느냐? 그저 실행에 옮기는
것에 싫증내지 않고, 사람들을 가르치는 것에 게으르지 않는 것은
그런대로 하고 있다고 할 수 있을 뿐이다.

이에 공서화가 말했다.

바로 그것을 제자들이 본받고 행하지 못하는 점입니다.

해석 공서화는 공자의 제자로 공자보다 42세 아래이며 노나라에서
태어났다. 성은 공서이고 이름은 적이며 또 다른 이름은 자화
이다.

내가 현대정치를 모두 안다고 하겠는가? 다만 현장의 생생한 민주주의 등을 파악하는 데 싫증을 내지 않고 이를 현대정치학에 반영하는 데 게으르지 않고 최선을 다하고 있을 뿐이다.

이에 공서화가 말했다.

바로 선생님의 생생한 현장 정치학의 가르침을 그런대로 제자들이 본받고 있지만 스승님을 제대로 부응하지 못하고 있습니다.

해석 인 개념을 현대정치학 민주주의 개념 등으로 하여 살펴보았다.

(27) 사치는 겸손을 몰아낸다.

子曰奢則不孫儉則固
자 왈 사 즉 불 손 검 즉 고

與其不孫也寧固
여 기 불 손 야 녕 고

공자가 말했다.

사치스러우면 겸손하지 못하고, 검소하면 고루해 보인다. 그래도 겸손하지 못한 것보다는 고루해 보이는 것이 낫다.

해석 공자는 사치스러운 것보다는 고루해 보이지만 검소한 것이 인간답다고 두둔하고 있다.

21세기 말씀 **공자가 말한다.**

사치스러우면 겸손하지 못하고, 검소하면 고루해 보인다. 그러나 오늘날에도 사치스러운 것보다는 고루해 보이는 것이 훨씬 인간답다.

해석 시대를 초월하여 교만하다는 것은 인간답지 못하다. 오늘날 민주주의 시대에는 더욱 그렇다.

(28) 군자는 마음이 늘 평온하나 소인은 늘 걱정 속에 산다.

子曰君子坦蕩蕩小人長戚戚
자 왈 군 자 탄 탕 탕 소 인 장 척 척

공자가 말했다.

군자는 마음이 늘 평온하나 소인은 늘 걱정으로 산다.

해석 전 인격을 연마한 군자의 모습이다.

공자가 말한다.

지성인은 주어진 범사와 더불어 주변의 시민들과 늘 더불어 함께 평온하게 살지만, 일반 시민들은 매일 닥쳐오는 범사에 허우적이며 근심과 걱정으로 산다.

오늘날 지성인과 일반 시민을 대조하여 살펴본 것이다.

(29) 공자는 군자의 표본이었다.

子溫而厲威而不猛恭而安
자 온 이 려 위 이 불 맹 공 이 안

공자는 온화, 엄숙, 위엄, 공손하였다.

공자는 온화하되 엄숙하였고, 위엄이 있되 무섭지 않았고, 공손하면서도 안도감을 주었다.

공자의 전 인격적인 성품을 보여주고 있다.

공자는 매사에 온화하고 엄숙하였다. 공자는 과격하거나 사납지 않았으며, 친절하고 안도감을 주어서 오늘날 지성인의 품성을 간직하였다고 보인다.

해석 공자는 오늘날 전 인격을 갖춘 지성인으로 해석하였다.

08
태백(泰伯)

주나라 태왕에게는 세 아들이 있었다. 첫째 아들이 태백이고 둘째 아들이 중옹이고 셋째 아들이 계력이다. 태왕은 계력이 가장 현명하여 왕위를 물려받기를 바랐다. 태백은 태왕의 뜻을 알아차리고 중옹을 설득하여 변방으로 몸을 숨겼다. 그리하여 계력이 왕위를 계승했다. 이러한 태백의 행위를 공자가 주목하였던 것이다.

태백 주나라 태왕은 셋째 아들 계력이 왕위를 계승하기를 소망했다. 태왕의 첫째아들인 태백이 아버지의 뜻을 위해 왕위를 세 번 사양하여 계력이 왕위 승계하는 것을 도왔다.

계력의 아들이 창이다. 이 창이 주나라 문왕이고 문왕의 아들이 무왕이다.

(1) 왕위를 세 번 사양하였다.

子曰泰伯其可謂至德也已矣
자 왈 태 백 기 가 위 지 덕 야 이 의

三以天下讓民無得而稱焉
삼 이 천 하 양 민 무 득 이 칭 언

공자가 말했다.

태백은 훌륭한 덕을 지녔던 사람이라 할 수 있을 것이다. 왕위를
세 번 사양했으되 은밀히 했으므로, 백성들은 그의 덕을 칭송하지
않았다.

해석 주나라 태왕에게는 세 아들이 있었다. 장남이 태백이고 차남
이 중옹이고 삼남이 계력이다. 태왕이 삼남에게 왕위를 물려
주려는 것을 안 장남 태백이 차남을 설득하여 도퇴케 하여 삼
남 계력에게 왕위를 물려받게 하였다.

이 계력의 아들이 창이다. 이 창이 주나라 문왕이고 문왕의
아들이 무왕이다. 무왕이 천하를 통일하였다. 이러한 주나라
발전을 열게 한 태백에 관한 얘기이다.

태백이 왕위를 세 번 사양하였다는 사연은 이러하다. 첫 번째
로 태왕이 죽어도 가지 않아 계력이 상주가 되게 하였다. 두
번째로 계력이 형인 태백을 불렀으나 가지 않았다. 세 번째는
태왕의 상이 끝난 후에도 야인으로 살았다는 것이다.

공자가 말한다.

주나라 태왕의 장남 태백은 훌륭한 덕을 지녔다. 주나라 문왕, 무왕이 중국의 봉건제도를 연 왕들인데, 그 시초가 왕이 될 수 있는 기회를 포기하고 자기 동생 계력에게 양보한 태백의 공이 크다.

오늘날 지구촌은 아직도 민주주의가 정착하지 못한 나라가 아직도 많다. 이제 그런 나라에는 민주주의 길을 여는 데 자기희생을 할 태백과 같은 사람이 필요하다.

해석 주의 봉건제도도 이를 열게 한 태백 같은 자기희생을 하는 사람이 필요했다. 오늘날 민주주의로 가는 것이 시대적인 추세이다. 그러나 민주주의가 저절로 열리는 것이 아니다. 태백과 같이 민주주의를 위한 자기희생을 하는 사람이 나와야 한다.

(2) 모든 일에는 경우에 맞는 예를 따라야 한다.

子曰恭而無禮則勞
자 왈 공 이 무 례 즉 로

愼而無禮則葸
신 이 무 례 즉 사

勇而無禮則亂

용 이 무 례 즉 란

直而無禮則絞

직 이 무 례 즉 교

공자가 말했다.

공손하되 예가 지나치면 번거러워지고 수고로워지고,

신중하되 예가 지나치면 주위 사람들이 두려워하여 위축되기 쉽고,

용감하되 예가 안중에 없으면 폭력으로 흐르기 쉬워 문란해지고,

정직하되 예를 무시하면 관용과 자비가 멀어져 각박하기 쉽다.

해석 덕에는 恭·愼·勇·直 등의 훌륭한 요소들이 있는데 이러한 요
소들도 禮로써 적절히 조절되어야 제 기능을 한다. 이러한 요
소가 예로써 적절히 조절되지 않아서 생기는 부작용을 살펴
본 것이다.

21세기 말씀 **공자가 말한다.**

공손하여도 예의를 지나치게 하면 이를 받는 사람을 번거롭게
하고 수고롭게 한다.

신중함이 지나쳐 주변 사람들을 위축시키면 주위 사람들이 두
려움을 느끼게 만든다.

용감함에 거칠 것이 없으면 정의로운 행동으로 보이기보다는 폭
력을 행사하는 것으로 보이기 쉽다.

> 매사에 정직함만 내세워 관용과 자비로움도 설 자리가 없어지면 각박함만 있게 된다.

해석 오늘날에 맞게 해석하여 보아도 명문구로 보인다.

(3) 착한 기풍은 주변부터 영향을 준다.

子曰君子篤於親
자 왈 군 자 독 어 친

則民與於仁
즉 민 여 어 인

故舊不遺則民不偸
고 구 불 유 즉 민 불 유

공자가 말했다.

군자가 친족들에게 두텁게 하면 자연스럽게 백성들에게 착한 기풍이 일고, 옛 친구를 소홀하지 않으면 민심도 각박해지지 않는다.

해석 군자가 가까운 친족들과 돈독, 원만하게 지내면 자연스럽게 주변의 시민들에게도 그 영향이 미쳐 돈독, 원만하게 된다. 마찬가지로 가까운 친구들을 소홀하지 않으면 그 여파가 주변의 시민들에게 영향을 주어 각박해지지 않는다는 것이다.

공자가 말한다.

지성인이 주변 시민들과 민주주의에 맞게 생활하면 주변 시민들도 민주주의를 생활화하게 된다. 그리고 옛 친구들과도 민주주의에 맞게 소통하면, 옛 친구들에게도 민주주의가 스며든다.

해석 지성인의 민주주의에서의 역할을 살펴본 것이다.

(4) 몸은 삶의 기본이므로 소중하게 간직해야 한다.

曾子有疾召門弟子曰啓予足
증 자 유 질 소 문 제 자 왈 계 여 족

啓予手詩云戰戰兢兢如臨深淵
계 여 수 시 운 전 전 긍 긍 여 임 심 연

如履薄氷而今而後吾知免夫小子
여 리 박 빙 이 금 이 후 오 지 면 부 소 자

증자가 말했다.

(병이 위독하자 제자들을 불러 놓고) 내 발을 펴고, 내 손을 펴라. 시경에 이르되 몸과 마음을 경계함을 '戰戰兢兢하여 깊은 못에 떨어질듯

살얼음을 밟듯 하라'고 하였는데 지금에야 내가 비로소 근심을 풀었노라, 제자들아.

해석 공자에서 증자로 연결되는 효 개념은 증자에 이르러 꽃을 피웠다. 공자가 身體髮膚 受之父母라 하여 효를 증자에게 가르쳤고 증자는 이 효를 더욱 발전시켰다.

21세기 말씀 **증자가 말한다.**

(병이 위독하자 제자들을 불러 놓고) 사람이 죽으면 모든 것이 끝이다. 그러므로 살아생전에는 몸을 소중하게 여겨야 한다. 몸의 건강을 유지하여야 같이 사는 시민들을 이끌고 기여하기도 할 수 있는 것이다, 제자들아.

해석 증자의 효 개념을 오늘날 시민사회에서 이바지할 건강한 몸의 유지가 필요불가결한 개념으로 하여 살펴보았다.

(5) 사람이 죽음이 가까워지면 마음이 선량해진다.

曾子有疾孟敬子問之曾子言
증 자 유 질 맹 경 자 문 지 증 자 언

鳥之將死其鳴也哀人之將死其言也善
조 지 장 사 기 명 야 애 인 지 장 사 기 언 야 선

君子所貴乎道者三動容貌斯遠暴慢矣
군 자 소 귀 호 도 자 삼 동 용 모 사 원 폭 만 의

正顏色斯近信矣出辭氣斯遠鄙倍矣
정 안 색 사 근 신 의 출 사 기 사 원 비 배 의

籩豆之事則有司存
변 두 지 사 즉 유 사 존

증자가 말했다.

(증자의 병이 위독해지자, 맹경자가 문병을 오니) 새는 죽을 때가 가까워지면 그 우는 소리가 구슬프고 사람은 죽을 때가 가까워지면 그 말이 선량해집니다. 군자가 도를 실천하는 데 귀중하게 여기는 것이 셋이 있습니다. 첫째가 몸을 예절에 맞게 움직이면 난폭함을 멀리하게 되며, 둘째는 안색을 예절에 맞게 바로 하면 마음도 성실하게 되며, 셋째는 말을 예절에 맞게 하면 야비하거나 도리에 어긋남이 없을 것이며, 제기를 다루는 일은 그 일을 맡아보는 사람에게 맡겨야 합니다.

해석 맹경자는 노나라 대부이며 이름은 중손섭이다. 맹경자는 군주를 능가하는 실력자로서 오만함이 많았는데 문병을 오자 증자가 맹경자에게 평소 충고하고픈 말을 조목조목 풀어서 차분하게 훈계하였다.

증자가 말한다.

(증자가 병이 위독해지자, 맹경자가 문병을 오니) 새는 죽을 때가 가까워지면 그 우는 소리가 더욱 더 구슬프듯이 사람도 죽을 때가 가까워지면 그 말이 선량해지오니 내 말도 선량하오니 귀담아 들으시오. 지성인은 민주주의를 위해 실천할 것이 셋이 있으니 소중하게 들으시기 바랍니다.

첫째로 시민들에게 선출되어 정치할 기회가 오더라도 매사에 겸손하고 오만함을 멀리해야 하며, 둘째로 시민들이 선출하지 않아 정치할 기회가 없더라도 안색을 장중하게 하고 마음의 성실성을 유지해야 하며, 셋째로 평범한 시민으로 살아도 말을 함부로 하지 말고 매사 민주주의를 지키고 국가나 사회적인 행사에 민주시민으로서 솔선수범으로 참여해야 합니다.

해석 오늘날에도 정치가들에게 임종에 즈음하여 남겨줄 말들을 정리해 보았다.

(6) 군자는 매사에 진심으로 임해야 한다.

曾子曰以能問於不能以多問於寡
증 자 왈 이 능 문 어 불 능 이 다 문 어 과

有若無實若虛犯而不校
유 약 무 실 약 허 범 이 불 교

昔者吾友嘗從事於斯矣
석 자 오 우 상 종 사 어 사 의

증자가 말했다.

유능하면서도 능력이 없는 사람에게도 물어보며,

많이 알면서도 적게 아는 사람에게도 물으며,

道를 지녔어도 없는 듯이 하며,

덕이 가득 차 있으면서도 빈 듯이 겸손하며,

남에게 욕을 보아도 따지고 마주 다투지 않는다.

옛날 나의 벗이 이런 태도를 취했던 것이다.

해석 군자의 자세 중에 가장 실행하기 어려운 겸손에 대해 옛 친구
를 거론하면서 말하는 것이다. 이곳에서 거론되고 있는 옛 친
구는 안회를 말하는 것이라는 견해가 많다.

21세기 말씀 **증자가 말한다.**

유능하지만 능력이 처지는 사람에게도 물어 알려 했고, 많이 알
지만 적게 아는 사람에게도 재삼 물었으며, 학문을 많이 하였어
도 별로 많이 한 티를 내지 않았고, 덕이 가득 차도 교만하지 않
게 빈 듯이 겸손하였으며, 남에게 모욕을 당해도 마주 다투지
않았다. 이와 같은 사람이 진정한 지성인이라 하겠다.

(7) 군자는 큰일에 절개를 지킨다.

曾子曰可以託六尺之孤可以寄百里之命
증 자 왈 가 이 탁 육 척 지 고 가 이 기 백 리 지 명

臨大範而不可奪也君子人與君子人也
임 대 범 이 불 가 탈 야 군 자 인 여 군 자 인 야

증자가 말했다.

국란에 임하여 어린 임금을 부탁할 수 있고, 사방 백리의 제후국을 다스리도록 부탁할 만하고, 나라의 존망이 달린 위급할 때 절개를 굽히지 않는 그런 사람을 군자라 할 수 있을 것이다. 이런 사람이 정말 군자로다.

해석 나라가 위급할 때에 자신의 모든 것을 내던지면서 나라를 구하는 등의 국가 고위 관리인 군자의 처신을 물어보고 있다.

21세기 말씀 **증자가 말한다.**

시민의 선거에 의해 탄생한 민주정부에 승복하고, 민주정부의 재정적 곤란을 극복하는 데 내 일처럼 적극 나서고, 나라의 존망

이 달린 위급한 일에 봉착할 때에는 이해득실을 떠나 온몸을 던져 구한다면 지성인이라 하겠다. 진정한 지성인이다.

해석 오늘날 민주정부의 고위 관리들의 처신을 물어보고 있다.

(8) 선비는 도량이 넓고 뜻이 굳세어야 한다.

曾子曰士不可以不弘毅臨重而道遠
증 자 왈 사 불 가 이 불 홍 의 임 중 이 도 원

仁以爲己任不亦重乎死而後已不亦遠乎
인 이 위 기 임 불 역 중 호 사 이 후 이 불 역 원 호

증자가 말했다.

선비는 도량이 넓고 뜻이 굳세어야 한다. 그 이유는 짐이 무겁고 갈 길이 멀기 때문이다. 仁으로 자기의 업무를 삼으니 어찌 무겁지 않은가? 죽은 뒤에야 그칠 것이니 그 길이 멀지 않겠는가?

해석 증자가 말한 문구 중 상당히 좋은 문구로서 유학의 적극적인 인도주의를 잘 나타내고 있다.

지성인은 민주주의를 사랑하고, 민주주의를 위한 실천을 솔선수 범해야 한다. 이러한 일은 평생에 걸쳐 해야 하므로 진정 멀고도 무거운 길이다. 즉, 민주주의 사랑 추구를 자기의 평생 업무로 하 니 어찌 무겁지 않겠는가? 결국 죽은 뒤에야 그칠 것이니 그 길 이 진정 멀지 않겠는가?

해석 증자는 仁의 길을 평생 지고 갈 길이라 하고 있다. 이러한 인 개념을 민주주의 개념으로 살펴본 것이다. 그리하여 지성인이 라면 민주주의를 위해 평생 할 소중한 일이라고 생각하여 본 것이다.

(9) 예로써 자신의 말과 행위를 세운다.

子曰興於詩立於禮成於樂
자 왈 흥 어 시 립 어 례 성 어 악

공자가 말했다.

시로써 감흥을 일으키고, 예로써 자신의 말과 행동을 바르게 세우 고, 음악으로 性情을 조화롭게 완성해야 한다.

공자는 이곳에서 詩·禮·樂 등으로 성정을 조화롭게 하는 것이 개인적인 교양미나 문화미를 고양시키는 것이라고 주장한다.

21세기 말씀 **공자가 말한다.**

시로써 마음의 순수성을 일으키고, 말과 행동을 민주주의에 맞게 하고, 음악으로써 성정을 조화롭게 다듬으면서 삶을 살아야 한다.

해석 오늘날 지성인에게 인격 등을 고양시키는 방법을 제시하고자 한다.

(10) 용맹하나 가난을 참지 못하면 亂의 우려가 있다.

子曰好勇疾貧亂也
자 왈 호 용 질 빈 란 야

人而不仁疾之已甚亂也
인 이 불 인 질 지 이 심 란 야

공자가 말했다.

용맹함을 좋아하나 가난함을 참지 못하면 일거에 현재 질서를 뒤엎으려는 亂을 일으킬 우려가 있고, 어질지 못한 사람을 너무 깔보면 어질지 못한 사람이 亂을 일으키는 빌미가 될 수 있다.

해석 亂의 주체에 대해 명확하게 하지 않아서 전자의 경우는 가난을 참지 못하는 사람이 난의 주체라 보았고, 후자의 것은 不仁한 사람을 너무 깔보면 不仁한 사람이 난을 일으킬 수 있어서 불인한 사람을 난의 주체로 본 것이다.

21세기 말씀 **공자가 말한다.**

용맹함을 좋아하나 이를 뒷받침할 재력이 없으면 일거에 현재 질서를 뒤엎으려고 亂을 일으킬 우려가 있고, 어질지 못한 사람을 너무 무시하거나 깔보면 어질지 못 한 사람이 난을 일으키는 빌미를 제공할 우려가 있다.

해석 현재 질서를 무너뜨려 판을 바꾸려는 사람의 심리 상태를 살피는 것이다.

(11) 교만하거나 인색하면 백약이 무효이다.

子曰如有周公之才之美使驕且吝
자 왈 여 유 주 공 지 재 지 미 사 교 차 린

其餘不足觀也已

기 여 불 족 관 야 이

공자가 말했다.

주공과 같은 훌륭한 재능을 갖추고 있어도 교만하고 인색하면 그 나머지는 볼 것이 없다. 즉, 이를 상쇄할 약은 없어 백약이 무효인 것이다.

해석 공자는 봉건주의를 완성한 주공을 인격을 완전히 갖춘 사람으로 보고 있다. 그러나 주공 같은 사람이라도 교만하거나 인색하면 그 갖춘 인격도 소용없을 것이라고 주장하고 있다.

21세기 말씀 **공자가 말한다.**

동양 봉건주의를 열게 한 인물인 주공과 같은 훌륭한 재능을 갖추고 있어도, 교만하고 인색하면 백약이 무효이다. 오늘날 민주주의 시대에도 시민에게 교만하고 인색하면 지도자의 다른 자질이 훌륭해도 이를 상쇄할 약은 없다.

해석 오늘날 민주주의 사회에서도 교만하거나 인색하면 아무것도 할 수 없다.

(12) 학문함에 벼슬에 뜻을 두지 않는 사람은 드물다.

子曰三年學不至於穀不易得也
자 왈 삼 년 학 불 지 어 곡 불 역 득 야

공자가 말했다.

　삼 년을 배우고도 녹봉에 뜻을 두지 않는 사람은 드물다.

해석 공자는 이곳에서 학문하는 사람의 대다수가 벼슬에 뜻을 두
고 있음을 지적하고 있다. 그러나 공자는 진정한 학문하는 사
람은 학문 자체를 좋아하여야 한다는 것을 암시하고 있는 것
이다.

21세기 말씀 **공자가 말한다.**

　삼 년 정도 전공 학문을 이수하면 기본적으로 호구지책은 실현
된다. 그러나 전공 학문으로 자아실현을 하려면, 진정으로 전공
학문을 좋아하고 학문에 더욱 매진하여야 한다.

해석 진정한 학문을 하는 사람의 모습을 살펴보았다.

(13) 正道가 아니면 나가가지 않는다.

子曰篤信好學守死善道
자 왈 독 신 호 학 수 사 선 도

危邦不入亂邦不居
위 방 불 입 난 방 불 거

天下有道則見無道則隱
천 하 유 도 즉 견 무 도 즉 은

邦有道貧且賤焉恥也
방 유 도 빈 차 천 언 치 야

邦無道富且貴焉恥也
방 유 도 부 차 귀 언 치 야

공자가 말했다.

굳은 믿음을 갖고 즐거운 마음으로 배우고 죽도록 道를 지키고 잘 수행해야 한다. 위태로운 나라에는 들어감을 조심하고 어지러운 나라에 사는 것을 삼가고, 천하에 道가 있으면 나타나고 천하에 道가 없으면 숨는 것이 낫다. 나라에 道가 있는데도 가난하고 하잘 것 없는 삶을 살면 스스로의 능력이 없음을 부끄러워 할 일이고, 나라에 道가 없는데도 부유하거나 높은 벼슬을 한다면 정도로 얻는 것이 아니므로 역시 부끄러운 일이다.

해석 공자가 여기서 有道와 無道를 상세하게 말하고 있다. 시대를 초월한 명문구이다.

21세기 말씀 공자가 말한다.

민주주의 실현을 기본으로 하는 현대정치학은 지구촌 전체의 민주주의 실현에 목표를 두는 학문이어야 한다. 그러나 아무리 민주주의 실현에 목표를 두는 현대정치학도 민주주의가 요원한 나라(북한 등)에 민주주의를 실현시키기는 정말 어려우니 그 실현 방법을 조심스럽게 해야 하며, 민주주의가 아직 흔들리는 나라(중동 등)도 그 실현 방법에 주의가 요구된다.

한편 민주주의가 실현된 나라에서도 시민들애개 공평하게 민주주의 혜택이 돌아가지는 않는다. 즉, 훌륭한 지성인이면 자신의 능력을 발휘할 가능성이 비교적 크지만 지성만 갖추었어도 자신의 능력을 발휘할 기회를 잡지 못하는 경우는 허다하다. 그래서 민주주의가 된 나라에서도 지성인은 높은 지위에 오르지 못해도 자족하며 살 필요가 있는 것이다.

해석 주로 여기서 道에 관하여 논하고 있는데 이곳의 仁, 孝 등을 추구하는 것으로 보이므로 오늘날 道의 개념인 민주주의 개념을 비교적 상세하게 살펴본 것이다.

(14) 그 지위에 있지 않으면 함부로 말하지 마라.

子曰不在其位不謀其政
자 왈 부 재 기 위 불 모 기 정

공자가 말했다.

그 지위에 있지 않으면 그 행정을 논하지 말아야 한다.

해석 이곳에서 政事는 대체적으로 행정을 언급하는 것으로 보이는
데 실제로 하는 행정을 함부로 언급하는 것은 바람직하지 못
함을 말하는 것이다.

21세기 말씀 **공자가 말한다.**

학문과 식견을 겸비해야 할 직위에 있으면 그 직위에 따라 권한
과 책임이 뒤따른다고 보아야 한다. 그리하여 그러한 직위에 있
는 사람을 무조건 비판하기에 앞서, 그의 행정 처리를 지켜보는
것이 바람직하다. 비판은 행정 처리 뒤에 해도 늦지 않다.

해석 현대 행정에도 통할 수 있는 명문구이어서 현대 행정을 살펴
보았다.

(15) 성실하지 않으면 해결책이 없다.

子曰狂而不直侗而不愿
자 왈 광 이 불 직 동 이 불 원

悾悾而不信吾不知之矣
공 공 이 불 신 오 부 지 지 의

공자가 말했다.

일 몰입에 광적이지만 정직하지 않고, 무식하면서도 일 처리에 성실하지 못하고, 무능하면서도 이랬다저랬다 하여 믿음을 주지 못하는 사람은 나도 어찌해야 좋을지 모르겠다.

해석 대체적으로 광적으로 일에 몰입하거나 또는 무식하거나 무능한 사람은 위선자는 아니다. 즉, 광적으로 일에 몰입하면 대체로 정직하고 무식하면 열심히 하려 하고 무능하면 잔꾀를 부리지 않는 것이 일반적이다. 그러나 광적인 사람, 무식한 사람, 무능한 사람들이 의외로 터무니없는 이기심을 소유한 사람도 의외로 많다. 이러한 사람은 공자도 합리적으로 설득할 수 없다는 것이다.

21세기 말씀 **공자가 말한다.**

공적인 일에 광적으로 몰입하여 그 일의 결과물을 자신의 사적인 것에 활용하거나, 전문성 맞게 처리해야 할 결과물을 자신만을 위해 비전문성 처리를 수시로 하고, 엄중한 처리를 거친 결정한 사항도 자신을 위해 수시로 변경하는 사람이 의외로 많다. 그리하여 이기심 극복 없이는 현대 첨단 학문도 설 자리는 없는 것이다.

해석 오늘날이나 공자시대 시대에도 자기 능력에 비해 터무니없는 이기심을 가지고 있는 사람이 많다. 오늘날 민주주의에서는 이러한 사람을 지도자로 발탁하는 것은 바람직하지 않다.

(16) 배운 것을 잃을까봐 노심초사해야 한다.

子曰學如不及猶恐失之
자 왈 학 여 불 급 유 공 실 지

공자가 말했다.

학문이란 추구할수록 뜻한 바를 잃을까 두려워지는 것이다.

해석 학문하는 자세의 진지함을 말하고 있는 것이다.

21세기 말씀 공자가 말한다.

오늘날 학문은 그 끝이 없다고 하겠다. 그리하여 배우는 데 그

> 누구보다도 열심히 하여야 하지만 그 방향, 목표를 수시로 점검
> 하여야 한다.

해석 오늘날에도 학문의 배움의 자세는 공자의 것을 능가하는 것은
없다.

(17) 자리에 연연하지 않는다.

子曰巍巍乎舜禹之有天下之而不與焉
자 왈 외 외 호 순 우 지 유 천 하 지 이 불 여 언

공자가 말했다.

참으로 높고도 크도다. 순임금과 우임금은 천하를 차지하여도 정
치는 직접 관여하지 않았다.

해석 순임금과 우임금은 신화적 인물들이다. 특히 순임금은 삼황오
제 신화 중 마지막 군주이다. 요임금이 군주 자리를 아들인
단주에게 넘기지 않고 효심과 탁월한 인재 등용을 하는 순임
금에게 넘겼다. 그리고 순임금은 아들 상균에게 군주 자리를
넘기지 않고 홍수를 잘 다스리는 우임금에게 군주 자리를 넘
겼다. 즉 권력 투쟁도 없이 군주 자리를 넘겨주었던 것이다.

공자가 말한다.

순임금과 우임금은 순리대로 천하를 다스렸다. 오늘날 지구촌 나라 중 순리대로 나라를 다스리는 나라는 민주주의 나라이다. 민주주의 나라가 늘어나야 시민들이 행복하여진다.

해석 순임금과 우임금은 추대되어 천하를 다스렸다고 한다. 오늘날 시민들에게 추대되어 나라를 다스리는 것은 민주주의 나라이다. 시민들에 의하여 지도자가 선출되는 것이 민주주의이다.

(18) 요임금은 하늘의 뜻을 본받았다.

子曰大哉堯之爲君也巍巍乎唯天
자 왈 대 재 요 지 위 군 야 외 외 호 유 천

爲大唯堯則之蕩蕩乎民無能名焉
위 대 유 효 즉 지 탕 탕 호 민 무 능 명 언

巍巍乎其有成功也煥乎其有文章
외 외 호 기 유 성 공 야 환 호 기 유 문 장

공자가 말했다.

위대하구나. 요임금의 임금 노릇함이 높고도 크도다. 오직 하늘만이 높고 클 수 있는데, 오직 요임금만이 하늘의 뜻을 본받았도다.

그래서 그 공적이 넓어 백성들이 말로 형용하지 못했도다. 높고도 높은 공적이여. 찬란하게 빛나도다. 그 문물이 찬란하게 빛을 발하도다.

해석 요임금은 중국 삼황오제 신화 중 한 사람으로 훌륭한 군주이다. 이들 요, 순 군주를 합하여 요순시대라 한다.

21세기 말씀 **공자가 말한다.**

위대하구나. 요임금의 임금 노릇함이 높고도 크다. 오직 하늘만이 높고 큰데, 요임금이 하늘 뜻을 본받았다. 그래서 그 공적이 넓어 당시의 백성들은 그 치적을 받기만 하여 그 치적을 말로 형용하지 못했다.

오늘날 지구촌 민주주의 나라의 시민들은 요임금 같은 민주주의 지도자를 선출할 수 있다. 그리하여 시민들에 의해 선출되는 민주주의 지도자는 요임금처럼, 높고도 높은 공적을 쌓아 모든 시민들이 찬란한 문물을 향유하게 하여야 한다.

해석 요임금은 덕으로 천하를 다스렸다고 한다. 오늘날 민주주의 나라의 지도자들도 오늘날 덕인 민주주의로 나라를 다스릴 기회가 주어진 것이다. 요순시대가 우리 시대에도 실현 가능하다고 본다.

(19) 순임금은 사람을 적재적소에 등용했다.

舜有臣五人而天下治
순 유 신 오 인 이 천 하 치

어진 신하 다섯 사람이 있었다.

순임금에게는 어진 신하 다섯 사람이 있어 천하를 평화롭게 다스
렸다. 순임금의 다섯 신하란 우, 직, 설, 고요, 백익을 말한다.

우(禹)는 토목과 치수를 맡고, 직(稷)은 농업의 임무를 맡고, 설(契)
은 사도의 임무를 맡고, 고요(皐陶)는 사법임무를 맡고, 백익(伯益)은
수렵의 일을 맡았다고 한다.

순임금이 천하를 평화롭게 다스린 비결은 유능한 인재를 발굴하
여 적재적소에 등용한 것에 있었다.

해석 순임금이 천하를 잘 다스린 비결은 오늘에도 귀담아 들어야
한다. 시대를 초월한 명문구이다.

21세기 말씀

순임금에게는 어진 신하 다섯 사람이 있어 천하를 평화롭게 다
스렸다. 순임금의 다섯 신하란 우, 직, 설, 고요, 백익을 말하는데
이들을 적재적소에 등용한 것이다.

오늘날 지구촌에도 민주주의 지도자 밑에서 시대가 요구되는 인
재를 적재적소에 등용되어야 한다. 즉, 산업을 번창케 할 禹같은

사람을, 농업을 잘 관리할 稷같은 사람을, 사법 업무를 관장할 皐陶 같은 사람을 두어야 한다. 그리고 산림과 환경 관리에 뛰어난 伯益같은 사람을, 민주 행정을 담당할 司徒의 설 같은 사람을 두어야 한다.

해석 순임금의 적재적소에 유능한 인재의 등용은 사회가 복잡한 현대에서 특히 민주주의 나라에서 오히려 더 필요하다.

(20) 무왕도 천하를 다스리는 데 열 명의 신하를 등용했다.

武王曰予有亂臣十
무 왕 왈 여 유 난 신 십

孔子曰才難不其然乎唐虞之際
공 자 왈 재 난 불 기 연 호 당 우 지 제

於斯爲盛有婦人焉九人而已
어 사 위 성 유 부 인 언 구 인 이 이

무왕이 말했다.

나에게는 함께 천하를 다스리는 신하 열 명이 있다.

이에 대해 공자가 말했다.

무왕 때 인재 얻기가 어렵다고 했는데, 정말 그런 것 같지 않은가?

요순시대 이후에도 한 동안 인재 얻기가 어렵지 않았으나 무왕 때는 열 명의 신하로 천하를 다스렸다. 더구나 그 열 명 중에는 문왕 또는 무왕의 후비가 포함되어 있어 실제로는 결국 아홉 사람이다.

해석 신하 열 명에는 주공단, 소공석, 태공망, 필공, 영공, 태전 굉요, 신의생, 남궁괄의 아홉 사람과, 문모 또는 읍강을 거론한다. 문모는 문왕의 후비인 태사이고, 읍강은 무왕의 후비이다.

21세기 말씀 **무왕이 말했다.**

천하를 다스리는 데 열 명의 신하가 있었다.

이에 대해 공자가 말한다.

인재 얻기는 오늘날 민주주의 시대에도 어렵기는 마찬가지이다. 무왕이 유능한 열 명의 신하와 함께 평화롭게 다스렸듯이 오늘날 민주주의도 번성하려면 유능한 인재를 등용하는 것이 중요하다. 그러나 민주주의를 더욱 번성시키려면 시민들도 적극적으로 참정에 임해야 한다.

해석 무왕이 통치하는 방식은 유능한 인재를 등용하고 순리에 따라 다스렸다는 것이다. 이런 순리에 따르는 통치가 도래하였는데 그것이 민주주의 통치이다.

(21) 주나라 德은 지극한 덕이다.

三分天下有其二以服事殷
삼 분 천 하 유 기 이 이 복 사 은

周之德其可謂至德也已矣
주 지 덕 기 가 위 지 덕 야 이 의

주나라는 지극한 덕으로 질서를 주도했다.

주나라는 천하를 셋으로 나누어 그중의 둘을 가지고도 은나라를 섬겼으니 주나라의 덕은 참으로 지극한 덕이라고 할 수 있다.

해석 은나라 주(紂)가 폭정을 하여 많은 백성들이 주나라 문왕에게 로 귀의하였다. 주나라 문왕은 은나라 紂를 몰아낼 수도 있었 으나 紂왕을 섬겼다.

21세기 말씀

은나라 紂왕처럼 북한은 김일성 3대에 걸친 폭압정치를 하고 있다. 주나라 문왕이 은나라 紂를 포용하였듯이 대한민국이 이를 포용하여야 전쟁 없이 통일이 가능하다. 즉, 주나라 찬란한 문화가 천하를 포용했듯이 우리나라 문화가 번성하여 그 문화의 물결이 북한 지역에도 차고 넘치게 하여야 통일이 가능하다.

해석 폭압정치를 일삼는 은나라 주왕을 북한의 김일성 3대 세습자

과 비교하여 보았다.

(22) 우임금은 통치의 모범이었다.

子曰禹吾無間然矣
자 왈 우 오 무 간 연 의

菲飲食而致孝乎鬼神
비 음 식 이 치 효 호 귀 신

惡衣服而致美乎黻冕
악 의 복 이 치 미 호 불 면

卑宮室而盡力乎溝洫
비 궁 실 이 진 력 호 강 혁

禹吾無間然矣
우 오 무 간 연 의

공자가 말했다.

우임금은 흠잡을 데가 없다. 평소 음식은 간략하게 먹었고, 제사지
낼 때는 조상을 정성껏 모셨다. 평소 의복은 검소하게 입었고, 제
사 예복의 무릎덮개와 면류관은 아름답게 꾸몄다. 궁전은 낮게 지
었고, 백성을 위해 치수 사업에는 온 힘을 다하였으니 내가 비난할
데가 없구나.

해석 우임금은 중국 역사상 최초의 왕조인 하나라 시조이다. 우의 아버지인 곤이 홍수를 막는 데 실패하였으나 이를 이어받은 우는 홍수 치수에 성공하여 임금까지 되었다.

21세기 말씀 공자가 말한다.

우임금 같은 사람이 민주주의의 지도자가 되어야 한다. 즉, 음식을 간략하게 먹고, 국가 행사 때는 정성껏 실행하고, 평소 의복은 검소하게 입어야 한다. 그리고 사는 집도 시민과 같이 보통 집에서 살면서도 시민을 위한 치수 사업이나 산업 발전 등에는 온 힘을 다 해야 한다.

해석 우임금은 오늘날 민주주의 시대에도 환영받을 사람이다.

09
자한(子罕)

　이 편은 주로 공자의 덕행을 기록한 글이 많다. 공자는 타락한 세상에서 세속적인 이득을 얻고 부귀영화를 누리는 것을 '하늘이 내리는 복' 혹은 '인덕이 있어서 그렇다'는 식으로 긍정하기보다는 오히려 정당하지 않은 행위가 스며드는 것을 경계하였다.

　번지 공자의 제자이며 공자보다 34살 아래이다. 성은 빈이고 이름은 수이다. 또 다른 이름은 자이다. 공자에게 윤리에 대해 묻기도 했지만 농사 등 현실적인 문제를 묻기도 하였다.

(1) 이득, 운명, 인에 대해 될수록 말을 삼갔다.

子罕言利與命與仁
자 한 언 리 여 명 여 인

공자는 이익, 운명, 인 등에 말을 삼갔다.
공자는 이익과 운명과 인에 관하여는 될수록 말을 삼갔다.

해석 공자는 경제행위를 하여 얻는 이익 등을 예견적으로 말할 수
있는 것이 아니어서, 인간의 운명은 인간들이 마음먹은 대로
조정할 수 있는 것이 아니어서, 여러 진리가 내포된 仁 개념에
대하여 될수록 말하지 않았다.

21세기 말씀

공자도 경제행위로 생기는 이익 등에 대하여는 예견하기 어려워
했고, 상상 초월하게 발달한 과학시대에도 인간의 운명에 관해
말하기는 어려워했다. 특히 仁이란 개념은 포괄적인 개념이어서
이를 민주주의 개념으로 전환하여 살펴보는 것에 특히 어려워했
으며 이를 내놓고 말하기는 정말 어려워했다.

해석 오늘날 이득, 운명, 민주주의 등을 살펴보았다.

(2) 진정으로 성취한 것은 쉽게 드러나지 않는다.

達巷黨人曰大哉孔子
달 항 당 인 왈 대 재 공 자

博學而無所成名
박 학 이 무 소 성 명

子聞之謂門弟子曰吾何執
자 문 지 위 문 제 자 왈 오 하 집

執御乎執射乎吾執御矣
집 어 호 집 사 호 오 집 어 의

달항마을 사람이 말했다.

참으로 위대하도다. 공자여. 허나 두루 형통하되, 이렇다 할 이름을 붙일 수 없도다.

공자가 이 말을 듣고 제자들에게 말했다.

내가 무슨 일을 해야 할까? 수레를 몰까? 아니면 활 쏘는 일을 할까? 차라리 수레 모는 御者가 되리라.

해석 공자는 다방면에 박학하였고 달인이었다. 그리하여 어느 분야에도 정통하였다.

21세기 말씀 **달항마을 사람이 말한다.**

공자는 참으로 위대하다. 허나 모든 분야에 박학하지만 꼭 집어 어느 한 가지를 더 잘한다고는 말할 수 없지 않은가?

공자가 이 말을 듣고 제자들에게 말한다.

나는 어느 것이나 어느 정도로는 통달하였다. 그러나 어느 한 곳에만 집중하여 빠지기에는 할 일이 너무나 많다. 특히 오늘날 지구촌 민주주의를 연구하는 현대정치학에 빠져들고 있는데 이것도 쉽게 결과가 드러날 연구가 아니다.

해석 공자의 다방면 박학을 말하고 있는데 현대정치학을 하는 유명한 석학들은 결국 민주주의에 대한 훈수하는 것으로 보고 그렇게 정리하였다.

(3) 경우에 맞으면 성인도 시대의 풍습에 따른다.

子曰麻冕禮也今也純儉吾從衆
자 왈 마 면 례 야 금 야 순 검 오 종 중

拜下禮也今拜乎上泰也雖違衆吾從下
배 하 례 야 금 배 호 상 태 야 수 위 중 오 종 하

공자가 말했다.

종묘제사나 왕위에 오를 때에 삼베로 만든 면류관을 쓰는 것이 원래의 예이다. 오늘날 명주실로 만든 면류관을 쓰는 것은 검약하기

위함인 것이다. 나도 명주실 면류관을 쓰겠다.

한편 신하가 왕을 접견할 때는 당 아래에서 절하는 것이 원래의 예이지만 지금은 당 위에서 절하기도 한다. 비록 지금 많은 사람들이 당위 에서 절을 하지만 좀 거만해 보여 나는 당 아래에서 절하는 것을 지키겠다.

해석 공자는 무조건 원칙을 지키려는 것이 아니고 시대의 추이에 맞게 함을 보여주고 있다. 그러나 시대의 추이에 맞더라도 교만해 보이는 등 기준된 도덕에 맞지 않으면 따르지 않았다.

21세기 말씀 공자가 말한다.

오늘날 국가원수 등이 취임하거나 퇴임할 때에는 일정한 격식을 갖춘 예식에 따라 한다. 이러한 예식은 그 시대에 맞게 정중하게 하는 것이 정도이다. 다만 민주주의 국가가 늘어나면서 그 예식도 다양해지고 있다. 그리하여 민주주의 국가에서는 다양성 속에 크게 튀지 않는 옷을 입는데 나도 이런 추세를 옳다고 본다.

해석 예법도 시대적 분위기에 맞게 하면 되는 것이다.

(4) 자기 자신을 내세우지 않는다.

子絶四毋意毋必毋固毋我

자 절 사 무 의 무 필 무 고 무 아

공자는 네 가지를 취하지 않았다.

자신의 뜻을 내세우지 않았고, 장담하는 일이 없으며 고집하는 일
이 없고, 자신만을 생각하는 일이 없었다.

해석 공자의 四絶은 절제하는 덕을 간직하고 있다.

21세기 말씀 공자는 지성인으로 네 가지를 조심한다.

우선 자기의 뜻을 무조건 내세우지 않고, 자기가 할 일을 무조건
장담하지 않고 자기의 뜻을 무조건 관철하지 않으며, 자신만을
위한 생각은 더욱 하지 않는다.

해석 공자가 仁 개념을 위해 사적으로 구미가 당기는 것을 절제하
였듯이 오늘날 지성인의 절제를 살펴보았다.

(5) 하늘은 나를 내버려 두지 않는다.

子畏於匡

자 외 어 광

曰文王旣沒文不在玆乎

왈 문 왕 기 몰 문 부 재 자 호

天之將喪斯文也後死者不得與於斯文也

천 지 장 상 사 문 야 후 사 자 부 득 여 어 사 문 야

天之未喪斯文也匡人其如予何

천 지 미 상 사 문 야 광 인 기 여 여 하

子貢曰固天縱之將聖又多能也

자 공 왈 고 천 종 지 장 성 우 다 능 야

子聞之曰大宰知我乎吾少也賤

자 문 지 왈 대 재 지 아 호 오 소 야 천

故多能鄙事君子多乎哉不多也

고 다 능 비 사 군 자 다 호 재 불 다 야

牢曰子云吾不試故藝

뢰 왈 자 운 오 불 시 고 예

이런 긴박한 상황에서 공자가 말했다.

(공자가 위나라에서 진나라로 가는 중 광지방에서 폭악했던 노나라 양호로 잘못

알고 닷새나 억류되니) 주의 문왕이 돌아가시어 그가 남긴 제도와 문

물을 전할 사명이 나에게 있지 않은가? 그 제도와 문물을 없애려

고 한다면 후세 사람들이 이 제도와 문물을 알 수 없을 것이거니 와, 하늘이 이 제도와 문물을 없애려고 하지 않는다면 광지방 사람들이 나를 어찌 해치겠느냐?

태재가 공자에 대해 자공에게 물었다.

선생님은 하늘이 내린 성인인가요? 그러면서 어찌 능한 것도 많은가요?

자공이 대답했다.

하늘이 스스로 선생님을 높혀 성인이 되도록 하고 있으며, 실제로도 선생님 자신이 다재다능하십니다.

이런 말이 오간 것을 들은 공자가 말했다.

태재가 그 말을 듣고 나를 제대로 알고 있을까? 나는 젊었을 때에 천한 일을 다년간 하였기 때문에 변변찮은 잔재주에 능하게 되었느니라. 보통 군자라면 그렇게 능할 수 있겠는가? 결코 그렇지 않을 것이다.

이에 뇌(자장)가 한마디 말했다.

선생님이 말씀하기를 '내가 전에 세상에 등용되지 못했으므로 천한 일을 하여서 여러 가지 재주를 익혔다'고 하셨다.

해석 자장은 이름은 전손사이다. 진나라 출신이며 공자보다 48세 아랫니다. 공문십철 중 한 사람이다.

21세기 말씀 이런 긴박한 상황에서 공자가 말한다.

(위나라에서 진나라로 가는 중 포악한 노나라 양호로 알고 억류되니) 주의 문

왕이 남긴 제도와 문물이 동양사회에 지대하게 영향을 주었다. 그리고 나도 문왕의 제도와 문물을 체계화하는 데 어느 정도 기여를 해 왔다. 이제 오늘날 지구촌이 민주주의의 제도와 문물을 받아들여야 할 과제를 갖고 있다. 이제 내가 현대정치학에서 민주주의 등을 연구하는 데 주의 제도와 문물을 참고하려는 나를 포악한 양호가 나를 어찌 하겠느냐?

태재가 자공에게 공자에 대해 묻는다.

선생님은 하늘이 낸 성인인가요? 그렇다면 어찌 능한 것도 많은가요?

자공이 대답한다.

스승은 현대정치에 대해 깊게 연구도 하지만 실제로도 다재다능하십니다.

공자가 이 말을 듣고 말한다.

내가 젊은 시절에 호구지책으로 여러 직업을 거쳤다. 그렇게 하면서 천하의 질서를 만들어낸 주나라 문왕의 제도와 문물을 연구하여 천하의 질서를 가져오게 하는 유교의 길을 열었던 것이다. 오늘날 다시 지구촌에 새로운 질서를 만들어야 할 시대가 되었다. 그 새로운 질서는 민주주의이다. 나는 여기에 매진하여 연구하려 한다.

해석 인 개념의 대치된 민주주의 개념을 살펴본 것이다.

(6) 세태를 한탄하다.

子曰鳳鳥不至
자 왈 봉 조 불 지

河不出圖吾已矣夫
하 불 출 도 오 이 의 부

공자가 말했다.

하늘에서 봉황새가 오지 않고, 황하에서 용마가 그림을 등에 지고
나타나지 않으니 모두가 끝났구나.

> **해석** 공자 시대에도 성인의 출현 징조로 봉황새나 용마의 출현으로
> 표현하였다. 공자가 성인의 출현을 기다리고 있음을 표현한
> 글이나 실제로는 공자가 성인의 반열에 올랐음을 공자 스스
> 로는 의식을 못 하고 있는 글이다.

21세기 말씀 **공자가 말한다.**

하늘에서 봉황새가 오지 않고, 황하에서 용마가 그림을 등에 지
고 나타나지 않듯이 오늘날 인류를 구원할 정치 제도가 하늘에
서 뚝 떨어지거나 물에서 솟아나는 제도가 아니다. 오직 오늘을
살고 있는 시민들의 각성과 꾸준한 노력으로 민주주의가 실현되
는 것이다.

해석 오늘날 민주주의를 위한 성인이 출현할 것을 기다리기보다는 시민들에 의해서 만들어짐을 살펴보았다.

(7) 상대를 살피면서 예를 표한다.

子見齊衰者冕衣裳者與瞽者
자 견 제 쇠 자 면 의 상 자 여 고 자

見之雖少必作過之必趨
견 지 수 소 필 작 과 지 필 추

공자는 상대를 살피면서 예의를 표시한다.

공자는 상복 입은 사람에게 애도의 표시로, 관복 차림을 한 사람에게는 백성을 위해 고생한다는 경의의 표시로, 소경에게는 처지의 안타까움의 표시로, 비록 상대가 나이가 적어도 반드시 일어나 예를 차렸고, 그 곁을 지날 때는 반드시 종종걸음으로 걸었다.

해석 공자는 이해득실을 따지지 않고 군자의 도리에 맞게 행동하였다.

21세기 말씀

공자는 상복 입은 사람, 관복 입은 사람, 소경인 사람을 접견할 때에는 성실하게 예의를 표했다.

오늘날에도 올바른 지성인이라면 마찬가지일 것이다. 오히려
직업이 다양화하면서 그 처지에 맞게 예의도 갖추어야 할 것
이 많아지고 있다.

(8) 공자의 덕망과 인품은 지극히 고매하였다.

顔淵喟然歎曰仰之彌高
안 연 위 연 탄 왈 앙 지 미 고

鑽之彌堅瞻之在前忽然在後
찬 지 미 견 첨 지 재 전 홀 연 재 후

夫子循循然善誘人
부 자 순 순 연 선 유 인

博我以文約我以禮
박 아 이 문 약 아 이 례

欲罷不能旣竭吾才如有所立
욕 파 불 능 기 갈 오 재 여 유 소 립

卓爾雖欲從之末由也已
탁 이 수 욕 종 지 말 유 야 이

안연이 감탄하며 말하였다.

선생님은 우러러 볼수록 더욱 높이 있고, 뚫고 들어갈수록 더욱

견고하며, 앞에 있는 듯 보였다가 홀연 뒤에 있는 듯하기도 한다. 선생님은 차근차근 사람을 잘 이끄시어 학문하는 나의 지식을 넓혀 주시고, 예로써 나의 언행의 길을 열어 주셨다. 공부를 그만두려 해도 그만둘 수 없으므로 나의 재주를 다하여 좋아가려 해도 내 앞에 서 있는 듯 우뚝하구나. 비록 좋아가려 하나 끝내 좋는 방법을 알 수 없구나.

해석 비록 공자보다 먼저 죽었지만 안연은 살아있을 동안에는 공자를 최고의 스승으로 모셨던 수제자였던 것으로 보인다.

21세기 말씀 **안연이 감탄하며 공자에 대해 말한다.**

선생님은 학문이 이미 통달하여서 내가 열심히 터득하여 물어보면 이미 알고 있었다. 미지의 분야라 생각하여 물어보면 선생님은 정연하게 논리를 전개하여 선생님의 학문의 깊이를 나로서는 헤아릴 길이 없는 것 같다.

선생님은 언제나 현대정치의 현황을 잘 설명하여 주시어 이에 관한 나의 지식을 넓혀 주시었다. 그래도 현대정치의 발전과 확장의 연구에 확실한 길을 찾지 못하여 나는 공부를 그만 접으려하기도 했다. 그러나 선생님의 격려로 그만두지 않고 다시 마음을 잡아 좋아가면, 선생님의 민주주의 등을 살피는 현대정치학은 너무나 우뚝하여 아직도 좋느라고 정신이 없다.

해석 안연에 관한 학문은 구체적인 것이 없고, 학문하는 자세만 전

해지므로 안연의 학문은 공자의 仁에 관한 것으로 보고 이곳
에서는 현대적 개념인 민주주의를 언급하였다.

(9) 현실 그대로를 받아들여야 한다.

子疾病子路使門人爲臣
자 질 병 자 로 사 문 인 위 신

病間曰久矣哉由之行詐也
병 문 왈 구 의 재 유 지 행 사 야

無臣而爲有臣吾誰欺欺天乎
무 신 이 위 유 신 오 수 기 기 천 호

且予與其死於臣之手也
차 여 여 기 사 어 신 지 수 야

無寧死於二三子之手乎
무 녕 사 어 이 삼 자 지 수 호

且予從不得大葬予死於道路乎
차 여 종 불 득 대 장 여 사 어 도 로 호

병에 차도가 있자 공자가 말했다.

　(공자가 병이 들자 자로가 제자들을 가신의 예법으로 시종케 하여 치상할 준비를

　차렸었음을 알고) 오랫동안 유(자로)가 由가 거짓을 행함이 오래구나.

가신이 없음에도 가신을 만들었다면 나는 누구를 속일까? 하늘을 속일까? 나 차라리 가신의 손으로 치상당하느니 그대들의 손에서 죽으리라. 내가 설령 죽어서 크게 장례를 받지 못할지언정 설마 길에 내버려지기야 하겠느냐?

해석 공자 시대에는 대부의 장례 때에 가신을 세워 성대한 장례식을 거행했다. 공자가 노나라 대부를 그만둔 후에, 병이 심하게 들자 제자인 자로는 공자를 대부로 계속 있는 것으로 우대하고 제자들을 가신에 임명하여 장례를 대비하였다. 공자가 병이 낫자 자로의 가신 임명을 질책한 것이다.

21세기 말씀 병에 차도가 있자 공자가 말한다.

(공자가 병이 들자 자로가 제자들을 가신을 세웠음을 알고) 오랫동안 유(자로)가 공연한 짓을 하였구나. 나는 이미 벼슬을 그만두고 천하를 돌아다니면서 현대정치를 연구하고 있지 않느냐?
이미 벼슬을 그만두었는데 옛날의 벼슬에 맞추어 장례를 함은 부질없는 것이다. 공연히 내가 한 벼슬에 맞추어 장례를 하기보다는 차라리 죽기 전 나와 같이한 그대들의 정성스런 장례가 소망스럽다고 본다. 앞으로도 이젠 공연한 짓은 하지 말거라.

해석 공자가 말한 뜻을 새겨 들어야 한다. 오늘날도 벼슬한 경력에 맞추어 장례를 한다. 그렇지 말고 소박하게 현재를 반영하게 함이 타당하다고 본다.

(10) 능력을 발휘할 기회를 기다린다.

子貢曰有美玉於斯韞匵而藏儲求善賈而沽儲
자 공 왈 유 미 옥 어 사 온 독 이 장 저 구 선 가 이 고 저

子曰沽之哉沽之哉我待沽者也
자 왈 고 지 재 고 지 재 아 대 고 자 야

자공이 물었다.

(능력이 출중한 스승인 공자를 옥으로 비유하여) 여기 아름다운 옥이 있다면 궤안에 넣어 보관해 두시겠습니까? 살 사람을 찾아 파시겠습니까?

공자가 대답했다.

(자기 능력을 발휘할 기회가 오기를 기다린다고 하면서) 팔겠다. 나는 살 사람을 기다리고 있다.

해석 공자의 현실 참여의 적극성을 표현한 것으로 보인다.

> **21세기 말씀** **자공이 묻는다.**
> 현대정치학을 꾸준히 강의하신 스승님에게 실제로 정치의 기회가 주어진다면 기회를 활용하시겠습니까?
> 공자가 대답한다.
> 나는 현대정치에 대한 꾸준히 연구하여 왔다. 현대정치의 요체는 '민주주의를 시민들이 바라는 대로 하느냐'이다. 즉, 이론적으

로 민주주의를 아는 단계를 넘어 실제 생활에서 민주주의가 요구되는 시대이다. 물론 나도 시민들이 나의 정치를 바란다면 기꺼이 나서겠다.

해석 민주주의 현실 참여를 적극적으로 표현하여 보았다.

(11) 모든 일에 정성을 다한다.

子曰出則事公卿入則事父兄
자 왈 출 즉 사 공 경 입 즉 사 부 모

喪事不敢不勉何有於我哉
상 사 불 감 불 면 하 유 어 아 재

공자가 말했다.

관직에 나가면 公卿을 섬기고, 집에 들어오면 부형을 섬기고, 喪禮를 정성을 다하여 치르고, 술을 도에 넘치지 않게 마신다. 이런 것들을 나도 무리 없이 한다.

해석 공자가 관직 생활 때에 사는 모습을 적은 것으로 보인다. 공자는 밖에서의 생활이나 안에서의 생활이나 성실하게 생활하였음을 보여주고 있다.

관직에 나가면 최선을 다해 시민들의 요구사항을 해결하여주고 집에 들어오면 가족들과 화목하게 지낸다.

그리고 사회생활에서 부딪치는 일에는 사회 일원으로서 민주적 절차에 따라 일 처리를 하며 특히 술, 잡기 등에 지나치게 빠지지 않도록 노력한다.

해석 오늘날 관직 생활을 하는 공자의 모습을 그려보았다.

(12) 세월은 흐르는 물과 같다.

子在川上曰逝者如斯夫不舍晝夜
자 재 천 상 왈 서 자 여 사 부 불 사 주 야

공자가 시냇가에서 말했다.

가는 것이 흐르는 물과 같다. 밤에도 낮에도 쉬지 않는구나.

해석 세월을 흐르는 물로 비유한 공자의 명구이다. 보이지 않는 시간인 세월을 흐르는 물로 비유한 것은 적절해 보인다.

공자가 시냇가에서 말한다.

가는 세월이 덧없이 흐르는 물과 같도다. 흐르는 물은 밤에도 낮
에도 쉬지 않는구나.

해석 오늘날에도 세월의 흐름은 물로 비유를 많이 한다. 세월을 흐
르는 물로 비유한 것이지만 이보다 더 적절한 표현은 오늘날
에도 없어 보인다.

(13) 덕을 닦는 것을 좋아하는 사람은 별로 없다.

子曰吾不見好德如好色者也
자 왈 오 불 견 호 덕 여 호 색 자 야

공자가 말했다.

덕을 닦는 일을 여자를 좋아하는 것과 같이 하는 사람을 보지 못
했다.

해석 德을 닦는 것을 仁, 孝 등을 닦는 것으로 보는 것으로 보인다.
남자는 미인인 여자를 보면 그 여자에게 집중하게 된다. 그런
남자의 심리를 덕을 닦는 것과 비교하고 있다. 이는 공자가 미
인인 남자에 빠진 위 영공을 보면서 말한 말로 보인다.

공자가 말한다.

이성(異性)을 좋아하듯 민주주의 등을 다루는 현대정치학에 빠지는 사람은 별로 없다.

해석 이곳 덕(德)은 인, 효 등의 인 개념이다. 오늘날 민주주의 개념을 위한 것으로 해석하여 보았다.

(14) 道는 계속 추구되어야 한다.

子曰譬如爲山未成一簣止吾止也
자 왈 비 여 위 산 미 성 일 궤 지 오 지 야

譬如平地雖覆一簣進吾往也
비 여 평 지 수 복 일 궤 진 오 왕 야

공자가 말했다.

학문을 추구하는 것은 마치 산을 쌓아 올림과 같다. 흙을 거의 다 쌓아 놓고도 마지막 한 삼태기를 쌓지 못하고 그만두면 내가 그만둔 것이다. 또한 비유하자면 땅을 평탄하게 하는 데 있어서 흙 한 삼태기를 덮어도 나에게 전진이 있는 것이다.

해석 한 발을 전진하든 후퇴하든 모두 자신의 책임이라는 것으로 공자의 행동주의 철학을 보여주고 있다.

민주주의를 사랑하는 것은 마치 산을 쌓아 올림과 같다. 흙을 거의 다 쌓아 놓고 마지막 한 삼태기를 쌓지 못하여도 산을 이루지 못하는 것처럼 민주주의도 헌법 등 법적 조치를 갖추고 시민들이 지도자를 선출하고 지도자는 시민들에게 최선의 서비스를 해야 한다.

이러한 일이 하나라도 이루어지지 않으면 민주주의는 성공하지 못한다. 그러나 이러한 조치 중에 비록 작은 조치라도 있으면 민주주의를 향해 전진하는 것이다.

해석 공자의 행동주의 철학을 오늘날 민주주의를 위한 노력으로 살펴본 것이다.

(15) 道의 추구는 성실해야 한다.

子曰語之而不惰者其回也與

자 왈 어 지 이 불 타 자 기 회 야 여

공자는 말했다.

내가 말해 주면 귀담아 듣고, 이를 실천에 게으르지 않는 사람은 안회뿐이다.

해석 공자가 평생 추구한 것이 주공에 의해 체계화된 봉건주의이고, 이 봉건주의를 받쳐주는 인, 효 등인데 이러한 공자가 하는 일을 성실하게 승계할 사람은 안회 정도로 보인다는 말이다.

21세기 말씀 공자는 말한다.

나는 시대에 맞춰, 지금까지 내려온 봉건주의를 대치할 새로운 제도인 민주주의 등을 담은 현대정치학을 연구하고 있다. 이러한 내 현대정치학을 계승 발전시킬 사람은 안회뿐일 것이다.

해석 인 개념의 대치 개념인 민주주의를 살펴본 것이다.

(16) 학문의 길은 어려운 고비가 많다.

子曰苗而不秀者有矣夫
자 왈 묘 이 불 수 자 유 의 부

秀而不實者有矣夫
수 이 불 실 자 유 의 부

공자가 말했다.

꽃을 피우는 싹이 있고, 꽃은 피되 열매를 맺지 못하는 싹이 있느니라.

해석 공자가 학문을 하는 데 대성하는 경우와 그렇지 못하는 경우를 싹으로 비유하였다.

21세기 말씀 공자가 말한다.

배움은 쉽게 출발하지만 학문의 기틀을 잡기는 어렵다. 즉, 싹을 틔웠는데 꽃을 피우지 못하는 경우와 같다. 그리고 학문의 기틀을 잡아도 학문의 결실을 맺기는 더욱 어렵다. 즉, 꽃을 피웠어도 열매를 맺지 못하는 경우가 있을 수 있는 것과 같다.

해석 시대를 초월한 명구여서 학문의 배움을 순수하게 해석하여 보았다.

(17) 후배도 두려워해야 한다.

子曰後生可畏焉知來者之不如今也
자 왈 후 생 가 외 언 지 래 자 지 불 여 금 야

四十五十而無聞焉斯亦不足畏也已
사 십 오 십 이 무 문 언 사 역 부 족 외 야 이

공자가 말했다.

젊은 후배들을 두려워해야 한다. 장래의 그들이 오늘의 우리만 못하리라고 할 수 있겠는가? 다만 나이 사오십이 되어도 이름이 나지 않으면 역시 두려워할 것이 없다.

해석 젊은 후배는 그 발전의 가능성이 무한하므로 두려워해야 한다는 것이다. 그런 후배가 40 내지 50이 되어도 그 명성이 없으면 두려워할 필요는 없다는 말이며 요즈음도 해당되는 명구이다.

21세기 말씀 **공자가 말한다.**

우리보다 뒤에 태어난 사람을 두려워해야 한다. 어찌 우리 뒤를 이을 후학들이 지금의 우리보다 못하리라고 단언할 수 있겠는가? 다만 나이 사오십을 넘겨도 눈에 띄게 정치나 예술 과학 등에 출중한 업적이 없다면 크게 주목할 사람은 못 된다.

해석 오늘의 젊은 후학들의 위치를 살펴보았다.

(18) 충고를 받았으면 자신의 잘못을 고쳐야 한다.

子曰法語之言能無從乎改之爲貴
자 왈 법 어 지 언 능 무 종 호 개 지 위 귀

巽與之言能無說乎繹之爲貴
손 여 지 언 능 무 설 호 역 지 위 귀

說而不繹從而不改
설 이 불 역 종 이 불 개

吾末如之何也已矣
오 말 여 지 하 야 이 의

공자가 말했다.

바른 말을 따르지 않을 수 있겠는가? 그리고 바른 말을 따라 잘못을 고치는 것이 더욱 중요하다. 그리고 부드럽게 타이르는 말이 듣기에 즐겁지 않겠는가? 그러나 타이르는 말의 참뜻을 찾아내는 것이 더욱 중요하다. 즐거워만 하고 참뜻을 찾지 않고, 따르기만 하고 고치지 않는다면 나로서도 어찌할 방법이 없다.

해석 이곳에서 바른 말이라면 봉건주의에 맞는 말을 말하는 것으로 보인다. 그리하여 이곳의 바른 말은 역시 인, 효 등으로 보인다.

오늘날 민주주의를 따르지 않을 수 있겠는가? 그런 민주주의를 발전시키기 위해서는 비민주적인 각종 법과 습관 등을 고치는 것이 중요하다. 이러한 비민주적인 법 등을 고칠 때는 부드럽고도 설득력 있는 자세로 꾸준히 추진해야 한다. 그렇지만 민주주의를 향한 이러한 추진을 매번 흘려듣고 귀담아 듣지 않는 사람들이 의외로 많다. 이럴 때에는 좌절감이 밀려온다. 그래도 나는 민주주의 실현에 대한 희망을 버리지 않는다.

해석 봉건주의의 법도를 오늘날 민주주의 법도를 살핀 것인데 좌절감에 적은 것으로 끝나는 것을 희망 쪽으로 살려 놓았다.

(19) 잘못이 있으면 거리낌 없이 고쳐라.

子曰主忠信

자 왈 주 충 신

無友不如己者

무 우 불 여 기 자

過則勿憚改

과 즉 물 탄 개

공자가 말했다.

충성과 신의를 지켜라. 배울 점이 없는 사람과 사귀는 데 몰두하지 말 것이며, 내게 잘못이 있으면 거리낌 없이 고쳐라.

해석 이곳의 忠과 信은 봉건주의의 핵심 개념이다.

21세기 말씀 공자가 말한다.

모든 것을 바쳐 민주주의를 사랑해야 한다. 반민주적이거나 비민주적인 사람과는 사귀는 것을 조심하고, 스스로도 민주적이지 못한 부분이 있으면 거리낌 없이 고쳐야 한다.

해석 봉건주의의 핵심 개념인 충과 신은 그 밑바탕이 仁, 孝 등이고 이를 오늘날 민주주의 개념으로 본 것이다.

(20) 사람의 의지를 함부로 억압할 수는 없다.

子曰三軍可奪帥也匹夫不可奪志也
자 왈 삼 군 가 탈 수 야 필 부 불 가 탈 지 야

공자가 말했다.

삼군의 사령관인 장수를 빼앗을 수는 있지만 한 사나이의 뜻을 빼앗을 수는 없다.

해석 인간의 자유로운 의지가 소중함을 나타내고 있다. 그것을 삼
군의 사령관을 내세워 인간의 의지의 소중함을 말하고 있다.

21세기 말씀 **공자가 말한다.**

민주적인 군대의 지휘관은 민주적인 절차에 따라 굴복시킬 수
는 있지만 한 사병의 의지를 비민주적인 절차로 억압할 수는
없다.

해석 인간의 의지를 언론의 자유와 관련하여 살펴보았다.

(21) 남의 것을 탐하거나 시기하지 마라.

子曰衣敝縕袍與衣狐狢者立而不恥者
자 왈 의 폐 온 포 여 의 호 학 자 립 이 불 치 자

其由也與不忮不求何用不臧
기 유 야 여 불 기 불 구 하 용 불 멸

子路終身誦之子曰是道也何足以臧
자 로 종 신 송 지 자 왈 시 도 야 하 족 이 장

공자가 말했다.

떨어진 무명옷을 입고서도 여우나 담비 가죽으로 만든 옷을 입은 사람과 함께 서 있어도 부끄러워하지 않을 사람은 자로일 것이다. '해치지도 않고 탐내지도 않으니'라는 시경 말처럼 행동하니 어찌 훌륭하다 하지 않겠느냐?

공자가 자로에게 말했다.

(자로가 시경의 말을 평생의 신조로 삼으려 하자) 이것만을 가지고 모든 도리를 충분히 다했다고 하겠느냐?

해석 공자의 제자 자로는 순박하고 충직하면서 용기가 출중했다. 이곳에서는 순박하고 충직한 자로의 모습을 보여주고 있다. 스승 공자의 칭찬에 그의 칭찬만 떠받들려고 하자 공자가 칭찬 말을 넘어설 것을 충고하는 문구이다.

21세기 말씀 공자가 말한다.

남루한 무명옷을 입고서도 화려한 가죽옷을 입은 사람과 당당히 맞서 대화할 수 있는 사람은 자로뿐이다. 그는 성격이 담백하고 소탈하여 남의 옷치장에 별 신경을 쓰지 않고 비법적인 재물 취득에도 별 관심이 없으니 훌륭한 지성인이라 하겠다.

공자가 자로에게 말한다.

(자로가 그 말을 평생의 신조로 삼으려 하자) 이것만을 가지고 어찌 지성인으로 충분하다 하겠느냐?

공자가 자로가 훌륭한 군자로 칭찬하여 이를 오늘날 지성인으로 살펴본 것이다.

(22) 어려움을 겪으면서 충신을 알게 된다.

子曰歲寒然後知松栢之後彫也
자 왈 세 한 연 후 지 송 백 지 후 조 야

공자가 말했다.

날씨가 추워 엄동설한이 된 다음에야 소나무와 잣나무의 절개를 알 수 있다.

나라가 위급에 처해야 충신을 알게 됨을 소나무나 잣나무로 비유한 것이다.

21세기 말씀 공자가 말한다.

국가가 고난을 겪어봐야 국가를 위해 헌신하는 사람이 드러나게 된다.

시대를 초월한 변함이 없는 명문구이다.

(23) 어진 사람은 매사에 근심하지 않는다.

子曰知者不惑仁者不憂勇者不懼
자 왈 지 자 불 혹 인 자 불 우 용 자 불 구

공자가 말했다.

지혜로운 사람은 미혹되지 않고, 어진 사람은 근심하지 않고, 용기
있는 사람은 두려워하지 않는다.

해석 사람이 갖출 三덕이 있는데 知, 仁, 勇이다. 이곳에서는 이러한
덕을 가진 사람의 특징에 관해 설명하고 있다.

21세기 말씀 공자가 말한다.

지혜로운 사람은 사리분별이 분명하여 어려운 일을 당하여도 완
벽하게 대처한다. 어진 사람은 순리적이고 인간미 있게 일을 처
리하므로 어려운 일이 있어도 낙천적으로 대처한다. 용기 있는
사람은 어려운 일에 봉착하여도 두려움 없이 일을 처리한다.

해석 오늘날에도 귀담아 들을 명문구이다.

(24) 학문하는 사람의 목표는 가름하기(가늠하기) 어렵다.

子曰可與共學未可與適道
자 왈 가 여 공 학 미 가 여 적 도

未可與立可與立未可與權
미 가 여 립 가 여 립 미 가 여 권

공자가 말했다.

함께 배우더라도 함께 道를 지킬 수 없고, 함께 도를 지켜 나갈 수 있어도 함께 일을 성립시킬 수는 없고, 함께 일을 성립시킬 수 있어도 함께 權을 행사할 수는 없다.

해석 배움의 共學의 단계적 발전을 얘기하고 있는데 마지막 단계의 權은 할 수 없다고 한다. 여기서 권을 혁명, 쿠테타, 권력 등 여러 가지로 해석되고 있지만 여기서는 권력 행사로 해석하였다.

21세기 말씀 공자가 말한다.

함께 민주주의 학문을 배우더라도 민주주의를 지향하는 노선이 다르면 함께 같은 노선의 정치를 할 수는 없다. 같은 노선의 정치를 하더라도 모두가 노련한 지도자가 될 수는 없다. 노련한 지도자라도 결국 최고 지도자의 길은 홀로 가야만 한다.

해석 오늘날 정치학을 학문하는 共學徒들의 일반적인 현황을 살펴

보았다.

10
향당(鄕黨)

周대의 지방행정조직을 향당이라 한다. 500호를 당이라 하고 25당을 향이라 하였다. 여기서는 향리나 마을을 지칭하고 있다. 그리고 이 편은 주로 공자의 일상생활에 관한 일들을 기술하였다. 공자가 공과 사를 대하는 자세, 예와 악을 대하는 자세, 그리고 평소 공자의 근엄, 성실한 자세에 대해 제자들이 적은 기록을 발췌한 것이다.

자하 성은 복이고 이름은 상이다. 또 다른 이름이 자하이다. 산시성에서 태어났으며 공자보다 44세 아래이다. 증자가 주관적 내면성을 중시하는 데 반해 자하는 예의 객관성을 중시했다. 시에 능했고 공자의 춘추를 후대에 전하고 공양전의 원류이다. 공양전은 자하의 제자인 공양고가 지은 것으로 알려졌다.

(1) 늘 신중함을 잃지 않았다.

孔子於鄕黨恂恂如也以不能言者
공 자 어 향 당 순 순 여 야 이 불 능 언 자

其在宗廟朝庭便便言唯謹爾
기 재 종 묘 조 정 편 편 언 유 근 이

공자는 공과 사를 분명하게 하였다.

마을에 있을 때는 누구에게나 온화하고 공손하였고, 말을 잘 못하는 것처럼 보였다. 그러나 종묘와 조정에 있을 때는 거침없이 말하였지만 말을 신중하게 하고 삼갔다.

해석 공자가 살고 있는 마을에서의 태도와 공무를 집행할 때의 태도를 묘사하고 있다.

21세기 말씀

공자는 마을에 있을 때는 누구에게나 온화하고 공손하였으며 대화를 할 때에도 스스럼없이 편하게 하였으며, 공무를 수행하면서 하는 일 처리나 대화는 빈틈없이 물 흐르듯이 하였으나 필요 없는 말을 삼갔다.

해석 오늘날 공직자의 일반적인 태도를 살펴보았다.

(2) 토론은 강직하고 부드럽게 하였다.

朝與下大夫言侃侃如也與上大夫言
조 여 하 대 부 언 간 간 여 야 여 상 대 부 언

闇闇如也君在踧踖與也與與如也
은 은 여 야 군 재 축 적 여 야 여 여 여 야

공자는 공무 수행의 표본이었다.

조정에서 아랫사람들과 말할 때에는 즐기면서 부드럽게 하였고, 윗
사람과 말할 때에는 엄정, 정숙하였다. 그리고 임금 앞에서는 경
건, 공손하였고 예의를 차렸다.

해석 공자가 공무를 처리할 때 공무 자세를 살펴본 것이다.

21세기 말씀

공무 중 아랫사람들과 말할 때는 즐거운 분위기를 조성하여
부드럽게 대하였고, 윗사람과 말할 때에는 엄정, 정숙하였다.
그리고 국무회의 등에 나가서는 당당하나 공손하게 예의를 차
렸다.

해석 오늘날 공자가 고위 공무원으로 국무총리나 대통령 앞에 나가
처리하는 공무할 때의 자세를 살핀 것이다.

(3) 손님 접대는 최대한 성실하게 하였다.

君召使賓色勃如也足躩如也
군 소 사 빈 색 발 여 야 족 곽 여 야

揖所與立左右手衣前後襜如也
읍 소 여 립 좌 우 수 의 전 후 첨 여 야

趨進翼如也賓退必復命曰賓不顧矣
추 진 익 여 야 빈 퇴 필 복 명 왈 빈 불 고 의

공자가 손님 접대의 모범을 보였다.

임금이 불러 내빈을 접대하라고 하면 표정을 엄숙하게 하고 발걸음을 조심하였으며, 함께 서 있는 사람에게 읍할 때는 손을 좌우로 돌려 읍하였는데 이때 앞뒤 자락이 가지런했고, 빨리 걸어 나갈 때는 자세가 단정하였고, 내빈이 물러가면 반드시 돌아와 '손님께서 잘 가셨다'고 보고하였다.

해석 공자가 나라의 중요한 일인 사신을 접대하는 모습을 정리한 것이다.

21세기 말씀

공자는 행정부 수반이 불러 내빈을 접대하라고 하면 표정을 정중하게 하고 발걸음을 조심스럽게 하였으며, 함께 토론하기 위해 자리에 앉을 때에는 주위를 살피면서 내빈들이 앉음을 확인하고 앉았다. 회의를 주재할 때에는 자세를 단정히 하고 적당한 목소리로 주위를 살펴보면서 성실하게 임하였다. 그리고 내빈이 물러가면 반드시 돌아와 회의의 자초지종을 행정부 수반에게 보고하였다.

해석 오늘날 고위 공무원으로서의 공자가 내빈을 접대하는 모습을 살펴본 것이다.

(4) 조정에서는 임금에게 공경하였다.

入公門鞠躬如也如不容立不中門行不履閾
입 공 문 국 궁 여 야 여 불 용 립 불 중 문 행 불 이 역

過位色勃如也足躩如也其言似不足者
과 위 색 발 여 야 족 곽 여 야 기 언 이 불 족 자

攝齊升堂鞠躬如也屏氣似不息者
섭 제 승 당 국 궁 여 야 병 기 사 불 식 자

出降一等逞顔色怡怡如也沒階
출 강 일 등 령 안 색 이 이 여 야 몰 계

趨進翼如也復其位踧踖如也
추 진 익 여 야 복 기 위 축 적 여 야

공자는 조정에 성실하게 임했다.

대궐 문을 들어갈 때는 몸을 굽혀 절하듯 송구스럽게 하였고, 서 있을 때는 문의 한가운데에 서지 않았고, 들어갈 때에는 문지방을 밟지 않았다. 임금이 있는 자리에서 나갈 때는 표정을 엄숙히 하였고 총총걸음으로 나갔으며, 과묵한 가운데 말을 하였고, 당에 오를 때는 옷자락을 잡고 절하듯이 하고 숨소리를 죽여 숨을 쉬지 않는 듯이 하였다. 당에서 나와 한 계단 내려오면 안색을 펴 화락한 표정을 지었고, 계단을 다 내려와 총총걸음으로 나갈 때에는 단정하고 아름다웠으며 제자리로 돌아갈 때는 태도가 매우 경건, 공손하였다.

해석 공자가 공무를 하는 태도 등을 살펴본 것이다.

21세기 말씀

공자가 국가수반이 근무하는 사무실을 들어갈 때는 정중하고 정숙한 차림을 하고 들어갔으며, 들어갈 때에 문 중간에 서거나 대화하는 것을 삼갔다.

국가수반이 있는 자리에서 양해를 구하지 않고 벌떡 일어나 나가지 않았고, 조용하게 총총걸음으로 나갔다.

말할 차례가 되면 조리 있고 설득력 있게 말을 하였고 말할 차례가 아니면 과묵하였다.

국가수반이 있는 회의석상에서는 말할 때 외에는 정숙하고 단정한 차림을 유지하였다.

그러나 회의가 휴식하거나 종결되면 안색을 펴고 좌중을 편하게
하였다. 그리고 모든 것이 종결되면 총총걸음으로 회의장을 나
와 걸어 나올 때에 군소리 없이 경건, 공손하게 퇴청하였다.

해석 오늘날 고위 공무원으로 근무하는 공자의 모습이다.

(5) 과식과 과음을 삼갔다.

食不厭精膾不厭細
식 불 염 정 회 불 염 세

食饐而餲魚餒而肉敗不食
식 이 이 애 어 뇌 이 육 패 불 식

色惡不食臭惡不食不飪不食
색 악 불 식 취 악 불 식 불 임 불 식

不時不食割不正不食不得其醬不食
불 시 불 식 할 부 정 불 식 부 득 기 장 불 식

肉雖多不使勝食氣唯酒無量不及亂
육 수 다 불 사 승 식 기 유 주 무 량 불 급 난

沽酒市脯不食　撤薑食不多食
고 주 시 포 불 식 불 철 강 식 불 다 식

祭於公不宿肉祭肉不出三一
제 어 공 불 숙 육 제 육 불 출 삼 일

出三一不食之矣食不語寢不言
출 삼 일 불 식 지 의 식 불 어 침 불 언

雖疏食菜羹瓜祭必齋如也
수 소 식 채 갱 과 제 필 재 여 야

공자는 적절하게 음식을 먹었다.

밥은 정미한 쌀밥을 좋아하였고, 회는 가늘게 썬 것을 좋아했으며, 제철에 난 것이 아니면 먹지 않았고, 바르게 자르지 않으면 먹지 않았고, 간이 맞지 않으면 먹지 않았다.

고기가 비록 많아도 밥보다 더 먹지 않았고, 술을 마실 때에도 의식이 몽롱할 정도까지 이르지 않았고, 저잣거리에서 사 온 술과 육포를 먹지 않았고, 생강을 들었으나 많이 들지 않았으며 제사 지낸 고기는 사흘이 지난 것은 먹지 않았다.

관가의 제사에 참석하여 받은 고기는 하룻밤을 넘지 않았고 집에서 제사 지낸 고기는 사흘을 넘기지 않았다.

음식을 먹을 때는 말을 하지 않았고, 잠자리에서는 말을 하지 않았고, 비록 잡곡밥이나 나물국이라도 반드시 고수레를 하고 먹었다.

해석 공자의 식생활을 살펴본 것이다. 여기서 말하는 고수레는 농경사회에서 지신이나 수신 등에게 하는 제사의 형식인데 식사하기 전에 한 숟갈 정도를 떼어 제사를 지내는 것으로 고래로

부터 내려왔다.

21세기 말씀

공자는 보통 제공되는 쌀밥을 먹었고 회는 정갈하게 썰어진 것을 먹었다. 음식은 제철에 난 음식을 좋아했고 적절하게 간이 맞은 음식을 좋아했다. 고기류를 좋아했지만 고기에만 빠지지 않고 음식은 골고루 먹었다.

술을 좋아했지만 의식을 잃을 정도로 취하게 마시지 않았다.

고기류의 음식은 상하기 쉬어 먹는 데에 주의하였다.

음식을 먹을 때나 잠자리에 들어서는 말을 삼갔다.

해석 오늘날 공자가 고위 공무원으로 근무하는 것으로 보고 그 식생활을 살펴보았다.

(6) 매사에 성실하게 임했다.

席不正不坐

석 부 정 불 좌

問人於他邦再拜而送之

문 인 어 타 방 재 배 이 송 지

공자는 몸가짐을 바르게 했다.

바른 마음은 바른 몸가짐과도 관련이 있어, 앉을자리도 바르지 않으면 앉지 않았다. 다른 나라에 사신을 보낼 때는 공경하는 마음으로 두 번 절하고 보냈다.

해석 공자의 평소의 몸가짐이나 사신을 보낼 때 등 태도를 살핀 것이다.

21세기 말씀

인간의 의식도 평상시 하는 행동에서 많은 영향을 받는다. 따라서 몸가짐도 중요하다. 특히 하루 일 중 많은 시간을 보내는 앉은 자세는 중요하다. 그리고 다른 나라에 중대한 임무로 사신을 보낼 때는 그 일의 중요성을 재삼 강조하면서 보냈다.

해석 오늘날 공자가 고위 공무원으로 공무하는 자세를 살펴 본 것이다.

(7) 원칙을 솔선수범으로 실행했다.

君賜食必正席先嘗之君賜腥
군 사 식 필 정 석 선 상 지 군 사 성

必熟而薦之君賜生必畜之
필 숙 이 천 지 군 사 생 필 축 지

君命召不俟駕行矣
군 명 소 불 사 가 행 의

朋友死無所歸曰於我殯
붕 우 사 무 소 귀 왈 어 아 빈

朋友之饋雖車馬非祭肉不拜
붕 우 지 궤 수 차 마 비 제 육 불 배

공자는 매사 솔선수범했다.

임금이 음식을 내려주면 자리를 바르게 한 다음 먼저 맛을 보았고, 임금이 생고기를 내려주면 반드시 익혀서 조상의 제사상에 먼저 올렸고, 임금이 산 짐승을 내려주면 제사 때까지 잘 길렀다.

임금이 부르면 수레가 준비되기를 기다리지 않고 곧장 출발하였다. 친구가 죽고 의지할 곳이 없으면 말하기를 '우리 집에 빈소를 마련하라' 하였고, 비록 친구가 준 수레나 말고기일지라도 제사 지낸 고기가 아니면 절하지 않았다.

해석 공자의 임금이나 친구 등에 대한 예절을 보여주고 있다.

공자는 고위 관리에게 내려준 관용차나 주택을 소중하게 관리하면서 사용하였다. 국가 비상사태가 일어나면 관용차를 기다리지 않고 택시를 이용하여 곧바로 출발하였다. 주변의 가난한 친구나 지인들의 상가 일을 자기 일처럼 챙겨 주었다. 그러나 주변의 친구나 지인들이 위법이나 탈법적인 협조를 요청하면 철저하게 거절하였다.

해석 오늘날 공자의 고위 관리자로서의 예를 살펴본 것이다.

11
선진(先進)

이 편은 공자가 제자들의 어질거나 어질지 못함을 논평한 것이 많다. 직설적인 경우도 있고 간접적인 경우도 있고 서로의 평을 대조한 경우도 있다.

자유 성은 언이고 이름도 언이다. 또 다른 이름이 자유 또는 언유이다. 노나라 무성을 잘 다스렸다고 한다. 문학적 재능이 뛰어났다. 공문십철 중 한 사람이다.

(1) 촌스러운 상태의 예락을 소중히 여긴다.

子曰先進於禮樂野人也

자 왈 선 진 어 례 악 야 인 야

後進於禮樂君子也
후 진 어 례 악 군 자 야

如用之則吾從先進
여 용 지 즉 오 종 선 진

공자가 말했다.

옛날 선배들의 禮樂은 촌스럽고 투박스럽지만 꾸밈이 없어서 진솔한 것이 돋보이고, 지금의 후배들의 禮樂은 세련되고 격식을 갖추면서 빈틈없는 꾸밈이 돋보인다고 하겠다. 나는 촌스러운 상태의 예악을 더 소중하게 여긴다.

해석 아직 세련되게 다듬어지기 전의 예악은 촌스럽지만 그 내용을 충실하게 간직하고 있지만 세련되게 다듬어진 예악은 그 내용보다는 겉으로 드러나는 화려함에 치중한다. 공자는 아직 세련되기 전의 질박한 상태인 예악을 좋아하고 소중히 여긴다는 말이다.

21세기 말씀 공자가 말한다.

질박한 상태의 학문, 예술은 촌스럽지만 시민들의 꾸밈이 없는 진솔함을 담고 있어 발전할 가능성이 있다. 반면 세련되게 닦은 학문, 예술은 나름대로 격식을 갖추었지만 시민들의 진솔함이 없어 공허하기 쉽다. 나는 발전할 가능성이 있는 질박한 상태의 학문, 예술에 더 관심을 갖고 있다.

시대를 초월한 명문구이다.

(2) 제자들은 여러 형태의 재능을 갖고 있다.

子曰從我於陳蔡者皆不及門也
자 왈 종 아 어 진 찰 자 개 불 급 문 야

德行顔淵閔子騫冉伯牛仲弓
덕 행 안 연 민 자 건 염 백 우 중 궁

言語宰我子貢政事冉有季路
언 어 재 아 자 공 정 사 염 유 계 로

文學子遊子夏
문 학 자 유 자 하

공자가 말했다.

나를 좇아 진, 채나라에서 고생했던 제자들은 그 아무도 벼슬길에 나서지 못했구나. 그래도 그들 중에는 덕행에는 안연, 민자건, 염백우, 중궁이 뛰어났고, 언어 구사력에는 재아, 자공이 탁월하였고, 정치에는 염유, 계로가 훌륭하였고, 문학에는 자유, 자하가 뛰어났다고 본다.

공자가 채나라에서 있을 때에 초나라 소공이 초청하여 이에

응하려 하였다. 그러나 공자가 초나라의 대신이 되는 것이 불안을 느낀 채, 진나라가 공자 일행의 초나라 가는 것을 막고 포위하여 식량이 끊어지고 제자들이 죽고 흐트러진 것을 공자가 한탄한 것이다. 그 후에 공자가 자공을 초에 보내 간신히 구출되었다.

21세기 말씀 공자가 말한다.

세상이 아직은 민주정치를 제대로 하는 나라가 많지 않다. 그리하여 세상 여러 곳의 민주정치의 현장 답사를 하는 나의 현대정치학 강의가 크게 주목받지 못하고 있다. 그래서 민주정치의 현장 답사 중에 참여한 제자들을 많이 등용시키지 못하였다. 그래도 민주정치 현장 답사를 하는 나의 강의 중에 훌륭한 제자를 많이 배출한 것에 보람을 느낀다. 즉 충실하게 내 강의에 출석한 제자는 안연, 민자건, 중궁 정도였고, 세계 여러 곳에 현장 답사를 주선한 제자는 재아, 자공이었다. 그리고 여러 곳에서 생겨난 국가와 주민과의 갈등을 무난하게 해결하여 준 제자는 염유, 계로였고, 각국과의 문서 교환에는 자유, 자하가 고생해 주었다. 이젠 민주정치 현장 답사를 마치는 나의 현대정치학은 이젠 민주정치를 세상의 실제적으로 정착시키는 것이 주어진 나의 천명으로 알고 이의 연구에 매진하겠다.

해석 민주정치와 연결시켜 보았다.

(3) 안회의 학문의 열의와 민자건의 효도는 특별했다.

子曰回也非助我者也
자 왈 회 야 비 조 아 자 야

於吾言無所不說
어 오 언 무 소 불 열

子曰孝哉閔子騫
자 왈 효 재 민 자 건

人不間於其父母昆弟之言
인 불 간 어 기 부 모 곤 제 지 언

공자가 말했다.

안회는 나에게 도움을 주는 사람이 아니었다. 그는 나의 말에 기뻐하지 않은 적이 없었다. 한편 민자건은 정말 효성스러운 제자이다. 다른 사람은 사악한 계모에게도 민자건이 효심을 잘 지니고 있음을 알고 있어, 그의 부모나 형제들이 그를 칭찬하면 당연하여 누구도 이의를 제기하지 않는다.

해석 공자가 제자를 최상으로 칭찬하고 있다. 즉, 안회는 공자가 말하면 금방 공자의 말을 이해하고 기뻐하니, 공자는 크게 자극을 못 받는 것이라는 것이다. 민자건의 효심은 모두가 알고 있어 민자건의 부모 형제들이 민자건에 대해 칭찬하면 주민 모두가 믿는다는 것이다.

안회는 나에게 도움만 주었던 제자가 아니었다. 그는 나의 말에 기뻐하지 않은 적이 없었다. 그러나 오늘날 학문하는 자세는 그 정도에 만족하면 아니 된다. 즉, 스승을 포함한 기존의 학문을 철저하게 비판하고 새롭게 정립해야 한다.

한편 민자건도 그 효심이 대단한 제자로만 안다. 그의 효심이 세상에 알려지어 누구나 이를 믿어 그의 부모 형제가 그의 됨됨이를 말하면 지당한 것으로만 받아들인다. 그러나 오늘날 부모에게 무조건 복종해서도 안 된다. 잘못된 어머니에게도 가정에서의 어머니의 역할을 충실히 할 것을 설득하여야 한다.

해석 민주주의 시대에서 합리적인 학문하는 자세와, 진정한 가정에서의 자세를 살펴보았다.

(4) 언행에 신중하여야 한다.

南容三復白圭

남 용 삼 복 백 규

孔子以其兄之子妻之

공 자 이 기 형 지 자 처 지

남용은 신중했다.

남용이 세 번에 걸쳐 반복하여 백규라는 시를 외웠다. 이를 유심히 보던 공자는 그의 신중한 처신을 보고, 형님의 딸을 시집보내게 했다.

해석 남용은 이름이 남궁괄이며 공자의 제자이다. 공자의 조카사위이다. 백규라는 시는 시경에 나온다. 그리고 백규는 옥으로 만든 패(牌)이다. 임금에게 바치는 신임장이다.

21세기 말씀

남용이 세 번에 걸쳐 반복하여 유명한 노래를 하나의 틀림도 없이 열창하는 것을 공자가 보았다. 그의 노래 실력이 뛰어남을 공자가 알아보고, 훌륭한 음악가를 추천을 부탁한 형에게 알려 조카딸을 시집가게 하였다.

해석 오늘날에는 남녀가 결혼할 나이가 되면 스스로 짝을 찾는 것이 순리지만, 주변에 혼기에 있는 사람이 있으면 공자가 자기 형에게 좋은 사윗감으로 남용을 추천했듯이 결혼을 권하는 것도 자연스러운 관례이다.

(5) 학문의 연마가 건강을 담보하지 못한다.

李康子問弟子孰爲好學
계 강 자 문 제 자 숙 위 호 학

孔子對曰有顔回者好學
공 자 대 왈 유 안 회 자 호 학

不幸短命死矣今也則亡
불 행 단 명 사 의 금 유 즉 망

공자가 말했다.

(계강자가 제자 중에 누가 학문을 좋아했느냐고 묻자) 안회라는 제자가 학문을 정말 좋아했습니다. 그러나 불행하게도 명이 짧아, 일찍 죽고 지금은 없습니다.

해석 공자는 애제자인 안회가 일찍 죽자 무척이나 애통하여 여러 곳에서 이를 표현하고 있다.

21세기 말씀 **공자가 대답한다.**

(계강자가 제자 중에 누가 학문을 좋아했느냐고 묻자) 안회라는 제자가 학문을 좋아했지만 학문의 성과를 이루지 못하고 요절했습니다. 퍽이나 안타깝습니다. 그리하여 학문을 하려면 스스로 건강도 챙겨야 할 것 같습니다.

건강을 챙긴다는 것은 공자의 뜻이라기보다는 필자의 뜻이다.

(6) 하늘이 나를 버렸구나

顔淵死子曰噫天喪子天喪子
안 회 사 자 왈 희 천 상 자 천 상 자

공자가 말했다.

(안연이 죽자) 아, 하늘이 나를 버렸구나. 하늘이 나를 버렸구나.

해석 공자가 60대 때에 30대의 애제자인 안회가 죽자 공자도 젊어
서 죽은 제자의 죽음의 안타까움과 인생무상을 나타낸 것으
로 보인다.

21세기 말씀 **공자가 말한다.**

(안회가 죽자) 아, 아까운 인재가 죽었구나. 정말 안타깝다.

해석 크게 설명하는 것은 이 문구에 사족을 다는 것 같아 이만 줄
인다.

(7) 안연을 욕되게 한 것을 한탄한다.

顔淵死子哭之慟從者曰子慟矣
안 연 사 자 곡 지 통 종 자 왈 자 통 의

曰有慟乎非夫人之爲慟而雖爲
왈 유 통 호 비 부 인 지 위 통 이 수 의

子曰回也視予猶父也
자 왈 회 야 시 여 유 부 야

予不得視猶子也
여 부 득 시 유 자 야

非我也夫二三子也
비 아 야 부 이 삼 자 야

공자가 말했다.

(안연이 죽자 공자가 몹시 통곡하니 제자가 말리자) 어찌 내가 지나치다고 하는가? 그 사람을 위해 통곡하지 않으면 누구를 위해 통곡하겠는가?

공자가 말했다.

(한편 동료 제자들의 도를 넘는 안연의 장례에 대해) 안회는 나를 부모처럼 생각했는데, 나는 자식처럼 생각해주지 못했구나. 나를 도외시하고 너희들 몇 사람이 일방적으로 진행한 도를 넘는 장례는 바람직하지 않다.

해석 공자가 죽은 안회에 대한 심한 통곡과 과도한 장례를 같이 보여주고 있다. 공자는 장례는 순리대로 간소하게 할 것과 죽은 사람에 대한 애도는 공감이 가게 슬픔을 솔직하게 나타내고자 하였다.

21세기 말씀 **공자가 말한다.**

(안연이 죽자 몹시 통곡하니 제자가 말리자) 어찌 내가 지나치다고 하는가? 애중한 나의 제자가 죽었는데 이렇게 통곡하지 않으면 어찌 내 마음을 달랠 수 있는가?

한편 공자가 도가 넘치는 장례를 보면서 말한다.

나는 안연을 자식처럼 대해 왔는데, 너희들이 주도한 과도한 장례는 고인도 바라지 않는 것을 너희들은 모르는가?

해석 오늘날 장례도 안회의 장례 때 보여준 공자 말이 합당하다고 하겠다.

(8) 죽음을 어찌 알 수 있겠는가

季路問事鬼神
계 로 문 사 귀 신

子曰未能事人焉能事鬼
자 왈 미 능 사 인 언 능 사 귀

敢問死曰未知生焉知死
감 문 사 왈 미 지 생 언 지 사

계로(자로)가 귀신에 대해 공자에게 물었다.

귀신을 어떻게 섬기어야 합니까?

공자가 대답했다.

사람도 제대로 섬기지 못하는데 어찌 귀신을 섬길 수 있겠느냐?

계로가 다시 죽음에 대해 공자에게 물었다.

감히 묻겠습니다. 죽음은 어떻습니까?

공자가 대답했다.

아직 사는 것도 제대로 알지 못하는데 어찌 죽음을 알겠느냐?

해석 고대인들은 사람은 천지에서 혼백을 받아서 이승에 태어난다
고 보았다. 죽으면 혼은 天으로, 백은 地로 돌아간다고 한다.
죽은 사람에게 제사를 지내는 것은 天에 있는 혼과 地에 있
는 백을 불러 모시는 것인데 이 모시는 신이 귀신이며 조상신
이다.

공자는 이 귀신에 대해 명확하게 개념화하지 않고 귀신의 존재를 인정하나 적당한 거리를 두고 모실 것을 논어에서 말하고 있다.

그런데 송나라 주희는 귀신의 존재를 명확하게 개념화하여 제사를 지낼 때에 귀신이 반드시 흠향하러 옴을 강조하였다.

21세기 말씀 **계로가 공자에게 물었다.**

귀신은 어떻게 섬겨야 하나요?

공자가 대답한다.

과학문명이 발달한 오늘날에는 사람에 관하여는 철저하게 연구가 진행되고 있고, 더구나 민주주의의 사회에서는 조상 귀신도 개개인의 뜻에 따라 섬겨야 하는 시대가 되어가고 있다. 즉, 귀신을 특별히 섬길 필요가 없는 시대가 되어가고 있다.

계로가 공자에게 죽음에 대해 묻는다.

공자가 이에 대해 대답한다.

과학문명이 발달한 오늘날에도 사람의 죽음 후의 문제는 기존의 종교적 차원에서 접근하는 것 외에는 특별한 것이 없다. 나도 아직 사는 것도 제대로 알지 못하는데 어찌 죽음을 알겠는가, 하는 심정이다.

해석 공자 시대나 오늘날에나 신의 문제는 과학적으로 증명하는 것이 아니라 각자가 신의 존재를 믿느냐의 문제로 보인다.

(9) 관리들의 행위를 날카롭게 주시해야 한다.

魯人爲長府閔子騫曰仍舊貫如之何
노 인 위 장 부 민 자 건 왈 잉 구 실 여 지 하

何必改作子曰夫人不言言必有中
하 필 개 작 자 왈 부 인 불 언 언 필 유 중

민자건이 물었다.

(노나라 사람이 장부라는 창고를 새로 만든 것을 보고) 그냥 옛 건물을 수리
하여 사용하면 족할 것인데 아직 쓸 만한 건물을 헐고 다시 지을
필요가 있을까? 이는 백성을 괴롭히고 또한 국비를 소모할 뿐이다.
공자가 말했다.
(이에 민자건의 태도에 공감하면서) 저 사람이 말을 하지 않는 사람이지
만 말을 하면 반드시 그 안에 합당한 뜻이 있다.

해석 공자 시대에도 예산을 낭비하는 경우가 종종 있었던 것으로
보인다. 그냥 수리하여 사용이 가능한 창고를 다시 새로 지은
것을 보고 민자건이 지적하는 것이다.

21세기 말씀 **민자건이 물었다**

(노나라 사람이 멀쩡한 창고를 새로 만든 것을 보고) 옛날 건물을 수리하
여 이용해도 충분했던 것 같다. 굳이 새로 짓지 않아도 됐을 터
인데 예산만 낭비한 것으로 보인다.

공자가 말한다.

(이에 민자건의 태도에 공감하면서) 민자건 말이 맞다. 오늘날 국가 예산을 쓸데없는 것에 낭비하는 것은 시민들에게 세금 부담을 주는 행위이다.

해석 국가 예산을 낭비하는 것을 지적하는 것으로 오늘날에도 담당 관리들이 귀담아 들을 말이다.

(10) 제자를 정당하게 평가하다.

子曰由之瑟奚爲於丘之門
자 왈 유 지 슬 해 위 어 구 지 문

門人不敬子路
문 인 불 경 자 로

子曰由也升堂未入於室也
자 왈 유 지 승 당 미 입 어 실 야

공자가 말했다.

자로는 저렇게 비파를 치면서, 내 집에서 연주하는가?

공자가 다시 말했다.

(문인들이 이러한 공자의 말을 자로를 책망하는 것으로 보고 자로를 비웃으며 자

로를 경시하는 태도를 보며) 자로의 비파 타는 실력은 이미 당(堂)에는 오를 수 있다고 본다. 다만 경지까지는 못 가서, 방에 들 만하지 못할 뿐이다.

해석 자로가 비파 타는 실력이 완전 수준급은 아니었는데 자로가 내놓고 비파 타는 것을 공자가 나무랬다. 그러나 자로의 비파 타는 솜씨는 동료 제자들이 비웃을 정도는 아님을 공자가 제자들에게 분명히 해두는 것이다.

21세기 말씀 **공자가 말한다.**
자로는 비파를 공개적으로 연주할 정도는 아니지 않은가?
공자가 다시 말한다.
(자로의 비파 타는 실력이 별로여서 공자가 핀잔하는 것으로 보고 제자들이 자로의 비파 타는 것을 비웃으니) 자로의 비파 타는 실력은 수준급이다. 다만 아직 공개적으로 연주하려면 더욱 더 노력해야 한다.

해석 오늘날 공자 학당의 모습을 재현하여 보았다.

(11) 지나친 것은 모자란 것과 같다.

子貢問師與商也孰賢
자 공 문 사 여 상 야 숙 현

子曰師也過商也不及
자 왈 사 야 과 상 야 불 급

曰然則師愈與
자 연 즉 사 유 여

子曰過猶不及
자 왈 과 유 불 급

자공이 물었다.

자하와 자장 중에 누가 더 낫습니까?

공자가 대답했다.

자장은 지나치고 자하는 미치지 못한다.

다시 자공이 물었다.

그러면 자장이 나은 것입니까?

공자가 응답했다.

지나친 것은 모자란 것과 같다.

해석 공자가 중요하게 여기는 것은 덕의 중용이다. 그리하여 지나친
자장이나 미치지 못하는 자하는 제대로 된 덕에 미치지 못한
것으로 본 것이다.

자공이 물었다.

자하와 자장 중에 누가 더 낫습니까?

공자가 대답한다.

자장은 지나치고 자하는 미치지 못한다.

자공이 다시 물었다.

그러면 자장이 나은 것입니까?

공자가 응답한다.

장단점이 모두 있다. 지나치면 먼저 일을 처리하나 과실을 수습할 기회를 잃기 쉽다. 미치지 못하면 일 처리를 할 기회를 얻기 어려우나 일 처리를 착실하게 하여 과실을 거의 하지 않게 된다.

해석 중용을 철학적으로 접근하기보다 실제적, 실용적으로 설명하여 보았다.

(12) 잘못하는 제자를 꾸짖다.

季氏富於周公而求也

계 씨 부 어 주 공 이 구 야

爲之聚斂而附益之

위 지 취 렴 이 부 익 지

子曰非吾徒也
자 왈 비 어 도 야

小子鳴鼓而攻之可也
소 자 명 고 이 공 지 가 야

공자가 분노하면서 말했다.

(계씨가 주공보다 더 부유했는데, 염구가 그를 위해 무거운 세금을 부과하고 거둬들이자) 염구는 나의 제자가 아니다. 자네들이 북을 울려 그를 성토하는 것이 옳다.

해석 이곳의 계씨는 노나라 실권자 계강자를 말한다. 부유한 계강자의 신하였던 염구가 세금 부과를 늘려 계강자를 더욱 부유하게 함에 공자가 분노하는 문구이다.

21세기 말씀 공자가 분노하여 말한다.

(계씨의 신하인 염구가 과도한 세금을 부과, 징구에 앞장서자) 염구에게 시민을 위해, 직분에 맞는 행위를 할 것을 내가 누누이 가르쳤다. 그런데 나의 가르침에 어긋나게 과도한 세금 부과에 염구는 앞장을 섰다. 나는 제자의 이러한 행실에 부끄러울 뿐이다. 과도한 욕심을 보이는 계강자의 행실을 무조건 수행하는 염구는 자네들이 본받지 말고 규탄해야 함이 옳다.

해석 염구는 유능한 세무 행정을 하였지만 조세 민주 행정하지 않는 제자 염구를 공자가 규탄하는 것이다.

(13) 유능한 제자들도 나름대로 결점이 있다.

柴也愚參也魯師也辟由也喭
시 야 우 참 야 노 사 야 벽 유 야 언

공자가 간결하게 제자를 평했다.

　시는 어리석고, 삼은 노둔하고, 사는 한쪽만 잘하고, 유는 거칠다.

해석 시는 자고이고, 삼은 증삼이고, 사는 자장이고, 유는 자로이며
　　이들은 모두 공자의 제자들이다.

21세기 말씀 **공자가 간결하게 제자를 평한다.**
　자고는 중후하나 어리석었으며, 증삼은 노련하나 아둔하였다. 자
　장은 두뇌가 뛰어났으나 신중하게 일 처리를 못했고, 자로는 일
　처리를 잘했으나 매끄럽질 못했다.

해석 공자가 제자들을 보는 것이 예리하였음을 보여주는 것을 현대
　　적 감각으로 풀어보았다.

(14) 제자들의 개성에 맞게 교육을 시키다.

子路問聞斯行諸
자 로 문 문 사 행 제

子曰有父兄在如之何其聞斯行之
자 왈 유 부 형 재 여 지 하 기 문 사 행 지

冉有問聞斯行諸
염 유 문 문 사 행 제

子曰聞斯行之
자 왈 문 사 행 지

公西華曰有也問聞斯行諸
공 서 화 왈 유 야 문 문 사 행 제

子曰有父兄在求也問聞斯行諸
자 왈 유 부 형 재 구 야 문 문 사 행 제

子曰聞斯行之赤也惑敢問
자 왈 문 사 행 지 적 야 혹 감 문

子曰求也退故進之由也兼人故退之
자 왈 구 야 퇴 고 추 지 유 야 겸 인 고 퇴 지

자로가 물었다.

좋은 말을 들으면 곧 실행해야 합니까?

공자가 대답했다.

부형이 있는데 어찌 네 판단만으로 실행할 수 있겠느냐?

염유가 물었다.

좋은 말을 들으면 곧 실행해야 합니까?

공자가 응답했다.

좋은 말을 들으면 곧 실행해야 한다.

공서화가 의아해서 물었다.

자로가 '들으면 곧장 실행할까요?'라고 물었을 때는 선생님은 '부형이 계시다'고 말씀하였고 염유가 '들으면 곧장 실행할까요?'라고 물을 때는 '곧장 실행해야 한다'고 말씀하시어 어느 것이 옳은지 저는 헷갈리어 묻습니다.

공자가 그 이유를 설명하며 대답했다.

자로는 과단성이 남보다 몇 배이므로 좀 물러서게 한 것이고, 염유는 소극적인 성격이어서 적극적으로 나서게 한 것이다.

해석 공자의 교육은 일률적인 것이 아니고 개개인에 따라 조금씩 달랐다. 그러나 교육받는 사람 입장에서 보면 최상의 전인교육이었다고 하겠다.

21세기 말씀 **자로가 묻는다.**

좋은 말을 들으면 곧 바로 실행해야 하나요?

공자가 대답한다.

곧바로 실행하기에 앞서 실행 가능 여부, 실행 효율성 등을 고려하여야 한다.

염유가 묻는다.

좋은 말을 들으면 곧 실행해야 하나요?

될 수 있는 한 곧바로 실행해야 한다.

공서화가 의아하여 묻는다.

자로가 좋은 말에 곧바로 실행할 것인지를 묻자 차분하게 대응할 것을 추천하고, 염유가 묻자 곧바로 실행할 것을 권유하였는데 어찌된 것입니까?

공자가 그 이유를 말한다.

좋은 말을 들으면 곧바로 행하여야 함은 당연하다. 그러나 자로는 성격이 급하여 실행하는 것에만 집중하지만 그 실행의 여파는 고려치 않아 차분히 접근할 것을 추천한 것이지만, 염유는 성격이 차분하여 이미 여러 가지를 고려하는 성격이어서 서두를 것을 권유한 것이다.

해석 공자의 교육 방법의 진수를 보여준 것으로 오늘날에도 귀담아 들을 문구이다.

(15) 제자의 안위를 걱정하다.

子畏於匡顔淵後
자 외 어 광 안 연 후

子曰吾以女爲死矣
자 왈 오 이 여 위 사 의

曰子在回何敢死
왈 자 재 호 하 감 사

공자가 말했다.

(공자가 광지방에서 위험에 처하였을 때 안연이 뒤에 처졌었는데 마침내 따라오

니) 나는 네가 죽은 줄 알았구나.

그러자 안연이 말했다.

선생님이 계신데 어찌 제가 어찌 죽겠습니까?

해석 공자와 제자 안연과의 사제지간의 돈독함이 두 사람의 대화에

서 느껴진다.

21세기 말씀 **공자가 말한다.**

(공자가 광지방에서 위험에 처하였을 때 제자 안연이 뒤에 처져 있다가 합류하

자) 나는 네가 죽은 줄 알았구나.

그러자 안연이 말한다.

죄송합니다. 선생님을 위험에서 어쩌지 못했습니다.

해석 공자 제자 안연의 스승에 대한 태도의 진지함을 오늘날 표현

으로 꾸며보았다.

(16) 道로써 임금을 섬겨야 한다.

季子然問仲由冉求可謂大臣與
계 자 연 문 중 유 염 구 가 위 대 신 여

子曰吾以子爲異之問曾由冉求之問
자 왈 오 이 자 위 이 지 문 증 유 염 구 지 문

所謂大臣子以道事君不可則止
소 위 대 신 자 이 도 사 군 불 가 즉 지

今由與求也可謂具臣矣
금 유 여 구 야 가 위 구 신 의

曰然則從之者與子曰弑父與君亦不從也
왈 연 즉 종 지 자 여 자 왈 시 부 여 군 역 불 종 야

계자연이 물었다.

중유와 염구는 대신을 맡기면 훌륭하게 할 수 있겠습니까?

공자가 대답했다.

나는 그대가 별다른 질문을 할 줄 알았는데, 바로 유와 구에 대한 질문이로다. 이른바 훌륭한 대신은 道로써 왕을 섬기다가 불가능하면 물러간다고 하니, 지금 유와 구는 대신의 자질을 갖추었다고 할 수 있을 것이다.

이에 계자연이 물었다.

그렇다면 왕의 말을 따르기만 하는 사람입니까?

공자가 대답했다.

왕의 말을 따르겠지만, 道에 어긋난 부모와 임금을 죽이는 일에는 역시 따르지 않을 것이다.

해석 계자연은 당시 세도가인 계평자의 아들이었다. 그는 공자의 제자이기도 했다. 그는 이들 계씨 집안의 계연자가 중유와 염유의 사람 됨됨이를 공자에게 묻는 것이다.

중유와 염유가 계씨 집안의 가신으로 있었던 전력으로 보아 계연자가 이들을 가신으로 채용하기 전의 대화로 보기도 하고, 채용한 이후의 대화로 보기도 한다. 어떻게 해석하든 공자는 중유와 염유가 도를 익혀서 대신의 자질이 충분히 있고, 임금을 제대로 모실 대의명분을 중유와 염유가 따를 것이라 말하고 있다.

계씨 집안이 임금을 능가하는 세력 집안임을 고려하여 공자는 대의명분의 중요성을 힘주어 말하고 있다.

21세기 말씀 계자연이 묻는다.

자로와 염구는 훌륭하게 일할 재목입니까?

공자가 대답한다.

자로와 염구는 제대로 민주정치를 배워서, 훌륭한 고위층 관리가 될 만하다. 그들은 민주정부에서 성실히 일하다가, 일을 할 처지가 아니면 자연스럽게 물러갈 것이다.

계자연이 다시 묻는다.

그들은 무조건 고위층 관리가 되려는 사람인가요?

공자가 말한다.

무조건 고위층 관리가 되려는 사람이 아니다. 그들은 민주정치를 이 땅에 실현하고자 하는 사람들이다. 민주정치를 무시하고 집권한 사람에 무조건 아부하는 사람과 다르다.

해석 오늘날 젊은 시절에는 민주정치의 투사로 있다가 나이가 들면 권력에 아부하는 사람이 많아서 이를 경계하는 글을 써 보았다.

(17) 말만 내세우는 사람을 싫어한다.

子路使子羔爲費宰
자 로 사 자 고 위 비 재

子曰賊夫人之子
자 왈 적 부 인 지 자

子路曰有民人焉有社稷焉
자 로 왈 유 민 인 언 유 사 직 언

何必讀書然後爲學
하 필 독 서 연 후 위 학

子曰是故惡夫佞者
자 왈 시 고 악 부 녕 자

공자가 말했다.

(자로가 계씨 신하가 되어, 비읍 읍재로 자고를 임명하자) 남의 자식을 망치는구나.

이 말에 자로가 변명의 말을 하였다.

그곳 백성의 다스림을 받드는데, 어찌 글을 읽은 다음에 정치를 배워야 한다고 할 수 있습니까?

공자가 이를 비판하여 말했다.

그러므로 나는 그대처럼 말만 내세우는 사람을 미워한다.

해석 자고는 이름이 고시이고 공자의 제자이다. 高柴는 공자보다 30세 아래이다. 자로가 자고를 비읍의 읍재로 추천할 때에 아직 자고는 학문이 일천하고 정치적으로 예민한 지역에서 처신하기에는 경험이 부족하여 위험하여 공자가 자로를 꾸짖은 것이다.

21세기 말씀 **공자가 말한다.**

(자로가 계씨 신하가 되어 한창 학문을 배우는 자고를 비읍 읍재로 임명하자)

아직 학문을 더 배워야 하는데 자칫 망칠 수도 있어 안타깝다.

이 말을 들은 자로가 말했다.

비읍의 읍재가 아직 임명제이지만 민주주의가 발전하면 선거에 의해 읍재가 되므로 장래가 총망되는 자고에게 길을 열어 주려한 것입니다.

공자가 이에 말한다.

나는 원래 실천이 없는 말만 내세우는 사람을 싫어하는데, 자로

의 말을 듣고 보니 一理 있는 것 같구나. 그러나 행정은 노련함
이 필요한데 자고는 그렇지 못해서 걱정이 된다.

해석 오늘날 민주주의에서 선거는 학문도 중요하지만 실제적 상황
에서 경험도 중요하여 공자의 견해를 약간 변형시켰다.

(18) 예로써 소명받은 일에 최선을 다해야 한다.

子路曾晳冉有公西華侍坐
자 로 증 석 염 유 공 서 화 시 좌

子曰以吾一日長乎爾毋吾以也
자 왈 이 오 일 일 장 호 이 무 오 이 야

居則曰不吾知也如或之爾則何以哉
거 즉 일 불 오 지 야 여 혹 지 이 즉 하 이 재

子路率爾而對曰千乘之國攝乎大國之間
자 로 솔 이 이 대 왈 천 승 지 국 섭 호 대 국 지 간

可之以師旅因之以饑饉由也爲之比及三年
가 지 이 사 여 인 지 이 기 근 유 야 위 지 비 급 삼 년

可使有勇且知方也夫子哂之
가 사 유 용 차 지 방 야 부 자 신 지

求爾何如對曰方六七十如五六十
구 이 하 여 대 왈 방 육 칠 십 여 오 육 십

求也爲之比及三年可使足民如
구 야 위 지 비 급 삼 년 가 사 족 민 여

其禮樂以俟君子
기 례 악 이 사 군 자

赤爾何如對曰非日能之願學焉
적 이 하 여 대 왈 비 일 능 지 원 학 언

宗廟之事如會同端章甫願爲小相焉
종 묘 지 사 여 회 동 단 장 보 원 위 소 상 언

點爾何如鼓瑟希鏗爾舍瑟而作
점 이 하 여 고 슬 희 갱 이 사 슬 이 작

對曰異乎三子者之撰子曰何傷乎亦各言其志也
대 왈 이 호 삼 자 자 지 찬 자 왈 하 상 호 역 각 언 기 지 야

曰莫春者春腹旣成冠者五六人
왈 막 춘 자 춘 복 기 성 관 자 오 육 인

童子六七人浴乎沂風乎舞雩詠而歸
동 자 육 칠 인 욕 호 기 풍 호 무 우 영 이 귀

夫子喟然嘆曰吾與點也
부 자 구 연 탄 왈 오 여 점 야

三子者出曾晳後曾晳曰夫三子者之言
삼 자 자 출 증 석 후 증 석 왈 부 자 자 자 지 언

何與子曰亦各言其志已矣

하 여 자 왈 역 각 언 기 지 이 의

曰夫子何哂由也曰爲國以禮其言不讓是故哂之

왈 부 자 하 신 유 야 왈 위 국 이 례 기 언 불 양 시 고 신 지

唯求則非邦也與安見方六七十如五六而非邦也者

유 고 즉 비 방 야 여 안 견 방 육 칠 십 여 오 육 이 비 방 야 자

唯赤則非邦也與宗廟會同

유 적 즉 비 방 야 여 종 묘 회 동

非諸侯而何赤也爲之小孰能爲之大

비 제 후 이 하 적 야 위 지 소 숙 능 위 지 대

공자가 물었다.

(자로, 증석, 염유, 공서화가 공자와 함께 앉았는데) 내가 너희들보다 약간 더 오래 살았다고 해서 나를 어려워하지 마라. 평소에 나를 남이 잘 몰라준다고 말들을 하지만, 만약 그대들을 알아서 등용한다면 어떻게 하겠느냐?

자로가 불쑥 나서서 대답했다.

전차 천대를 낼 수 있는 제후의 나라가 대국 사이에 끼어 침략을 받고 이로 인해 기근이 들었다고 해도, 제가 다스리게 되면 3년 안으로 백성들이 옳은 길을 가게하고 또한 나라를 강하게 만들 수 있습니다.

공자는 빙긋이 웃으면서 염유에게 물었다.

구야, 너는 어떻게 하겠느냐?

염유가 대답했다.

사방 육칠십 리 혹은 오륙십 리 되는 작은 나라를 제가 다스리게 되면 3년이 될 무렵에는 백성들이 풍족하게 살 수 있게 하겠습니다만 예악 가르침은 군자를 기다리겠습니다.

공자가 공서화에게 물었다.

적아, 너는 어떠하냐?

공자가 묻자 공서화가 대답했다.

제가 잘할 수 있다는 말은 할 수 없고 배우고자 하는 것을 말씀드리겠습니다. 종묘의 제사나 제후들이 회동할 때 검은 예복을 입고 예관을 쓰고 군자의 예를 돕는 관리가 되고 싶습니다.

공자가 증석에게 물었다.

점아, 너는 어떠하냐?

공자가 묻자 증석은 거문고를 뜯다가 일어나 대답했다.

앞의 세 사람의 생각과는 다릅니다.

이에 공자가 말했다.

앞의 세 사람 말에 그리 마음 상할 것이 있겠느냐? 각자 자신의 뜻을 말한 것에 불과하다.

그러자 증석이 말했다.

늦은 봄에 봄옷을 만들어 입고 관을 쓴 친구 대여섯 명, 아이들 예닐곱 명과 함께 기수에서 목욕하고 기우제를 지내는 곳에서 바람을 쐬고 시를 읊으며 돌아오겠습니다.

공자가 응답했다.

나도 네 생각과 같다.

세 제자가 나가고 증석이 뒤에 남았는데 증석이 말했다.

저 세 사람의 말을 어떻게 생각하십니까?

공자가 응답했다.

각자 자기 뜻을 말한 것일 뿐이다.

증석이 또 다시 물었다.

선생님께서는 유(자로)의 말에 왜 싱긋 웃으셨습니까?

공자가 말했다.

나라는 예로써 다스리는 것이거늘 그의 말이 겸손하지 못하여, 빙긋 웃은 것이다.

구(염유)가 말한 것은 나라를 다스리는 것이 아니지 않습니까?

증석이 이렇게 묻자 공자가 말했다.

사방 육칠십 리 혹은 오육십 리 되는 작은 나라의 일이라도 나라의 일이 아닌 것이 어디 있겠느냐?

적(공서화)이 말한 것은 나라를 다스리는 것이 아니지 않습니까?

증석이 이렇게 묻자 공자가 대답했다.

종묘에 제사 지내는 일과 제후들이 회동하는 일이 제후들의 일이 아니겠느냐? 적(공서화)과 같은 사람이 작은 관리가 된다면 누가 큰 관리가 될 수 있겠느냐?

해석 공자와 견해를 같이 하는 증석은 이름이 점이다. 그는 공자의 제자이며 증삼의 아버지이기도 하다. 이 증삼이 증자라는 사람이다.

(자로, 증석, 염유, 공서화가 공자와 함께 앉았는데) 내가 너희들보다 조금 더 살았다고 해서 나를 어려워하지 말고 마음에 갖고 있는 뜻을 허심탄회하게 말해보아라. 너희들이 등용된다면 무엇을 하고 싶으냐?

자로가 먼저 말을 꺼낸다.

만약 내가 국가를 통치할 기회가 주어진다면 우리나라를 제대로 된 민주주의 국가로 만들겠습니다. 즉, 3년 안에 주변 국가들에게 침략당하지 않을 군대를 육성하고 시민들에게 풍족한 생활을 하도록 경제력을 크게 확대하여 강하고 부강한 민주국가를 만들겠습니다.

공자가 자로의 호언장담에 빙긋 웃는다.

구야, 너는 어떻게 생각하느냐?

염구가 대답한다.

사방 육칠십 리 혹은 오육십 리 되는 작은 나라를 제가 다스리게 되면 3년 안에 시민들을 풍족하게 살도록 하겠습니다. 다만 민주주의 신장을 위해 주변 국가와 함께 노력할까 합니다.

적아, 너는 어떠하냐?

공자가 묻자 공서화가 대답한다.

제가 잘할 수 있다고 말 할 수는 없지만 하고픈 뜻을 말해보겠습니다. 저는 국가를 다스리는 일보다는 외교관이 되어 전문적인 공무원이 되어 국가에 기여하고 종래에는 세계적인 기구에서 일하고 싶습니다.

점아, 너는 어떠하냐?

공자가 묻자 증석이 말한다.

저는 원대한 뜻을 말한 앞의 세 사람과는 좀 다릅니다.

공자가 위축되어 있는 증석을 위로하면서 말한다.

앞의 세 사람의 뜻에 기가 죽을 이유는 없다. 그들은 그들의 뜻을 말했을 뿐이다.

증석이 안심하고 거침없이 말한다.

저는 정치적인 야망은 없습니다. 저는 어느 정도 재산이 있어, 선생님에게 현대정치학을 더 배우고 그래도 틈이 나면 문학 하는 사람들과 봄기운의 냇가에서 시를 읊고 싶습니다.

공자도 웃으면서 말한다.

나도 그런 너의 뜻에 공감한다.

세 제자가 나가고 증석이 뒤에 남았는데 증석이 말한다.

저 세 사람의 뜻을 정말 어떻게 생각하십니까?

공자가 차분하게 응답한다.

거듭 말하지만 각자 자기의 뜻을 말했을 뿐이다.

증석이 공자에게 묻는다.

자로의 말에 스승님은 왜 빙긋이 웃었나요?

공자가 말한다.

민주주의는 자기 뜻대로 통치하는 것이 아니라 시민의 뜻에 좇아야 함을 가볍게 보는 것 같아서 웃은 것이다.

염구의 말은 나라를 다스리는 것이 아니지 않습니까?

증석이 이렇게 묻자 공자가 말한다.

사방 육칠십 리 혹은 오륙십 리 되는 작은 나라라도 오늘날 민주주의를 하기는 어렵긴 마찬가지다. 작은 나라라도 시민들의 욕구는 큰 나라처럼 많기 때문이다.

공서화가 말하는 것은 나라를 다스리는 일이 아니지 않습니까?

증석이 이렇게 말하자 공자가 차분히 대답한다.

오늘날 나라의 통치보다는 외교관이 되려는 공서화가 훌륭해 보인다. 더구나 국제기구에도 관심을 갖고 있어 국제적인 민주주의에 공서화의 기여를 기대해 본다.

해석 공자와 주변의 제자들과의 대화를 오늘날 민주주의, 외교, 문학 등에 실어 폭넓게 다루어 보았다.

12
안연(顔淵)

이 편은 어진 정치의 도리를 밝히고 이를 달성하고 길을 모색한다. 임금과 신하, 아버지와 아들 등의 지켜야 할 예(禮), 군자의 학문과 덕행, 옥사 처리 등이 논의되고 있다.

안연 기원전 521년에 태어났고 기원전 481년에 죽었다. 성은 안이고 이름은 회이다. 또 다른 이름이 자연이고 노나라 출신이다. 덕행이 훌륭했으며 42세에 요절하였다. 공문십철 중 한 사람이다.

(1) 仁은 자신을 이기는 것이다.

顔淵問仁子曰克己復禮爲仁
안 연 문 인 자 왈 극 기 복 례 위 인

一日克己復禮天下爲歸仁焉
일 일 극 기 복 례 천 하 위 귀 인 언

爲仁由己而由人乎哉
위 인 유 기 이 유 인 호 재

顔淵曰請問其目子曰非禮勿視
안 연 왈 청 문 기 목 자 왈 비 례 물 시

非禮勿聽非禮勿言非禮勿動
비 례 물 청 비 례 물 언 비 례 물 동

顔淵曰回雖不敏請事斯語矣
안 연 왈 회 수 불 민 청 사 사 어 의

공자가 말했다.

(안연이 仁에 대해 묻자) 자신을 이기고 예로 돌아가는 것이 곧 仁의 실천이다. 하루라도 각자 자신의 욕심을 버리고 예로 돌아가면 천하의 사람들이 모두 인으로 돌아갈 것이다. 인을 실천하는 것은 자신에게 달려 있는 것이며 남으로부터 시작하는 것이 아니다.

안연이 말했다.

그 조목을 일러 주십시오

공자가 응답했다.

예가 아니면 보지 말고, 예가 아니면 듣지도 말고, 예가 아니면 말하지 말고, 예가 아니면 행하지도 말아라.

안연이 수긍하면서 대답했다.

제가 비록 영민하지 못하지만 선생님 말씀을 잘 실천하겠습니다.

해석 공자는 인의 본질이 극기하여 예로 돌아감을 의미한다고 말하고 있다.

21세기 말씀 **공자가 말한다.**

(안연이 민주주의에 대해 묻자) 자신의 욕심을 던져버리고 모든 일에서 민주주의에 따르는 것이다. 그리하여 남의 눈치를 보지 말고 자신부터 민주주의에 따르면 되는 것이다.

안연이 말했다.

민주주의 실천 조목을 알려 주시지요.

이에 공자가 대답한다.

민주주의로 이루어진 것이 아니면 따르지 말고, 민주주의와 다르면 실행하지 말고, 민주주의와 다르면 말하지도 말고, 민주주의에 배치된 일에는 발을 들여놓지 말아야 한다.

안연이 수긍하면서 말했다.

제가 비록 영민하지 못하지만 이러한 선생님의 민주주의를 잘 따르겠습니다.

해석 개인적인 극기를 민주주의 실행으로 표현해 보았다.

(2) 자신이 내키지 않으면 남에게도 시키지 말라.

仲弓問仁子曰出問如見大賓
중 궁 문 인 자 왈 출 문 지 견 대 빈

使民如承大祭己所不欲
사 민 여 승 대 제 기 소 불 욕

勿施於人在邦無怨在家無怨
물 시 어 인 재 방 무 원 재 가 무 원

仲弓曰雍雖不敏請事斯語矣
중 궁 왈 옹 수 불 민 청 사 사 어 의

공자가 말했다.

(중궁이 仁에 대해 묻자) 집의 문을 나서면 누구에게나 큰 손님을 뵙는 듯이 하고, 백성에게 일을 시킬 때는 큰 제사를 모실 듯이 하며, 자신이 원하지 않은 것을 남에게 시키지 않으면 나라에 원망하는 사람이 없을 것이요, 집안에서도 원망하는 사람이 없을 것이다.

중궁이 말했다.

제가 불민하지만 이 말씀을 잘 실천하겠습니다.

해석 공자가 제자들에게 인에 대해 대답할 때에 개념적인 해설보다는 실생활을 하는 데에 어떻게 행위할 것을 설명하여 경험적으로 체득하게 하는 방식으로 가르쳤다.

(중궁이 민주정치에 대해 묻자) 민주정치를 하려는 지도자라면 어느 일반 시민들에게도 항상 친절해야 하며 봉사하는 자세를 견지해야 한다. 그리고 여론에 거슬리는 정치를 하지 말아야 하며, 늘 시민의 의견을 귀담아 들어야 한다.

중궁이 말했다.

제가 불민하오나 민주정치를 위해 최선의 실천을 하겠습니다.

해석 공자는 오늘날 민주정치의 요체를 쉽게 말해주고 있다.

(3) 말을 신중하게 하라.

司馬牛問仁子曰仁者其言也訒
사 마 우 문 인 자 왈 인 자 기 언 야 인

曰其言也訒斯謂之仁矣乎
왈 기 언 야 인 사 위 지 인 의 호

子曰爲之難言之得無訒乎
자 왈 위 지 난 언 지 득 무 인 호

공자가 말했다.

(사마우가 仁에 대해 묻자) 仁이란 말을 신중하게 하는 것이다.

이에 평소 말이 많은 사마우가 말했다.

말을 신중하게 하는 것이 仁이라고 할 수 있습니까?

공자가 말했다.

그것을 행하기는 정말 어려우니, 말을 하매 정말 신중하게 해야
한다.

해석 사마우는 공자의 제자이다. 그는 평소에 말을 많이 하였다고
한다. 말을 많이 하니까 실수도 많을 수밖에 없었다. 그래서
공자는 사마우에게 말을 할 때에 신중할 것을 교육하고 있는
것이다.

21세기 말씀 **공자가 말한다.**

(사마우가 민주주의에 대해 묻자) 민주주의는 지도자들의 말로 이루어
지는 것이므로 말을 신중하게 해야 한다.

이에 평소 말이 많은 사마우가 말했다.

지도자가 말에 신중만 하면 민주주의가 이루어지나요?

공자가 말한다.

지도자가 시민들을 상대로 한 말을 이행하는 것이 민주주의이
므로 정말 말하는 것을 신중히 해야 한다.

해석 오늘날 민주주의 지도자는 많은 공약을 하고 이를 실천하려
노력한다. 그러한 공약은 실천 가능한 것이어야 한다. 그러한
공약 실천만이 민주주의를 발전시킨다.

(4) 군자는 결코 두려워하지 않는다.

司馬牛問君子子曰不憂不懼
사 마 우 문 군 자 자 왈 불 우 불 구

曰不憂不懼斯謂之君子矣乎
왈 불 우 불 구 사 위 지 군 자 의 호

子曰內省不疚夫何憂何懼
자 왈 내 성 불 구 부 하 우 하 구

子夏曰商聞之矣死生有命富貴在天
자 하 왈 상 문 지 의 사 생 유 명 부 귀 재 천

君子敬而不失與人恭而有禮
군 자 경 이 불 실 여 인 공 이 유 례

四海之內皆兄弟也
사 해 지 내 개 형 제 야

君子何患乎無兄弟也
군 자 하 환 무 호 형 제 야

공자가 말했다.

(사마 우가 군자에 대해 묻자) 군자라면 겁내지도 않고, 두려워하지도 않는다.

다시 사마 우가 물었다.

겁내지 않고 두려워하지 않는다면 정말 군자라고 하나요?

이에 공자가 응답했다.

자신의 잘못이 없으면, 무엇을 겁내고 두려워하겠느냐?

자하가 말했다.

사람이 죽고 사는 것은 하늘에 매여 있고, 부귀도 하늘에 매여 있다고 들어왔다. 군자가 공경을 다한다면, 실수도 없고 사람들과 잘 어울리어 공손하고 예의도 있게 된다. 그러면 사해 안에 있는 사람들이 모두 형제처럼 된다고 하겠다. 그러니 형제가 없음도 걱정할 문제이겠는가?

해석 사마 우는 공자의 제자로 송나라 사람으로 이름이 사마 경이다. 공자를 죽이려 했던 사마 환퇴의 동생이며 말이 많았다고 한다. 사마 우 형제는 5형제로 형제간 권력 투쟁으로 일부는 죽고 일부는 도망갔다. 그리하여 공자가 사마 우의 형편을 고려하여 조급하지 말고 두려워하지 말 것을 말하고 있고, 자하가 사마 우 형제가 뿔뿔이 헤어졌음을 위로하여 하는 말이다.

21세기 말씀 공자가 말한다.

(사마 우가 지성인에 대해 묻자) 지성인은 일 처리에 겁내지 않고 두려워하지 않는다.

다시 사마 우가 물었다.

지성인은 정말 매사 일 처리에 겁내지 않고 두려워하지 않는다는 것이 사실인가요?

이에 공자가 응답한다.

지성인이면 자신의 내면을 성찰하여 왔을 것이어서 매사에 당당하게 대처해 나갈 것이다. 무엇을 겁내고 두려워하겠느냐?

자하가 말한다.

과학이 발달한 오늘날에도 사람이 죽고 사는 것은 아직은 하늘
에 매여 있고, 부귀도 자기 노력만으로는 얻기 힘들다고 하겠다.
그래도 지성인이라면 행운만 바라보지 않고 주어진 조건에서 성
실하게 최선을 다해야 한다. 그리하면 주변에서 신망을 얻게 되
어 민주주의에 부응하는 지성인으로 우뚝 설 것이다.

해석 지성인은 오늘날 학문도 많이 하여야 하지만 민주주의를 지키
고 선도해야 한다. 시대적 사명에 충실한 지성을 살펴보았다.

(5) 실생활에서 현명하기는 정말 어렵다.

子張問明子曰浸潤之譖膚受之愬
자 장 문 명 자 왈 침 윤 지 참 부 수 지 소

不行焉可謂明也已矣浸潤之譖
불 행 언 가 위 명 야 이 의 침 윤 지 참

膚受之愬不行焉可謂遠也已矣
부 수 지 소 불 행 언 가 위 원 야 이 의

공자가 말했다.

(자장이 무엇이 총명한 것인가를 묻자) 물이 스며들 듯한 은근한 참언이나 피부로 느껴질 듯 절막한 하소연도 받아들이지 않는다면 총명한 것이다. 즉, 은근히 스며들듯한 은근한 참언이나 피부로 느껴질 듯 절박한 하소연을 냉철하게 받아들이지 않는다면 정말 멀리 내다본다 할 수 있을 것이다.

해석 지도자가 많은 주변의 얘기를 듣고 이를 분석하고 올바르게 처신하기는 그렇게 쉽지는 않다. 여기서는 총명한 우두머리를 말하고 있다.

21세기 말씀 공자가 대답한다

(자장이 총명한 것이 무엇인지를 묻자) 속삭이면서 하는 남을 모함하는 참언이나 울분에 찬 하소연처럼 하는 모함은 진실한 말과 정말 구별해 내기가 어렵다. 특히 가까이 지내는 사람들이 거짓이 없는 것처럼 하는 참언이나 정직하게 말하는 것처럼 하는 하소연 속에 정말 남을 모함하는 것이 많다. 사회생활의 평정을 유지하면서 이러한 모함을 냉정하게 가려내는 것이 총명한 처신이라 하겠다.

해석 오늘날 민주주의가 발전하면서 거짓된 진언이나 조언들이 지도자 앞에 난무한다. 그리하여 지도자의 총명함이 더욱 중요함이 요구되고 있다.

(6) 백성들을 믿게 해야 한다.

子貢問政子曰足食足兵民信之矣
자 공 문 정 자 왈 족 식 족 병 민 신 지 의

子貢曰必不得已而去於斯三者何先
자 공 왈 필 부 득 이 이 거 어 사 삼 자 하 선

曰去兵子貢曰必不得已而去於斯二者
왈 거 병 자 공 왈 필 부 득 이 이 거 어 사 이 자

何先曰去食自古皆有斯民無信不立
하 선 왈 거 식 자 고 개 유 사 민 무 언 불 립

공자가 말했다.

(자공이 정치에 대해 묻자) 군량미가 풍족하고, 적을 방비할 무기가 풍족하고, 백성들의 민심을 얻어야 한다.

자공이 다시 물었다.

부득이하게 꼭 한 가지를 버려야 한다면 이 세 가지 중 무엇을 버려야 합니까?

공자가 대답했다.

무기 갖추는 것을 포기해야 한다.

자공이 다시 물었다.

부득이하게 꼭 한 가지를 버려야 한다면 이 두 가지 중 어느 것을 먼저 버려야 합니까?

공자가 대답했다.

먹을 것을 버려야 한다. 예부터 사람에게는 누구나 죽음이 있되 백성의 민심을 얻지 못하면 나라가 바로 설 수 없다.

해석 일국을 다스리는 데에 있어서 군량미, 병기, 민심 중에 민심이 가장 중요함을 공자는 말하고 있다. 오늘날 민주주의 국가에서 조금도 손색이 없는 말이다.

21세기 말씀 공자가 대답한다.

(자공이 정치에 대해 묻자) 군량미를 풍족히 하고, 최신 무기를 풍족히 하고, 시민들의 지지를 얻어야 한다.

자공이 다시 물었다.

부득이하게 꼭 한 가지를 버려야 한다면 이 세 가지 중 무엇을 버려야 합니까?

공자가 대답한다.

무기 부분을 포기해야 한다.

자공이 다시 물었다.

부득이하게 꼭 한 가지를 버려야 한다면 이 두 가지 중 어느 것을 먼저 버려야 합니까?

공자가 답한다.

군량미 부분을 버려야 한다. 민주주의에서 시민의 지지를 얻지 못하면 정권을 유지하지 못하므로 정치의 본질에 해당되어 그렇다.

해석 민주주의가 없었던 봉건주의 시대에도 민주주의 본질인 민심의 중요성을 말했던 것이다.

(7) 왕은 백성들의 처지를 살펴야 한다.

哀公問於有若曰年饑用不足與之何
애 공 문 어 유 약 왈 연 기 용 부 족 여 지 하

有若對曰盍徹乎曰二吾猶不足如之何其徹也
유 약 대 왈 개 철 호 왈 이 오 유 부 족 여 지 하 기 철 야

對曰百姓足君孰與不足百姓不足君孰與足
대 왈 백 성 족 군 숙 여 부 족 백 성 부 족 군 숙 여 족

애공이 물었다.

(공자의 제자 유약에게) 올해 흉년이 들어 나라의 재정이 부족한데 어떻게 해야 되겠습니까?

유약이 대답했다.

어찌 10분의 1을 받는 세법을 시행하지 않으십니까?

애공이 대답했다.

지금 10분의 2를 받아도 오히려 부족한데, 어떻게 10분의 1을 받는 세법을 시행하겠소?

유약이 이에 응답했다.

백성이 풍족하면 족한 것이지, 임금이 부족하시겠습니까? 그리고 백성이 부족한데도 임금만 풍족하시겠습니까?

유약은 공자의 제자로 또 다른 이름은 유자이다. 노나라 사람으로 공자보다 44세 아래이다. 철(徹)은 예부터 통용되는 세법인데, 수확의 10분의 1을 세금으로 내는 제도이다.

21세기 말씀 애공이 유약에게 묻는다.

올해 흉년이 들어 나라의 재정이 부족한데 어떻게 해야 하나요?

유약이 대답했다.

어찌하여 예부터 시행해온 철(徹) 제도를 시행하지 않나요?

애공이 말했다.

철 제도보다 곱이 많게 수확의 10분의 2를 받아도 부족하여 고민인데, 어찌 철 제도를 운운하나요?

이에 유약이 응답했다.

시민들이 풍족하게 살면, 나라의 지도자도 좋지 않겠습니까? 시민들이 세금을 내는데 허덕이면, 어찌 나라의 지도자가 기분 좋게 지내겠습니까?

성경에도 십일조 헌금이 있듯이 대체적으로 논어에서 말하는 철 제도가 온당한 것으로 보인다. 지금도 이익금 중 세금이 10% 정도를 넘으면 산업이 정상적으로 운영되지 않는 것으로 보인다.

(8) 임금은 임금답고 부모는 부모다워야 한다.

齊景公問政於孔子
제 경 공 문 정 어 공 자

孔子對曰君君臣臣父父子子
공 자 대 왈 군 군 신 신 부 부 자 자

公曰善哉信如君不君臣不臣父不父子不子
공 왈 선 재 신 여 군 불 군 신 불 신 부 불 부 자 불 자

雖有粟吾得而食諸
수 유 속 오 득 이 식 제

공자가 말했다.

(제나라 경공이 공자에게 정치에 대해 묻자) 임금은 임금답고 신하는 신하답고 부모는 부모답고 자식은 자식다워야 합니다.

경공이 말을 이었다.

옳은 말이오. 임금이 임금답지 않고, 신하가 신하답지 않고 부모가 부모답지 않고, 자식이 자식답지 않으면 비록 곡식이 창고에 가득하여도 내가 먹을 수 있겠습니까?

해석 공자와 경공이 나누는 이 대화로 봉건주의 본질을 말하고 있다. 즉, 임금 신하 백성 등이 각자의 직분에 충실하면 봉건제를 건강하게 유지한다는 것이다. 이를 직분 내지는 본분론이라 하고, 논어의 모든 문답을 아우르는 핵심 대화라 하겠다.

(제나라 경공이 공자에게 민주정치에 대해 묻자) 시민들에게 뽑힌 지도자는 이에 부응하는 민주정치를 해야 하고, 지도자를 뽑은 시민들은 그 지도자가 민주정치를 제대로 하는지 감시에 게으르지 말아야 합니다.

경공이 말을 잇는다.

옳은 말이오. 시민들이 뽑은 지도자가 제대로 민주정치를 하지 않고 지도자를 뽑은 시민들이 지도자가 민주정치를 하는지 감시하지 않고 방치하면 민주주의는 무너지고 독재정치가 스며드는 것은 자명합니다. 지도자나 시민들은 항상 자기 위치에서 최선을 다해야 할 것이오.

해석 봉건제도에서의 직분론은 민주주의에서도 적용된다고 본다.

(9) 관직에 있으면 정성껏 일해야 한다.

子張問政子曰居之無倦行之以忠
자 장 문 정 자 왈 거 지 무 권 행 지 이 충

공자가 말했다.

(자장이 관직에 대해 묻자) 관직에 있으면 게으르지 말고 정성껏 맡은

공무를 열심히 해야 한다.

해석 여기서 말하는 정(政)은 정치라기보다는 공직에 있는 공직자의
자세를 묻는 것이다.

21세기 말씀 **공자가 말한다.**

(자장이 공직에 대해 묻자) 선출이나 비선출이든 공직을 맡으면 시민
을 위한 민주행정에 게으르지 말고 최선을 다해야 한다.

해석 민주주의 나라에서 공직자들의 자세를 살펴보았다.

(10) 군자는 남의 장점을 이루게 해 준다.

子曰君子成人之美不成人之惡小人反是
자 왈 군 자 성 인 지 미 불 성 이 지 악 소 인 반 시

공자가 말했다.

군자는 남의 장점을 도와 더욱 아름답게 해주고, 남의 사악한 것
을 선도하여 편승함이 없다. 그러나 소인은 이와 반대이다.

해석 소인과 군자를 대립하여 말하는 것이 논어에 많이 나온다. 그

러나 소인과 군자는 명확히 구분되지 않아 보인다. 대체적으로 로 매사의 경우에 맞게 처신하면 군자이고 경우에 맞지 않게 개인적인 욕심대로 행동하면 소인으로 보인다.

21세기 말씀 공자가 말한다.

지성인은 남의 장점을 잘 살려 민주사회에 폭 넓게 기여케 하고 남의 단점은 세심하게 가려내어 개선시킨다. 그러나 일반인은 남의 장점을 애써 외면만 하고 남의 단점은 들춰내어 활용하려 한다.

해석 오늘날 민주사회에서도 경우에 맞게 처신하는 지성인이 많아 보이지 않는다.

(11) 정치는 바르게 하는 것이다.

季康子政於問孔子
계 강 자 정 어 문 공 자

孔子對曰政者正也
공 자 대 왈 정 자 정 야

子帥以正孰敢不正
자 수 이 정 숙 감 부 정

공자가 말했다.

(계강자가 공자에게 정치에 대해 묻자) 정(政)이라는 것은 옳지 않은 것을 바로잡는 정(正)이니 그대가 바르게 이끄는데, 누가 감히 바르게 되지 않겠습니까?

해석 계강자는 첩의 자식으로 본처의 자식을 죽이고 가계를 이은 부정한 사람이었는데 공자에게 정치를 묻자 공자가 정치가 정(正)이라고 꼬집은 것이다.

21세기 말씀 공자가 말한다.

(계강자가 공자에게 정치에 대해 묻자) 정치라는 것은 오늘날 민주 시민이 원하는 대로 봉사하는 것이어서 그대가 민주 시민이 원하는 대로 하면 되는 것입니다. 그리하여 그대가 민주 시민이 원하는 대로 정치를 하면 되므로 이것을 목표로 하면 누가 감히 당신의 정치를 왈가왈부하겠습니까?

해석 계강자는 권력을 얻는 데에 정당치 못한 경우가 있었지만 그래도 그런 정당치 못한 행위를 희석시키려면 권력 행사라도 민주주의에 맞게 행동할 것을 권하여 보는 것이다. 물론 목적이 수단을 정당화시킬 수는 없지만 정당하지 않은 수단으로 권력을 잡아도 그 권력 행사를 잘 활용하여 후세에 이름을 날린 사람도 많았음을 잊어서는 안 된다.

(12) 탐욕은 도둑질을 불러일으킨다.

季康子患盜問於孔子

계 강 자 환 도 문 어 공 자

孔子對曰苟子之不欲

공 자 대 왈 구 자 지 불 욕

雖賞之不竊

수 상 지 불 절

공자가 말했다.

(계강자가 도둑을 걱정하여 공자에게 묻자) 탐욕스러운 그대가 욕심을 부리지 않는다면, 비록 상을 준다 해도 백성들은 도둑질을 하지 않을 것입니다.

해석 앞에서도 언급했지만 계강자가 도둑을 걱정하자 공자는 계강자야말로 왕 도둑임을 주지시키면서 계강자가 스스로 욕심을 버릴 것을 촉구하고 있다.

21세기 말씀 공자가 대답한다.

(탐욕스러운 계강자가 도둑을 걱정하며 공자에게 묻자) 탐욕스러운 그대가 시민에게 욕심을 접고 바르고 공정하게 대한다면, 비록 상을 준다 해도 시민들은 도둑질을 하지 않을 것입니다.

오늘날에도 집권자가 공정성을 내세우지만 집권자 스스로 욕심이 많아 그 공정성이 그 권력자 이외의 사람에게만 해당하는 경우가 많다. 민주주의가 제대로 서려면 집권자 스스로도 공정성을 지켜야 한다.

(13) 군자의 덕은 바람과 같고 소인의 것은 풀과 같다.

季康子問政於孔子曰
계 강 자 문 정 어 공 자 왈

如殺無道以就有道何如
여 살 무 도 이 취 유 도 하 여

孔子對曰子爲政焉用殺
공 자 대 왈 자 위 정 언 용 살

子欲善而民善矣君子之德風
자 욕 선 이 민 선 의 군 자 지 덕 풍

小人之德草草上之風必偃
소 인 지 덕 초 초 상 지 풍 필 언

계강자가 공자에게 물었다.

(무도한 자를 막는 정치에 대해) 만약 무도한 자를 가혹하게 죽여 사람들이 道를 지키게 하면 어떻겠소?

공자가 응답했다.

정치를 한다면서 어찌 사람을 죽이는 방법을 먼저 쓰려 하십니까?
그것보다는 오히려 그대가 선정을 하면 백성들은 스스로 선해질
것입니다. 그리하여 군자의 덕은 바람과 같고 소인의 덕은 풀과 같
다고 합니다. 풀 위로 바람이 불면 풀은 바람의 영향을 받아 반드
시 쓸리게 마련입니다.

해석 스스로 무도한 계강자가 다른 사람의 무도함을 형벌로 일벌백
계하여 질서를 잡으려 하니까 공자는 그런 방법보다는 선정
하는 것으로 질서를 잡는 것이 옳다고 훈계하고 있다.

21세기 말씀 계강자가 공자에게 묻는다.

(민주주의를 위한다면서) 민주주의를 따르지 않는 사람을 죽여서라
도 철저하게 처벌하여야 시민들이 민주주의를 따르지 않겠습니
까?

공자가 응답한다.

민주주의는 시민들에게 잘해주는 것인데, 어찌 시민을 죽이는
방법을 먼저 쓰려하십니까? 그것보다는 오히려 민주정치를 한다
면 시민들이 스스로 착하게 될 것입니다. 그리하여 민주주의가
정착되면 스스로 사회질서가 자리 잡히고, 사회질서를 파괴하는
착하지 않은 사람은 스스로 도태될 것입니다.

해석 봉건주의 시대의 선정을 한다는 것을 오늘날 민주주의 하는

것으로 본 것이다.

(14) 달인은 제대로 수양이 된 사람을 의미한다.

子張問士何如斯可謂之達矣
자 장 문 사 하 여 사 가 위 지 달 의

子曰何哉爾所謂達者
자 왈 하 재 이 소 위 달 자

子張對曰在邦必聞在家必聞
자 장 대 왈 재 방 필 문 재 가 필 문

子曰是聞非達也夫達也者
자 왈 시 문 비 달 야 부 달 야 자

質直而好義察言而觀色慮以下人
질 직 이 호 의 찰 언 이 관 색 여 이 하 인

在邦必達在家必達
재 방 필 달 재 가 필 달

夫聞也者色取仁而行遠
부 문 야 자 색 취 인 이 행 원

居之不疑在邦必聞在家必聞
거 지 불 의 재 방 필 문 재 가 필 문

자장이 물었다.

선비가 어떻게 하여야 통달했다고 할 수 있겠습니까?

공자가 대답했다.

무슨 뜻인가? 네가 말하는 통달은 무엇을 말하는가?

자장이 설명했다.

제후의 나라에서도 반드시 좋은 이름이 나고, 경대부의 영지에서도 반드시 이름이 나는 것을 말합니다.

이에 공자가 대답했다.

그것은 명성을 얻는 것이지 통달과는 다르다. 참으로 통달의 경지에 올랐다 함은 바탕을 곧게 하고 정의를 사랑하고 남의 말을 깊이 살피며 상대의 얼굴빛도 살펴 신중히 행동함을 말한다. 그래야 제후의 나라에서도 경대부 영지에서도 통달하는 사람이 되는 것이다.

해석 공자는 제대로 학문을 하여 명성을 얻는 통달한 경지와 제대로 학문을 하지 않은 허명에 들뜬 명예를 구분하고자 한다.

21세기 말씀 **자장이 묻는다.**

보통 지식인이 어떻게 하여야 통달할 수 있나요?

공자가 대답한다.

무슨 통달을 말하는가?

자장이 말했다.

오늘날 지구촌이 모두 알아주는 통달이든지 우리나라에서라도 알아주는 통달을 얘기하는 것입니다.

이에 공자가 대답한다.

네가 말하는 통달은 명성을 얻는 지도자를 말하는 것으로 보이는데, 진정한 통달은 명성보다는 진정한 민주주의를 실현하는 사람을 말한다. 즉, 진정한 통달한 사람은 시민들을 진정한 민주주의 통치와 행정을 하는 것을 말한다.

해석 오늘날 마음을 곧게 하고 정의롭고 말과 행동을 신중하여야 하는 정치를 통달 정치로 본다면 오늘날 민주정치에서만 가능한 것으로 본 것이다.

(15) 한때의 분함으로 자기 자신을 망쳐서는 안 된다.

樊遲從遊於舞雩之下曰敢問崇德修慝辨惑
번지종유어무우지하왈감문숭덕수특변혹

子曰善哉問先事後得非崇德與攻其惡
자왈선재문선사후득비숭덕여공기악

無攻人之惡非修慝與一朝之忿忘其身
무공인지악비수특여일조지분망기신

以及其親非惑與
이급기친비혹여

번지는 말했다.

(공자 따라 기우제 지내는 단 아래에서 노닐다가) 덕을 높이고 악덕을 제거하고 미혹함을 분별하는 길을 알려주십시오.

공자가 말했다.

훌륭한 질문이다. 일을 먼저 하고 얻는 것을 뒤로 함이 덕을 높이는 것이 아니겠느냐? 자신의 나쁜 점을 다스리고 남의 잘못을 책망하지 않는 것이 바로 악덕을 제거 하는 것이 아닌가? 한때의 분함을 참지 못하고 포악한 짓을 하여 그 화가 부모에게 미치게 한다면 이것이 미혹한 것이 아니겠느냐?

해석 제자 번지가 공자에게 기우제를 지내는 곳에서 가볍게 질문한 것으로 보인다. 그러나 공자는 일관되게 인에 바탕한 답변이다.

21세기 말씀 번지가 묻는다.

(공자를 따라 국가행사에 참여하면서) 민주주의를 높이고 비민주주의적인 것을 바로잡고, 더 나아가 반민주주의적인 것도 확 고치는 길을 알려주십시오.

공자가 말한다.

훌륭한 질문이다. 우선 시민의 바람을 살펴 일에 최선을 다한다면 민주주의를 높이는 것이 아니겠느냐? 그리고 나 자신의 나쁜 점을 다스리고 남의 비판도 수용할 것이 있으면 수용하여야 올바른 처신함이 아니겠는가? 모욕적인 심한 공격에 한때의 분함을 참지 못하여 모욕적인 공격으로 막아낸다면 이 어찌 민주주의를 파괴하는 미혹한 것이 아니겠느냐?

해석 구체적인 민주주의 행실을 살펴보았다.

(16) 仁이란 곧 사람을 사랑하는 것이다.

樊遲問仁子曰愛人
번 지 문 인 자 왈 애 인

問知子曰知人樊遲未達
문 지 자 왈 지 인 번 지 미 달

子曰擧直錯諸枉能使枉者直
자 왈 거 직 조 제 왕 능 사 왕 자 직

樊遲退見子夏曰鄕也吾見於夫子而問知
번 지 퇴 견 자 하 왈 향 야 오 견 어 부 자 이 문 지

子曰擧直錯諸枉能使枉者直何謂也
자 왈 거 직 조 제 왕 능 사 왕 자 직 하 위 야

子夏曰富哉言乎
자 하 왈 부 재 언 호

舜有天下選於衆擧皐陶不仁者遠矣
순 유 천 하 선 어 중 거 고 요 불 인 자 원 의

湯有天下選於衆擧伊尹不仁者遠矣
탕 유 천 하 선 어 중 거 이 윤 불 인 자 원 의

공자가 말했다.

(번지가 仁에 대해 묻자) 사람을 사랑하는 것이다.

(번지가 知에 대해 묻자) 사람을 아는 것이다.

(번지가 뜻을 깨닫지 못하자 부연하여) 강직한 사람을 등용하여 사악한 사람 위에 쓰면 사악한 사람도 강직한 사람으로 변할 수 있다.

번지가 스승 앞에서 물러나 자하를 만나 말했다.

내가 스승님을 찾아뵙고 지에 대해 묻자 스승님이 말씀하시기를 '강직한 사람을 등용하여 사악한 사람 위에 쓰면 사악한 사람도 강직한 사람으로 변할 수 있다'고 대답하시는데 과연 그럴까?

자하가 말했다.

스승님의 말씀은 많은 뜻이 있습니다. 즉, 순임금이 천하를 다스릴 때 여러 사람 중에서 고요를 선발하여 등용하시니 어질지 못한 사람들이 멀리 사라졌고, 탕임금이 천하를 다스릴 때 여러 사람 중에서 이윤을 선발하여 등용하시자 어질지 못하는 사람들이 멀리 사라졌던 것입니다.

해석 번지의 물음과 공자의 답변은 오늘날에도 귀감이 되는 문답이다.

(번지가 민주주의에 대해 묻자) 시민을 사랑하는 것이다.

(번지가 知에 대해 묻자) 시민이 원하는 것을 아는 것이다.

(번지가 그 뜻을 깨닫지 못하자) 민주주의를 진정 사랑하는 사람을 윗선에 발탁하면 민주주의 사랑이 부족한 아랫사람들도 윗사람의 민주주의 사랑에 순응하게 되어 민주주의가 신장된다는 것이다. 번지가 스승 앞에서 물러나 자하를 만나 말했다.

내가 스승님을 찾아뵙고 知에 대해 묻자 스승님이 말씀하시기를 '민주주의를 진정 사랑하는 사람을 윗선에 발탁하면 민주주의 사랑이 부족한 사람들도 윗사람의 민주주의 사랑에 순응하게 되어 민주주의가 신장된다'고 하시는데 과연 그럴까?

자하가 말한다.

스승님의 말씀은 일리가 있는 말씀으로 보입니다. 즉, 옛날 순임금이 강직한 고요를 등용하니 어질지 못한 사람들이 사라졌고, 탕임금이 강직한 이윤을 등용하니 어질지 못한 사람들이 사라졌다고 합니다. 즉, 스승님의 말씀은 충격적인 방법으로 행정조직을 정돈하는 방법입니다. 이러한 방법은 일시적 방법이어서 근본적인 방법도 모색되어야 합니다. 즉, 시민들이 항상 깨어 있으면서 행정을 감시하고 견제하여야 할 것입니다.

해석 공자의 곧은 사람의 윗선 기용설은 충격적 요법으로 보고 근본적인 해결책으로 국민 감시를 주장해 본다.

(17) 학문과 덕행으로 벗을 사귄다.

曾子曰君子以文會友以友輔仁
증 자 왈 군 자 이 문 회 우 이 우 보 인

증자가 말했다.

군자는 학문을 통하여 벗을 사귀고, 벗함으로써 서로의 仁을 돕고
높인다.

해석 증자는 공자 仁 개념을 깊게 파고 든 것으로 보인다.

21세기 말씀 **증자가 말한다.**

지성인은 민주주의 연구를 통하여 知友를 사귀고, 그러한 사귐
속에서 서로의 민주주의 연구를 돕고 높인다.

해석 증자의 사고를 현대에서 살펴본 것이다.

13
자로(子路)

이 편은 주로 정치에 관한 문답이 주를 이룬다. 뒤에는 정치와 도덕, 가정과 나라를 다스리는 사람이 지켜야 할 도덕에 관한 것이 수록되어 있다. 공자는 중용의 도를 지키고 윤리 등을 지키는 것이 기본임을 밝히고 있다.

자로 기원전 521년에 태어나서 기원전 480년에 죽었다. 성은 중이고 이름은 유이다. 또 다른 이름은 자로 또는 계로이다. 노나라 변지방 출신이다. 공자보다 9세 아래이며 제자 중 최연장자이다. 용감했고 올곧은 성격이었고 정사에 뛰어났다. 공문십철 중 한 사람이다.

(1) 남보다 앞장서서 실천하라.

子路問政子曰先之勞之請益曰無倦
자 로 문 정 자 왈 선 지 로 지 청 익 왈 무 권

공자가 대답했다.

(자로가 정치에 대하여 묻자) 남보다 앞장서서 하고, 힘써 해야 한다.

(자로가 자세하게 말해달라고 하자) 게으름을 피우지 말라.

해석 공자는 제자들의 성품에 맞게 교육을 시켰는데 자로는 용감하
나 꾸준함이 부족하다고 판단하여 게으름 피우지 말 것을 당
부하고 있다.

21세기 말씀 **공자가 대답한다.**

(자로가 민주 정치에 대하여 묻자) 민주주의를 위해 남보다 앞장서서 하
고, 힘써 해야 한다.

(자로가 자세하게 말해달라고 하자) 게으름을 피우지 말고 민주주의가
자리 잡힐 때까지 끝까지 힘써라.

해석 봉건시대의 정치라면 선정을 베푸는 정치로 보이어 오늘날에
는 민주주의 정치로 본 것이다.

(2) 빼어난 인재를 등용하라.

仲弓爲季氏宰問政子曰先有司赦小過擧賢才
중 궁 위 계 씨 재 문 정 자 왈 선 유 사 혁 소 과 거 현 재

曰焉知賢才而擧之曰擧爾所知而所不知人其舍諸
왈 언 지 현 재 이 거 지 왈 거 이 소 지 이 소 불 지 인 기 사 제

공자가 대답했다.

(중궁이 계씨의 가신이 되어, 정치에 대해 묻자) 먼저 담당자에게 일을 맡기어 일을 처리하게 하고, 작은 잘못은 용서하고, 뛰어난 인재를 등용하여 써라.

중궁이 또 물었다.

어떻게 뛰어난 인재를 찾아내어 등용해야 합니까?

공자가 대답했다.

네가 알고 있는 인재를 등용해라. 그러면 네가 모르는 현명한 사람을 그들이 반드시 추천할 것이다.

해석 정실에 흐르지 않고 유덕 유능한 인재를 활용하는 방법을 논하고 있다. 즉, 기존의 담당자 중에서 고르는 것을 우선하는데, 사소한 잘못은 점검하지 말고 크게 일하는 자세를 보면서 골라서 써야 한다. 그리고 새로운 담당자를 고르는 기준은 뛰어난 능력이 되어야 한다.

(중궁이 계씨의 가신이 되어, 행정에 대해 묻자) 우선 기존의 담당자에게 일을 맡기어 일을 처리하게 하면서 행정 처리를 제대로 하는지 면밀하게 점검하여야 한다. 그리하여 크게 잘못이 없으면 문책성 인사 없이 일을 하게 한다. 그러는 와중에도 시민들을 포용하는 행정안을 만들어 이를 끌고 갈 인사를 꾸준히 등용해야 한다.

중궁이 물었다.

새 행정안을 이끌 인사를 어떻게 등용하나요?

공자가 대답한다.

그동안 시민들에게 평판이 좋은 인재를 등용해라. 그러면 등용된 인재가 또 다른 인재를 추천하게 된다. 그러나 이렇게 등용된 사람의 능력을 꾸준히 점검해야 한다.

해석 이곳의 정치는 중궁이 계씨의 가신이 되어 행정을 어떻게 하느냐를 묻는 것이어서 오늘날 민주주의 행정으로 살펴본 것이다.

(3) 명분을 바르게 하라.

子路曰衛君待子而爲政子將奚先
자 로 왈 위 군 대 자 이 위 정 자 장 해 선

子曰必也正名乎
자 왈 필 야 정 명 호

子路曰有是哉子之迂也奚其正
자 로 왈 유 시 재 자 지 우 야 해 기 정

子曰野哉由也君子於其所不知蓋闕如也
자 왈 야 재 유 야 군 자 어 기 소 불 지 개 궐 여 야

名不正則言不順言不順則事不成事不成則禮樂不興
명 불 정 즉 언 불 순 언 불 순 즉 사 불 성 사 불 성 즉 례 악 불 흥

禮樂不興則刑罰不中刑罰不中則民無所措手足
예 악 불 흥 즉 형 벌 불 중 형 벌 불 중 즉 민 무 소 조 수 족

故君子名之必可言也言之必可行之
고 군 자 명 지 필 가 언 야 언 지 필 가 행 지

君子於其言無所苟而已矣
군 자 어 기 언 무 소 구 이 이 의

자로가 물었다.

위나라 군주가 선생님을 모셔다가 정치를 맡기려 한다면 선생님은
무엇을 가장 먼저 하시겠습니까?
공자가 대답했다.

반드시 명분을 바르게 할 것이다.

자로가 말했다.

그렇습니까? 그러나 선생님의 생각은 실제와는 거리가 먼 것입니다. 왜 먼저 명분을 바로잡으려 하십니까?

공자가 응답했다.

참으로 무식하고 경솔하구나. 자로야, 군자란 자기가 모르는 일에는 입을 다물어야 한다. 그리하여 명분이 바르지 않으면 말이 순조롭게 전달되지 못하고, 말이 순조롭지 않으면 모든 일이 이루어지지 않고, 일이 이루어지지 않으면 예악이 흥성하지 않고, 예악이 흥성하지 않으면 형벌이 사리에 맞지 않게 된다. 형벌이 사리에 맞지 않으면 백성들은 손발을 둘 곳이 없게 된다. 그러므로 군자는 명분을 세우면 반드시 말해야 하고 말하면 반드시 실행에 옮겨야 한다. 따라서 군자는 말에 있어 조금이라도 소홀히 하여서는 안 된다.

해석 공자가 명분을 내세우는 이유가 있다. 즉, 위나라 영공이 죽자 영공의 아들이 아버지 총애했던 남자를 제거하려다가 실패하여 망명을 하여 영공의 손자인 첩이 위나라 영공의 뒤를 이었다(출공). 그러면서 출공이 자기 아버지와 권력 다툼을 하였다. 이러한 권력 다툼을 보면서 공자가 명분을 내세운 것이다.

21세기 말씀 자로가 묻는다.

위나라에서 선생님이 국가수반으로 선출된다면 선생님은 가장 먼저 무엇을 하시겠습니까?

공자가 말한다.

반드시 민주정치를 내세우려 한다.

자로가 말했다.

그렇습니까? 그러나 선생님의 생각은 작금의 지구촌의 정치와는 거리가 먼 것입니다. 왜 선생님은 처음부터 민주정치를 내세우려 하십니까?

공자가 답한다.

참으로 우직하고 경솔한 자로야, 잘 들어라. 국가 일을 민주정치로 하지 않으면 시민들과의 소통이 순조롭게 이루어지지 않고, 소통이 순조롭게 이루어지지 않으면 시민과 함께 해야 하는 일들이 순조롭게 이루어지지 않게 된다. 시민과 함께 하고자 하는 일이 순조롭게 되지 않으면 국가 기강이 흐트러진다. 국가 기강이 무너지면 독재가 들어설 빌미를 제공할 우려가 있어서 그렇다.

해석 이곳의 명분은 질서를 바로 세우는 것이므로 오늘날에는 질서를 바로 세우는 것은 민주정치로 본 것이다.

(4) 실제적인 지식을 숙달하여라.

子曰誦詩三百授之以政不達
자 왈 송 시 삼 백 수 지 이 정 불 달

使於四方不能專對雖多亦奚以爲
사 어 사 방 불 능 전 대 수 다 역 해 이 위

공자가 말했다.

시 삼백 편을 외웠다고 해도 정치를 맡기면 제대로 처리하지 못하고, 사방 여러 나라에 사신으로 가서 혼자서 대처하지 못한다면 비록 많은 시를 외운다 한들 무슨 소용이 있느냐?

해석 당시 시를 많이 외우는 것이 군자의 자격으로 부족함이 없던 시절에도 학문이 탁상공론에 그치는 것을 경계하는 말이다.

21세기 말씀 **공자가 말한다.**

법조문을 아무리 명쾌하게 해석해 내는 법조인이라도 정치를 경험하지 않고 정치를 맡으면 제대로 처리하지 못한다. 그리고 여러 외국어를 유창하게 한다고 외교에 대한 경험 없이 사방 여러 나라와의 외교를 제대로 처리할 수는 없는 것이다. 이젠 학문적인 습득과 아울러 현장 경험이 겸해져야 한다.

해석 오늘날에도 백면서생이 복잡한 정치에 뛰어들었다가 실패하는 사례가 많아 귀감이 되는 문구이다.

(5) 위정자 자신이 바르면 백성들이 스스로 따른다.

子曰其身正不令而行
자 왈 기 신 정 불 영 이 행

其身不正雖令不從
기 신 부 정 수 령 부 종

공자가 말했다.

위정자 자신이 바르면 명령하지 않아도 일이 순조롭게 행해지고,
위정자 자신이 바르지 못하면 비록 명령해도 백성들은 따르지 않
는다.

해석 위정자의 솔선수범의 중요성을 말해주고 있다.

21세기 말씀 **공자가 말한다.**
위정자 자신이 민주주의 절차에 순응하면 굳이 명령하지 않아도
시민이 스스로 민주주의 절차를 따른다. 그러나 위정자 자신이
민주주의의 절차를 무시하면 비록 명령해도 시민들도 민주주의
의 절차를 따르지 않는다.

봉건주의 시대에 바른 정치를 한다는 것은 善政하는 것을 말
하고, 오늘날에는 민주주의를 하는 것을 말하는 것으로 해석
했다.

(6) 백성들을 잘살게 한 다음 가르쳐야 한다.

子適衛冉有僕子曰庶矣哉
자 적 위 염 유 복 자 왈 서 의 재

冉有曰旣庶矣又何加焉
염 유 왈 기 서 의 우 하 가 언

曰富之曰旣富矣
왈 부 지 왈 기 부 의

又何加焉曰敎之
우 하 가 언 왈 교 지

공자가 말했다.

(공자가 위나라에 있을 때 염유가 수레를 몰았는데 백성이 많음을 보고) 백성들
이 많기도 하구나.

이에 염유가 공자께 물었다.

백성이 많아졌으면 또 무엇을 더 해 주어야 합니까?

공자가 이에 답했다.

부유하게 해 주어야 한다.

염유가 또 물었다.

백성이 부유해지면 또 무엇을 더 해 주어야 합니까?

공자가 답했다.

가르쳐야 한다.

해석 공자는 정치의 요체는 국민을 부유하게 하는 데 있고, 그러한
부유함을 유지하기 위해 교육함에 있다는 것이다.

21세기 말씀 **공자가 말한다.**

(위나라에 있을 때 염유가 승용차를 몰았는데 공자가 시민이 많음을 보고 감탄

하면서) 시민들이 많기도 하구나.

이에 염유가 공자께 물었다.

시민이 이렇게 많아지면 무엇을 해야 하나요?

공자가 답한다.

우선 시민들을 먹고사는 데 풍족하게 해야 한다.

염유가 또 물었다.

시민들을 먹고살기에 풍족한 다음에는 무엇을 해야 하나요?

공자가 정색하고 말한다.

시민이 많아지면 다양한 욕구를 분출하게 되어 나라가 혼란스러
울 수 있다. 그리고 이러한 다양한 욕구를 순조롭게 용해하려면
민주주의만이 가능하다. 그래서 시민의 민주주의의 교육이 절실
하게 필요하다.

민주주의를 유지하기 위해 민주주의 교육이 중요하다.

(7) 3년 정도면 도덕 정치의 기틀을 잡을 수 있다.

子曰苟有用我者朞月而已可也三年有成
자 왈 구 유 용 아 자 기 월 이 이 가 야 삼 년 유 성

공자가 말했다.

나를 등용하는 사람이 있으면 일 년이면 나라를 바로잡을 것이요,
삼 년이면 반드시 성과를 이룰 것이다.

공자가 등용될 가능성이 높았던 위나라에서, 위 영공이 등용
하지 않자 한마디 한 것으로 보인다.

공자가 말한다.

나를 선출하여 준다면 일 년이면 나라의 민주주의 틀을 바로 잡
을 것이요, 삼 년이면 반드시 민주주의 꽃을 피울 것이다.

봉건주의 시대에는 왕들이 능력 있는 신하를 등용하는 것이
일반적이지만 오늘날에는 시민이 선거에 의한 선출하는 것이
일반적이어서 이렇게 해석하였다.

(8) 착한 정치는 포악함을 이긴다.

子曰善人爲邦百年亦可以勝殘去殺矣誠哉是言也
자 왈 선 인 위 방 백 년 역 가 이 승 잔 거 살 의 성 재 시 언 야

공자가 말했다.

착한 사람이 백 년 동안 다스리면 잔악한 사람을 눌러 이기고 死刑을 없앨 수 있으리라고 했는데 참으로 옳은 말이다.

해석 당시 위정자들은 형벌과 사형으로 백성의 난폭을 억눌러 질서를 유지하려고만 하였지 선량한 위정자가 백성을 원천적으로 교화할 생각을 못했던 시절에 이는 엄청난 발상의 전환으로 보인다.

21세기 말씀 공자가 말한다.

민주주의를 정착시켜 백 년 동안 다스리면 잔악한 전재정치를 근본적으로 눌러 이길 수 있다. 그리하여 수시로 생명 등을 앗아가는 전재정치를 영원히 없앨 수 있으리라. 이는 참으로 지당한 말이다.

해석 오늘날 착한 위정자는 민주주의에서 살펴볼 수 있다. 즉, 착한 위정자를 제도적으로 정착시킬 수 있는 시스템이 민주주의인 것이다.

(9) 한 세대가 지나가야 좋은 세상이 된다.

子曰如有王者必世而後仁

자 왈 여 유 왕 자 필 세 이 후 인

공자가 말했다.

만약 천명을 받은 성왕이 나타난다 하더라도 천하에 인덕이 행해

지려면 한 세대는 필요로 할 것이다.

해석 천하에 인덕이 제대로 정착하려면 한 세대인 30여 년은 걸릴

것이라는 것이다.

21세기 말씀 공자가 말한다.

만약 진정한 민주주의가 정착되려면 30년 정도가 필요하다. 그러

한 민주주의가 이룩되면 시민들은 진정한 자유를 누릴 수 있다.

해석 봉건시대 진정한 왕의 출현을 오늘날에는 진정한 민주주의 출

현으로 본 것이다.

(10) 항상 바르게 행동하라.

子曰苟正其身矣於從正乎何有
자 왈 구 정 기 신 의 어 종 정 호 하 유

不能正其身如正人何
불 능 정 기 신 여 정 인 하

공자가 말했다.

진실로 자신을 바르게 하면 정치를 하는 데 무슨 어려움이 있겠는가? 자신이 바르지 않다면 다른 사람을 어떻게 바르게 다스릴 수 있겠는가?

해석 정치의 출발점은 자신의 수양이 먼저임을 말하고 있다. 즉, 수신제가치국평천하임을 말하고 있다.

21세기 말씀 공자가 말한다.

진실로 자신을 민주주의에 맞게 바르게 정치하면 민주주의를 하는 데 무슨 어려움이 있겠는가? 자신이 민주주의에 어긋나 바르지 않다면 다른 사람에게 어떻게 바른 민주주의를 요청할 수 있겠는가?

해석 민주주의도 자신의 수양이 기본임을 살펴보았다.

(11) 정치를 잘하면 백성이 스스로 따른다.

葉公問政子曰近者悅遠者來
섭 공 문 정 자 왈 근 자 열 원 자 래

공자가 말했다.

(섭공이 정치에 대해 묻자) 정치를 잘해 가까이 있는 사람은 기쁘게 따르고 하고, 정치를 잘한다는 소문이 멀리 있는 사람에게 미쳐 그 덕을 따르게 해야 합니다.

해석 섭공이 대외 관계에만 치중하고 국내 문제는 소홀히 하여 공자가 이를 지적하였다고 한다.

21세기 말씀 **공자가 말한다.**

(섭공이 정치에 대해 묻자) 민주정치를 잘하여 나라 안에 있는 시민들이 행복을 느끼게 하고, 나라 밖 지구촌 나라들에게는 그 소문이 미쳐 민주정치로 나가는 데 기여해야 한다.

해석 정치의 요체는 민주정치임을 밝히려는 것이다.

(12) 작은 이익을 넘보지 마라.

子夏爲莒父宰問政子曰無欲速無見小利
자 하 위 거 부 재 문 정 자 왈 무 욕 속 무 견 소 리

欲速則不達見小利則大事不成
욕 속 즉 부 달 견 소 리 즉 대 사 대 성

공자가 말했다.

(자하가 거부의 읍재가 되어 정치를 묻자) 서두르지 말고 작은 이익을 넘보지 말라. 급하게 서두르면 일이 제대로 되지 않고 작은 이익을 넘보면 큰일을 이루지 못한다.

해석 오늘날 민주주의 시대에도 꼭 맞는 말이다. 즉, 초월한 명구이다.

21세기 말씀 **공자가 말한다.**

(자하가 거부의 읍장이 되어 정치를 묻자) 시민을 섬기기를 게으르지 말고 섬기는 데 사심이 없이 하라. 시민을 섬기는 데 게으르면 시민의 민심을 잃고 민심을 잃으면 큰일을 이루지 못한다.

해석 오늘날 민주선거에서 선출된 지도자에게 줄 말이다.

(13) 정직도 경우에 맞아야 한다.

葉公語孔子曰吾黨
섭 공 어 공 자 왈 오 당

有直躬者其父攘羊而子證之
유 직 궁 자 기 부 양 양 이 자 증 지

孔子曰吾黨之直者異於是父爲子隱
공 자 왈 오 당 지 직 자 이 어 시 부 위 자 은

子爲父隱直在其中矣
자 위 부 은 직 재 기 중 의

섭공이 공자에게 말했다.

우리 마을에 직궁이라는 정직한 사람이 있습니다. 그의 아버지가
양을 훔쳤는데 아들이 증인으로 나섰습니다.

이에 대해 공자가 말했다.

우리가 말하는 정직은 그런 것이 아닙니다. 오히려 아버지는 아들
을 위하여 숨기고 아들은 아버지를 위해 숨깁니다. 정직은 그 안
에 있습니다.

해석 공자가 정직의 한계를 말하고 있다. 즉, 정직이 부자 관계를 파
괴하면서까지 지킬 도덕은 아니라는 것이다.

21세기 말씀 섭공이 공자에게 말했다.

우리 마을에 직궁이라는 정직한 사람이 있습니다. 그의 아버지가 양을 훔쳤는데 정직한 아들인 직궁이 아버지가 양 훔친 것을 증인하러 나섰습니다.

이에 대해 공자가 말한다.

우리가 말하는 정직은 그런 경직된 정직을 말하는 것이 아닙니다. 오히려 아버지가 양을 훔친 것을 설득하여 자수케 하고, 아들은 아버지의 인격을 믿고 참는 것을 말합니다.

해석 오늘날 형법에서도 친고죄, 반의사불벌죄 등으로 일정한 친족 관계에서는 처벌을 자제하고 있는데 이는 모든 범죄가 정직한 징벌만의 문제가 아닐 수도 있다는 것이다. 무조건 정직만이 최고의 가치는 아니란 뜻이다.

(14) 仁으로 사람을 대하라.

樊遲問仁子曰居處恭執事敬
번 지 문 인 자 왈 거 처 공 집 사 경

與人忠雖之夷狄不可棄也
여 인 충 수 지 이 적 불 가 기 야

공자가 대답했다.

(번지가 仁에 대해 묻자) 거처할 때는 공손하게 행동하고, 일을 처리할 때는 신중하게 하고, 충정으로 사람들과 어울리는 것을 비록 오랑캐 땅에 간다 해도 버리지 않아야 한다.

해석 오랑캐 땅에 간다 하더라도 지켜야 할 仁을 거론한다. 仁 가치의 보편성을 강조하고 있는 것이다.

21세기 말씀 공자가 대답한다.

(번지가 민주주의에 맞는 실행에 대해 묻자) 민주주의에 맞는 실행은 모든 시민에게 요구되는 민주주의 기본이 되는 것이다. 그리하여 민주주의 질서에 맞게 공손하여야 하며, 또한 민주주의 절차에 맞게 신중하게 일 처리를 하여야 하고, 시민들과 어울릴 때는 민주주의가 허용된 범위 내에서 정성을 다해야 한다. 이러한 것은 비록 민주주의를 하지 않는 나라에서도 시민이 지켜야 할 도리이기도 한 것이다.

해석 이곳에서 이적(夷狄, 오랑캐)은 문화국이라 자부하던 중국에서 벗어난 나라 등을 지칭한 것이다. 봉건주의 시대의 중국 외의 국가를 지칭하여 오늘날 민주주의를 하지 않는 국가로 표현하였다.

(15) 몸가짐과 언행에 유의하라.

子貢問曰何如斯可謂之士矣
자 공 문 왈 하 여 사 가 위 지 사 의

子曰行己有恥使於四方不辱君命可謂士矣
자 왈 행 기 유 치 사 여 사 방 불 욕 군 명 가 위 사 의

曰敢問其次曰宗族稱孝焉鄕黨稱弟焉
왈 감 문 기 차 왈 종 족 칭 효 언 향 당 칭 제 언

曰敢問其次曰言必信行必果
왈 감 문 기 차 왈 언 필 신 행 필 과

硜硜然小人哉抑亦可以爲次矣
경 경 연 소 인 재 억 역 가 이 위 차 의

曰今之從政者何如子曰噫斗筲之人何足算也
왈 금 지 종 정 자 하 여 자 왈 희 두 소 지 인 하 족 산 야

자공이 물었다.

어떡해야 훌륭한 선비라고 할 수 있습니까?

공자가 말했다.

자신의 행동에 부끄러워할 줄 알고, 외국에 사신으로 가서 임금으로부터 받은 명령을 욕되게 하지 않으면 훌륭한 인물이라 할 수 있다.

자공이 또 물었다.

그 다음으로는 어떡해야 훌륭한 선비인지 감히 여쭈겠습니다.

공자가 대답했다.

집안사람들에게 효성스럽다고 칭찬받고, 마을 사람들로부터 모두 우애스럽다고 칭찬받아야 한다.

자공이 또 물었다.

그 다음으로는 어떡해야 훌륭한 선비인지 감히 여쭈겠습니다.

공자가 대답했다.

말을 하면 반드시 실행하고 실행하면 반드시 성과를 거두는 사람은 소인이지만, 또한 그다음으로 훌륭한 선비라고 할 수 있다.

자공이 또 물었다.

지금 정치하는 사람은 어떻습니까?

공자가 대답했다.

아니, 도량이 좁은 사람들을 어찌 다 헤아릴 수 있겠느냐?

해석 공자와 자공 간의 선비론의 대화이다. 선비의 일류, 이류, 삼류를 논하고 있다.

21세기 말씀 **자공이 묻는다.**

어떻게 해야 훌륭한 지성인이라 할 수 있겠습니까?

공자가 대답한다.

시민으로 민주주의에 부끄럽지 않게 살고, 지도자로 선출되면 민주주의 실행에 최선을 다한다면 훌륭한 지성인이라 할 수 있다.

자공이 또 묻는다.

그다음 어떻게 해야 지성인이라 할 수 있겠습니까?

공자가 대답한다.

가정에서는 자기에게 주어진 역할에 최선을 다하고, 사회에서는 사회 구성원으로 성실하면 훌륭한 지성인이라 할 수 있다.

자공이 또 묻는다.

그다음 어떻게 해야 지성인이라 할 수 있겠습니까?

공자가 대답한다.

사회 구성원으로 공적인 말을 하면 반드시 실행하고, 실행하면 결실을 거두어 내는 사람이면 훌륭한 지성인이라 할 수 있다.

자공이 또 묻는다.

현재 정치하는 사람들은 어떤가요?

공자가 대답한다.

너무 자그마한 문제에 대립하여 커다란 공동 이익을 놓치고 있어 안타깝다고 하겠다.

해석 현재 민주주의와 지성인의 역할을 살펴보았다.

(16) 일에 미쳐야 뜻을 이룬다.

子曰不得中行而與之必也狂狷乎
자 왈 불 득 중 행 이 여 지 필 야 광 견 호

狂者進取狷者有所不爲也

광 자 진 취 견 자 유 소 불 위 야

공자가 말했다.

중용의 도를 행하는 사람을 만나 함께할 수 없다면, 뜻이 높은 사람이거나 고집스러운 사람을 택하겠다. 즉, 뜻이 높은 사람은 항상 진취적이며 일에 미친 사람은 결코 나쁜 짓을 하지 않기 때문이다.

해석 중용의 도를 행하는 것이 바람직하지만 중용의 도를 행하지 못하면 최소한 진실한 태도로 사는 것이 바람직하다고 한다. 그리고 진실한 태도를 뜻이 높은 사람, 일에 미친 옹고집스러운 사람을 지적하고 있다.

21세기 말씀 **공자가 말한다.**

중립적인 민주주의를 추구하는 사람들과 함께 일을 할 수 없다면 보다 진보적인 민주 인사나 보다 보수적인 민주 인사와 일하고 싶다. 왜냐하면 진보적인 민주 인사나 보수적인 민주 인사는 나름대로 색깔을 가지고 있지만 나름대로의 민주주의 테두리를 지키기 때문이다.

해석 오늘날 민주 정당은 보수와 진보로 양분된다. 그리고 그 양자를 아우르는 중도적인 경우는 어려운 것을 현실에서 본다.

(17) 군자는 화합하지만 서로 다른 개인적인 삶을 지킨다.

子曰君子和而不同小人同而不和
자 왈 군 자 화 이 부 동 소 인 동 이 불 화

공자가 말했다.

군자는 어진 정치를 펼치는 데 화합하나, 학문과 덕은 개별적으로
쌓아 올린다. 소인은 욕심 많은 것은 같으나 적은 이익에도 같이하
지 못한다.

해석 군자는 화이부동하지만 긍정적으로 해석하고, 소인은 부화뇌
동으로 부정적으로 해석된다. 전자는 서루 다르지만 화합하
여 일하는 것이지만 후자는 서로 화합하는 것처럼 보이지만
실제적으로는 화합하지 못하고 서로 간 이속을 챙기려고만
한다.

21세기 말씀 **공자가 말한다.**

지성인은 민주정치를 펼치는 데 화합하나, 학문과 수양은 각자
개별적으로 쌓아 올린다. 일반인은 욕심 많은 것은 같으나 적은
이익도 같이하지 못한다.

해석 오늘날 진정한 지성인이 드물다. 다만 보통 지성인들은 부화뇌
동만 하려 하여 안타깝다.

(18) 모든 사람이 지지한다고 착한 사람은 아니다.

子貢問曰鄕人皆好之何如子曰未可也
자 공 문 왈 향 신 개 호 지 하 여 자 왈 미 가 야

鄕人皆惡之何如子曰未可也
향 인 개 오 지 하 여 자 왈 미 가 야

不如鄕人之善者好之其不善者惡之
불 여 향 인 지 선 자 호 지 기 불 선 자 오 지

자공이 물었다.

마을 사람들이 모두 좋아하면 어떻습니까?

공자가 대답했다.

대체로 그럴 수는 없다고 본다.

자공이 또 물었다.

마을 사람들이 모두 미워하면 어떻습니까?

공자가 대답했다.

대체로 그럴 수도 없다. 마을의 착한 사람들이 좋아하는 사람은 대체로 착한 사람이고, 마을의 나쁜 사람들이 좋아하는 사람은 대체로 착하지 않은 사람이다. 그리하여 착한 사람들에게나 착하지 않은 사람들에게 모두 환영받는 사람은 착한 사람이라 할 수는 없다.

해석 마을 사람들이 정상적인 판단하는 보통 사람이라면 착한 사람과 악한 사람 모두 환영하기는 어렵다는 것이다.

모든 시민들이 좋아하는 사람은 어떻습니까?

공자가 대답한다.

민주사회에서 대체로 그럴 수는 없다.

자공이 또 묻는다.

모든 사람들이 미워하는 사람은 어떻습니까?

공자가 대답한다.

그것도 민주사회에서 그럴 수는 없다. 민주사회에서 민주주의를 좋아하는 사람들은 민주 정치인도 좋아한다.

그리고 민주사회에서 민주주의를 좋아하지 않는 사람들은 민주 정치인을 싫어하는 것이 일반적이다. 그리하여 민주주의를 좋아하는 사람들이나 민주주의를 좋아하지 않는 사람들에게 모두 환영받는 민주 정치인은 없다.

해석 오늘날 민주 사회의 기본 모습을 서술하고 있다.

(19) 군자는 결코 교만하지 않는다.

子曰君子泰而不驕小人驕而不泰
자 왈 군 자 태 이 불 교 소 인 교 이 불 태

공자가 말했다.

군자는 마음가짐이 태연하되 결코 교만하지 않고, 소인은 교만하나 태연하지 못하다.

해석 군자의 태연함과 소인의 교만함을 대조하고 있다. 그러나 군자의 태연함 뒤에는 끊임없는 극기의 수양이 있고, 소인의 교만함은 표출하고픈 오만함이 흘러나오는 것임을 공자는 말하고 있는 것이다.

21세기 말씀 공자가 말한다.

지성인은 태연한 마음가짐을 갖되 매사에 교만하지 않으려 노력하나, 일반인은 조금 일이 잘되면 교만하기 쉽고 매사에 일이 다시 잘 안 될지 몰라 노심초사한다.

해석 오늘날 지성인과 일반인의 태도를 잘 표현한 글이다.

(20) 말이 무거운 태도가 仁에 가깝다.

子曰剛毅木訥近仁
자 왈 강 의 목 눌 근 인

공자가 말했다.

강직하고, 과감하고, 질박하고, 말이 무거운 것이 仁에 가깝다.

해석 논어에서 訥은 어눌한 것보다는 말을 삼가는 무거운 것이라고
해석하는 것이 적절하다.

21세기 말씀 **공자가 말한다.**

불의에 맞서 강직하게 근무하고, 해야 할 일은 과감하게 처리를
하고, 하위 직원들에게는 소박하고 질박하게 대하며, 자기를 내
세우는 말에는 조신하고 무겁고 성실한 사람이 민주주의를 진
정 사랑하는 사람이다.

해석 민주주의를 진정 사랑하는 사람을 살펴보았다.

(21) 나라를 잘 다스리면 백성은 애국자가 된다.

子曰善人敎民七年亦可以則戎矣
자 왈 선 인 교 민 칠 년 역 가 이 즉 융 의

공자가 말했다.

착한 사람이 백성을 칠 년 동안 잘 가르치면 백성은 전쟁터에 나

가 스스로 싸우게 할 수 있다.

공자가 仁한 사람이나 善한 사람의 지도력에 확신하고 있는 글이다.

21세기 말씀 **공자가 말한다.**
민주주의를 잘 이끄는 사람이 시민을 칠 년 동안 잘 이끌면 시민은 애국자가 되어 스스로 전쟁터에 나가 싸울 수도 있다.

오늘날 민주주의가 사회 발전의 원동력임을 살펴본 것이다.

(22) 백성들을 가르쳐야 전쟁도 이길 수 있다.

子曰以不敎民戰是謂棄之
자 왈 이 불 교 민 전 시 위 기 지

공자가 말했다.
백성들을 가르치지 않고 전쟁터에서 싸우게 한다면 이것은 오직 백성의 목숨을 버리는 것이다.

공자는 평상시는 물론이고 전쟁에 임하여도 백성들에게 교육

을 강조하고 있다. 일반 백성을 총받이로만 하여서는 안 된다
는 것이다.

21세기 말씀 **공자가 말한다.**

민주주의를 번성시키려면 시민들에게 민주주의에 관한 교육을
시켜야 한다. 그리하면 시민은 민주주의의 소중함을 알게 되므
로 침범하는 외국과의 전쟁에서도 앞장서게 되고 승리할 수 있
는 것이다.

해석 오늘날 민주주의가 발전하려면 시민 각자가 민주주의에 관심
을 갖고 민주주의가 소중함을 알고 민주주의를 무너뜨리려는
세력에 맞설 자세를 갖추어야 한다.

14
헌문(憲問)

헌문은 공자의 제자인 원헌이 묻는다는 것이다. 이 편에서는 삼왕(三王)과 이패(二覇)의 역사적 발자취와 여러 제후나 대부의 발자취를 논하고 있다. 仁을 실천하고 염치 등을 살피는 큰 정치를 논하고 있다.

원헌 공자의 제자이다. 공자보다 36세 아래이며 송나라에서 태어났다. 성품이 곧아서 공자가 죽은 후에 궁벽한 땅에 숨어서 살았다. 위나라 재상이 된 친구인 자공이 방문하여 가난하여 곤궁하게 사는 것을 걱정하자, 원헌은 도를 실천하지 못하는 것이 곤궁한 것이지 가난은 곤궁한 것이 아니라고 하였다고 한다. 또 다른 이름은 자사였다.

(1) 자리만 지켜며 봉록만 받아먹으면 수치스러운 것이다.

憲問恥子曰邦有道穀邦無道恥也

헌 문 치 자 왈 방 유 도 곡 방 무 도 치 야

공자가 말했다.

(원헌이 수치스러움을 묻자) 나라에 道가 있으면 관리도 떳떳하게 봉록의 곡식을 받아먹고 사나, 나라에 道가 없으면 관리도 떳떳하지 못하므로 봉록의 곡식을 받아먹으면 수치스러운 것이다.

해석 공자는 제대로 된 나라의 봉록을 받는 것은 타당하나 약육강식의 나라에서 봉록을 받는 것은 결과적으로 백성들을 착취하는 형태가 되어 부끄러운 짓이라고 하는 것이다.

21세기 말씀 공자가 말한다.

(원헌이 수치스러움을 묻자) 민주정부의 관리들은 시민들이 내는 세금에 의한 봉급을 떳떳이 받고 살아가나, 비민주정부의 관리는 독재자 등의 하수인으로 봉급을 받게 되어 수치스런 일이다.

해석 나라의 道를 운운하여 여기서 道는 仁, 孝 등을 닦는 것으로 보고, 오늘날 仁의 대치 개념인 민주주의로 보고 정부 형태로는 민주정부로 본 것이다.

(2) 말은 공손하게 하고, 행동은 돋보이게 하라.

子曰邦有道危言危行邦無道危行言孫
자 왈 방 유 도 위 언 위 행 방 무 도 위 행 언 손

공자가 말했다.

나라에 道가 있으면 말과 행동을 대담하게 하고, 나라에 道가 없
으면 행동은 대담하게 하지만 말은 공손하게 하여 일어날 수 있는
화를 막아야 한다.

해석 나라에 도가 있을 때와 없을 때에 군자의 처신이 달라야 함을
말하고 있다.

21세기 말씀 **공자가 말한다.**

민주주의 나라에서는 매사에 시민에게 활기차게 말과 행동을 할
필요가 있다. 그러나 민주주의 나라가 아닌 나라에서는 시민에
게 부지런한 행동이 있으면 어느 정도 환영을 받기도 하지만 말
을 함부로 놀리면 화근의 우려성이 있으니 조심하여야 한다.

해석 민주주의 나라에서는 활기차게 말과 행동하면 행동하는 사람
이나 시민들에게 혜택이 돌아가나 민주주의 나라가 아닌 곳
에서는 말꼬리를 잡는 비열한 무리가 간혹 있으므로 조심하
여야 한다.

(3) 덕을 갖추는 것이 최우선이다.

子曰有德者必有言有言者不必有德
자 왈 유 덕 자 필 유 언 유 언 자 불 필 유 덕

仁者必有勇勇者不必有仁
인 자 필 유 용 용 자 불 필 유 인

공자가 말했다.

덕이 있는 사람은 반드시 道가 있는 말을 하지만 말을 잘하는 사람은 반드시 덕이 있는 것은 아니며, 어진 사람은 반드시 용감하게 행동하지만 용기 있는 사람이 꼭 어진 마음이 있는 것은 아니다.

해석 덕이 있거나 어진 사람은 인격을 두루 갖추어 말을 잘하거나 용기 있는 행동도 할 수 있으나 어느 한 장점을 갖고 있더라도 두루 인격을 갖추었다고 할 수는 없다는 것이다.

21세기 말씀 **공자가 말한다.**

민주주의를 일관되게 사랑하는 사람은 민주주의에 타당한 말을 하지만, 간혹 민주주의에 타당한 말을 한다고 반드시 민주주의를 일관되게 사랑한다고 할 수는 없다. 그리고 민주주의를 일관되게 사랑하는 사람은 반드시 민주주의를 위하여 용감하게 행동하지만, 시민을 위한다는 명분으로 간혹 용감하게 행동한다고 꼭 민주주의를 일관되게 사랑하는 사람으로 속단할 수는 없다.

해석 덕 있는 사람, 어진 사람을 민주주의로 일관하는 사람으로 표현하였다.

(4) 상대방을 충고하여 바른 것을 깨우치게 하라.

子曰愛之能勿勞乎忠言能勿悔乎
자 왈 애 지 능 물 로 호 충 언 능 물 회 호

공자가 말했다.

수고로움 없이 어떻게 사랑할 수 있으랴? 바른 것을 깨우쳐주는 것 없이 어찌 제대로 충성할 수 있겠는가?

해석 진정한 사랑, 진정한 충성을 살펴본 것이다.

21세기 말씀 **공자가 말한다.**

민주주의를 진정 사랑한다면 민주주의를 위한 어떠한 노고도 감당할 자세를 갖지 않겠는가? 또한 민주주의를 진정 사랑하는 사람이라면 민주주의가 바른길로 가지 않으면 신명을 바쳐 바른 길로 가도록 하지 않겠느냐?

해석 민주주의를 위한 진정한 노고, 각오 등을 살펴보았다.

(5) 가난해도 주변에 원망하지 말아야 한다.

子曰貧而不怨難富而不驕易
자 왈 빈 이 불 원 난 부 이 불 교 이

공자가 말했다.

가난하면서 주변을 원망하지 않고 살기는 정말 어렵다. 그것에 비하면 부유하지만 교만하지 않게 살기는 그래도 쉽다.

해석 가난한 것을 불평 없이 견디어 내기는 정말 어려워서, 부유하면서 교만하지 않게 살기는 그래도 쉽다는 것이다.

21세기 말씀 **공자가 말한다.**

가난하면서도 주변의 부유하게 사는 것을 원망하지 않고 살기는 어려운 일이다. 그것에 비해 부유하면서도 주변의 가난한 사람에게 교만하지 않게 살기는 그래도 쉬운 것이다.

해석 가난이 인격 도야에 가장 강적임을 말하고 있다.

(6) 인격을 모두 갖추기는 어렵다.

子路問成人子曰若臧武仲之知
자 로 문 성 인 자 왈 약 자 무 중 지 지

公綽之不欲卞莊子之勇冉求之禮
공 작 지 불 욕 변 장 자 지 용 염 구 지 례

文之以禮樂亦可以爲成人矣
문 지 이 례 악 역 가 이 위 성 인 의

曰今之成人者何必然
왈 금 지 성 인 자 하 필 연

見利思義見危授命久要
견 리 사 의 견 위 수 명 구 요

不忘平生之言亦可以爲成人矣
불 망 평 생 지 언 역 가 이 위 성 인 의

공자가 대답했다.

(자로가 인격을 완성한 사람에 대해 묻자) 만약 장무중과 같은 지혜와 공
작과 같은 청렴과 변장자와 같은 용기와 염구와 같은 재주를 갖추
고, 여기에 예악으로써 빛나게 한다면 인격을 완성한 사람이 될 수
있다.

공자가 다시 말했다.

오늘날에 있어 인격을 완성한 사람으로 어찌 꼭 그러길 바라겠느
냐? 이득을 보면 의를 생각하고, 위급에 처한 것을 보면 목숨을 던

져 구하고, 오래된 약속을 잊지 않으면 인격을 완성한 사람이라 할 수 있다.

해석 장무중은 공자시대에 노나라 대부 장손흘이며 지혜가 뛰어났다고 한다. 공작은 노나라 대부 맹공작을 가리키는 것인데 청렴하고 덕을 갖추었다고 한다. 변장자는 노나라 변읍의 대부로 용기가 뛰어나 주변 국가에서 두려워했다고 한다.

21세기 말씀 공자가 대답한다.

(자로가 완벽한 지성인에 대해 묻자) 만약 장부중과 같은 지혜로움과 공작과 같은 청렴한 처신과 변장자와 같은 용기와 염구와 같은 재주가 있다면 인격을 갖춘 지성인이라고 하겠다. 여기에 매사에 민주적 처신과 문화적 예술도 갖추면 완벽한 지성인이라 할 것이다.

그리고 공자는 다시 말한다.

오늘날에 있어 인격을 완벽하게 갖춘 지성인으로 어찌 꼭 그러길 바라겠느냐? 상거래에서 이익을 추구해도 지켜야 할 상도덕을 생각하고, 민주주의가 위기에 처함을 보면 신명을 바칠 각오로 살며 오래 되어도 지킬 약속은 항상 잊지 않을 자세를 견지한다면 완벽한 지성인이라 할 수 있다.

해석 오늘날 민주적 지성인을 살펴본 것이다.

(7) 패권도 당당하게 해야 한다.

子曰晋文公譎而不正
자 왈 진 문 공 휼 이 부 정

齊桓公正而不譎
제 환 공 정 이 불 휼

공자가 말했다.

진나라 문공은 패권을 위해 권모술수도 서슴지 않았다. 그러나 제
나라 환공은 권모술수를 쓰지 않고 대의명분을 내세우면서 패권
을 차지했다.

해석 대표적인 패권을 차지한 문공과 환공인데 후자는 대의명분을
내세우면서 패권을 차지하여 더 제후들의 존경을 받은 것으
로 보인다.

21세기 말씀 공자가 말한다.

민주주의를 하려면 지도자가 패권을 차지하는 과정도 민주적이
어야 한다. 즉, 진나라 문공처럼 비민주적인 방법을 동원하는 것
보다는 제나라 환공처럼 민주적 방법으로 패권을 차지하는 것
이 지구촌 지도자들의 귀감이 되는 것이다.

해석 제나라 환공의 패권 자세는 오늘날에도 귀감이 된다.

(8) 관중은 크게 인을 실현했다.

子路曰桓公殺公子糾召忽死之管仲不死, 曰未仁乎
자 로 왈 환 공 살 공 자 규 소 홀 사 지 관 중 불 사 . 왈 미 인 호

子曰桓公九合諸侯不以兵車管仲之力也, 如其仁如其仁
자 왈 환 공 구 합 제 후 불 이 병 차 관 중 지 력 야 . 여 기 인 여 기 인

子貢曰管仲非仁者與桓公殺公子糾不能死又相之
자 공 왈 관 중 비 인 자 흥 환 공 살 공 자 규 불 능 사 우 상 지

子曰管仲相桓公霸諸侯一匡天下民到于今
자 왈 관 중 상 환 공 패 제 후 일 광 천 하 민 도 우 금

受其賜微管仲吾其被髮左袵矣
수 기 사 미 관 중 오 기 피 발 좌 임 의

豈若匹夫匹婦之爲諒也自經於溝瀆而莫之知也
개 약 필 부 필 부 지 위 량 야 자 경 어 구 독 이 막 지 지 야

자로가 말했다.

환공이 규공자를 죽이자 소홀은 따라 죽었는데, 규공자의 신하인
관중은 따라 죽지 않았으니 어질지 못하다고 할 수 있겠지요?
공자가 대답했다.
환공은 제후를 규합하되 무력으로 하지 않았는데, 이는 관중의 힘
에 의해서다. 그러니 크게 어질다고 하겠다.
자공이 말했다.
관중은 어질지 못한 사람이겠지요? 환공이 규공자를 죽였는데 따

라 죽지 못할망정 환공을 도와주었으니까요.

공자가 답했다.

관중이 환공을 도와 패자로 만들고 천하를 크게 바로 잡았다. 그리하여 지금에 이르기까지 그 혜택을 받고 있으니 만약 관중이 없었다면 나도 머리를 풀고 옷깃을 왼쪽으로 여미는 오랑캐가 되었을 것이다. 그 어찌 관중의 태도가 보잘것없는 필부들이 작은 절개를 지킨다고 하면서 스스로 개천에서 목을 매어 개죽음하는 것과 같겠느냐?

해석 제나라 양공이 죽자 아들인 소백과 규가 제후 자리를 놓고 대립하였다. 소백이 규를 쳐부수고 제후에 올랐다. 이때 규의 신하로 소홀, 관중이 있었다. 소홀은 규를 따라 죽었으나 관중은 소백의 신하가 되었다. 소백이 환공이고 관중은 환공과 더불어 천하의 패권을 평화롭게 잡아 성공한 재상의 표상이 되었다.

그런데 규의 신하로 있던 관중이 적이었던 소백의 신하가 된 것을 공자의 제자들이 그 부덕성을 질타하지만 공자는 소백과 규의 분쟁을 집안의 분쟁으로 보고 환공과 관중이 이룩한 패권을 높게 평가하면서 제자들과 견해를 달리하고 있다.

21세기 말씀 자로가 말한다.

민주주의 나라에서는 정당 안에서, 정당의 우두머리가 되기 위해 심하게 대립합니다. 이러한 정당 안에서 격돌했던 사건이 실제로 제나라에서 있었습니다. 즉, 제나라 소백이 소수 당원을 거느리고 있었고 규가 다수 당원을 거느리고 있었는데, 소수 당원을 거느리던 소백이 은밀하게 규가 거느리고 있던 당원들을 분열시켜 당대표 선거에서 소백이 규를 이겼습니다.

결국 소백이 당수를 거쳐 나라의 우두머리인 환공이 되었습니다. 그리고 규를 따르던 소흘은 규를 따라 정계 은퇴를 하였고, 규를 따르던 관중은 환공의 정부에 들어갔습니다. 이렇게 규를 따라 은퇴한 소흘처럼 행동하지 않고 환공 정부에 들어간 관중은 규에게 배신적 처신을 하였는데 이러한 처신을 어떻게 보나요?

공자가 대답한다.

소백과 규의 대립은 오늘날 정당 민주정치에서 자연스러운 현상이다. 그리고 대립한 지도자 중 패배한 사람은 새로 생긴 정권에서 배제함은 당연하다. 그러나 대립한 양 우두머리 외에는 크게 대립할 사항이 아니어서 관중이 환공 정부에 들어가는 것은 크게 문제될 것이 없다. 물론 개인적으로는 관중이 규에게 배신적이라 하겠다.

그러나 환공 정부는 천하 패권을 잡는 문제가 남아 있었다. 그리고 환공 정부는 나라의 대승적인 차원에서 대립됐던 규의 세력인 관중을 받아들였다. 그리고 국제 관계에 조예가 있었던 관중이 전쟁 없이 천하의 평화를 이끌어내었다. 국내 문제의 작은 배신을 감수하면서 천하의 평화를 이끌어낸 관중의 공은 너무나 컸다. 오늘날 정당 민주주의에서는 관중처럼 작은 의리에 함몰되지 않고 정당 민주주의를 챙기어 나라의 민주주의 번영을 이끌어야 한다 .

자공이 말한다.

제나라에서 소백과 규가 나라의 집권 세력의 양 축이었습니다. 소백과 규가 대립하여 싸웠습니다. 기민하게 움직인 소백 세력이 규의 세력을 제압하고 환공 정부를 탄생시켰습니다. 그런데 규 세력 중 중요 참모였던 소홀과 관중은 다른 길을 갔습니다. 소홀은 규를 따라 은퇴하였지만 관중은 환공 정부에 들어갔습니다. 이러한 관중의 태도는 지성적인 바른 길은 아니지요?

공자가 답한다.

정당 민주주의에서는 대립하는 세력이 있다. 옛날 봉건주의에서도 제나라에서 오늘날 정당 민주주의에서 비슷한 대립했던 세력의 갈등이 있었던 것이다. 즉, 불행하게도 제나라에도 소백 세력과 규 세력이 대립하였고, 소백 세력이 이겼다. 소홀과 관중이 규 세력에 있었고 소홀은 자결로, 관중은 승리한 세력에 들어갔다. 나라의 명분 있는 세력은 분열만을 조장하지 않는다. 그리하여 세력 다툼에서 지면 승자를 따르는 것이 오히려 명분 있는 행위라 하겠다. 물론 규 입장에서는 소홀의 행위는 투명하고 깨끗한 결말을 지어서 긍정적인 면도 있다. 그러나 환공 정부에 들어가 천하가 겨루는 패권 싸움에서 결정적 기여를 한 관중의 역할도 무시할 수는 없다. 더구나 주변의 독재 국가가 많은 속에서도 천하의 시민들에게 평화를 안겨준 관중의 공은 지대하다고 하겠다. 오늘날 정당 민주주의에서도 자기 당 안에서는 관중처럼 대승적으로 활동하여야 민주주의가 번성할 것이다.

해석 목적과 수단의 관계를 살펴본 것이다. 불순한 수단을 동원하여 이룬 정당한 목적이 타당한 것이냐는 것은 역사 속에 항상 존재하여 왔다. 다만 약간의 흠집이 있는 수단으로 이룩한 집권도 커다란 정당성을 갖춘 목적을 이룬 것에는 대체로 긍정적이다. 관중에 대한 공자의 견해가 여기에 해당하는 것이다.

(9) 신하가 현명하면 쉽게 무너지지 않는다.

子言衛靈公之無道也
자 언 위 령 공 지 무 도 야

康子曰夫如是奚而不喪
강 자 왈 부 여 시 해 이 불 상

孔子曰仲叔圉治賓客
공 자 왈 중 숙 어 치 빈 객

祝駝治宗廟王孫賈治軍旅
축 타 치 종 묘 왕 손 가 치 군 여

夫如是奚其喪
부 여 시 해 기 상

계강자가 되물었다.

(공자가 위나라 영공은 무도하다고 말하자) 이와 같이 무도한데 어찌하여

그 지위를 잃지 않습니까?

공자가 말했다.

중숙어가 빈객을 맞이하는 일을 담당하고, 축타가 종묘를 잘 모시고, 왕손가가 군대를 잘 다스리고 있으니 위와 같은데 어찌 그 지위를 잃겠느냐?

해석 계강자는 노나라 대부로서 상경까지 이른 사람이다. 논어에 공자와의 대화가 여러 곳에 나온다.

21세기 말씀 **계강자가 되묻는다.**

(공자가 위영공의 통치는 비민주적이라고 하자) 이와 같이 비민주적인 통치인데 어찌하여 그 지위를 잃지 않습니까?

공자가 말한다.

중숙어라는 관리가 외교를 잘하여 위영공의 비민주적 통치를 다른 나라에서는 잘 모르고 축타라는 관리가 경제 분야를 잘 운영하여 시민들의 불만이 아직 터져 나오지 않고 있으며, 왕손가라는 관리가 군대를 잘 관리하여 주변국들이 위나라의 군사력에 숨을 죽이고 있어서 그렇다. 그러나 영공의 비민주적 통치가 길어지면 시민들과 주변국의 불만은 커질 것이다.

해석 현대 비민주주의 속에서도 능률적인 국가 운영이 어느 정도 가능함을 보여주고 있다.

(10) 옳지 않은 것은 옳다고 할 수는 없다.

子路問事君
자 로 문 사 군

子曰勿欺也而犯之
자 왈 물 사 야 이 범 지

공자가 말했다.

(자로가 임금을 섬기는 일에 대해 묻자) 속이지 말 것이며 임금의 안색을
범할지라도 바른말을 해야 한다.

해석 간략한 구절이지만 만고의 명구이다.

21세기 말씀 **공자가 말한다.**

(자로가 국가 지도자를 모시는 것에 대해 묻자) 무슨 일에 대해서도 정직
하게 보고해야 하며, 비록 보고하여 지도자의 안색에 분노가 나
타나도 바른말을 해야 한다.

해석 오늘날 민주주의에서도 이러한 직언하는 사람이 필요하다.

(11) 군자는 위로 나아간다.

子曰君子上達小人下達
자 왈 군 자 상 달 소 인 하 달

공자가 말했다.

군자는 날마다 위로 향해 나아가지만 소인은 날마다 아래로 향해
나아간다.

해석 군자는 이상을 향해 나아가지만 소인은 이득을 향해 나아간
다는 말이다.

21세기 말씀 공자가 말한다.

지성인은 민주주의의 발전을 위해 고군분투하지만 일반인은 민
주주의보다는 개인적인 이득에 관심을 갖는다.

해석 민주주의와 지성인의 자세를 살펴본 것이다.

(12) 공부는 자신을 위하는 길이다.

子曰古之學者爲己今之學者爲人
자 왈 고 지 학 자 위 기 금 지 학 자 위 인

공자가 말했다.

　옛날에 공부하던 사람들은 자신의 학문과 덕을 쌓기 위해 공부했
는데 오늘날 공부하는 사람들은 남에게 잘 보이려는 학문만 한다.

　해석　공자 시대의 학문하는 자세를 살펴본 것이다.

　21세기 말씀　공자가 말한다.

　옛날에 공부하던 사람들은 자신의 전공과 인격 수양 공부를 겸
하여서 별 무리가 없었는데 오늘날 공부하는 사람들은 전공에
만 몰두하여 사회생활에 필요한 덕행에는 소홀하기 쉽다.

　해석　오늘 학문하는 자세를 살펴본 것이다.

(13) 잘못을 적게 하려고 애쓴다.

蘧伯玉使人於孔子

거 백 옥 사 인 어 공 자

孔子與之坐而問焉曰

공 자 여 지 좌 이 문 언 왈

夫子何爲對曰夫子

부 자 하 위 대 왈 부 자

欲寡其過而未能也

욕 과 기 과 이 말 능 야

使者出子曰使乎使乎

사 자 출 자 왈 사 호 사 호

공자가 물었다.

(대부 거백옥이 보낸 사신에게) 대부께서는 무엇을 하시는가?

사신이 대답했다.

우리 어른께서는 일하는 데 잘못을 될 수 있는 한 적게 하고자 부

단히 노력하나, 아직은 잘 되지 않습니다.

사신이 나가자 공자가 말했다.

훌륭한 사신이로다. 훌륭한 사신이로다.

해석 거백옥은 위나라 대부였는데 공자가 위나라에 있을 때에 거백

옥 집에 머문 적이 있었다. 공자가 노나라로 돌아오니 거백옥

이 사신을 보내었는데 거백옥의 사신과 공자가 나눈 대화이다.

공자가 묻는다.

(경기도지사 거백옥이 보낸 사신에게) 도지사께서는 요즘 무엇에 신경 쓰나요?

사신이 대답했다.

어른께서는 행정 처리를 하는 데 잘못이 있어 시민에게 피해를 줄까 노심초사합니다. 그래도 일 처리의 잘못은 일어나고 있습니다.

사신이 나가자 공자가 말한다.

솔직히 도지사의 근황을 얘기해 주어 고마운 사람이로다.

해석 대부 거백옥을 오늘날 경기도지사 정도로 표현함이 적절하다고 판단하여 서술한 것으로 직접 관계는 없다.

(14) 자신에 충실해야 한다.

曾子曰君子思不出其位
증 자 왈 군 자 사 불 출 기 위

증자가 말했다.

군자는 자기의 위치를 벗어나는 일을 생각하지 않는다.

해석 현재 하고 있는 일이나 학문에 최선을 다하라는 명구이다.

21세기 말씀 증자가 말한다.

지성인은 자신의 위치에 충실하며, 남의 위치를 넘보지 않는다.

해석 오늘날에도 음미해 볼 명구이다.

(15) 말이 앞서는 것은 좋지 않다.

子曰君子恥其言而過其行

자 왈 군 자 치 기 언 이 과 기 행

공자가 말했다.

군자는 자신의 말이 행동보다 지나치는 것을 부끄러워한다.

해석 공자는 행동보다 말이 넘침을 늘 경계했다. 이곳에서도 그런 것을 지적하는 명구이다.

21세기 말씀 공자가 말한다.

지성인은 공언한 말을 실천하지 못함을 부끄러워한다.

오늘날 민주주의 나라에서 선거에서 무조건 선거에서 이기기 위
해 실현되지 않을 공언을 마구 하는데 귀담아 들을 구절이다.

(16) 자신의 일에 전념하면 남을 비평할 틈이 없다.

子貢方人子曰賜也賢乎哉夫我則不暇
자 공 방 인 자 왈 사 야 현 호 재 부 아 즉 불 가

공자가 말했다.

(자공이 사람들을 자주 비교하여 말하자) 자공아, 너는 현명하다고 남을
비평하는구나. 나는 그럴 겨를이 없다.

해석 군자는 끊임없이 인격 수양을 해야 한다. 자공이 너무 남의 비
평에 열을 올리자 그런 비평이 군자답지 않음을 지적한 것이다.

21세기 말씀 **공자가 말한다.**

(자공이 사람들을 자주 비교하여 말하자) 자공아, 너는 너의 위치를 모
르면서 함부로 남을 비평하는구나. 나는 남의 말을 할 때에는
조심조심 말한다.

해석 오늘날 대화로 풀어보았다.

(17) 자기 능력이 없을까 근심해야 한다.

子曰不患人之不己知患其不能也

자 왈 불 환 인 지 불 기 지 환 기 불 능 야

공자가 말했다.

사람들이 나를 알아주지 않음을 근심하지 말고, 나에게 능력이 없
을까 근심하라.

해석 이 구절은 학문하는 데만 해당되기보다는 세상을 살아가는
일반적인 지혜의 구절이다.

21세기 말씀 공자가 말한다.

시민들이 나를 알아주지 않을까 걱정하지 말고, 내가 시민들에
게 베풀 능력이 부족할까 걱정해야 한다.

해석 민주 행정가의 자세로 살펴보았다.

(18) 세상을 탓하지 않는다.

子曰莫我知之夫
자 왈 막 아 지 지 부

子貢曰何爲其莫知子也
자 공 왈 하 위 기 막 지 자 야

子曰不怨天不尤人
자 왈 불 원 천 불 우 인

下學而上達知我者其天乎
하 학 이 상 달 지 아 자 기 천 호

공자가 말했다.

나를 알아주는 사람이 없구나.

자공이 말했다.

왜 선생님을 알아주는 사람이 없다고 하십니까?

공자가 말했다.

하늘을 원망하지 않고 사람을 탓하지도 않는다. 나는 아래에서부
터 배워 위에 통달했으니 나를 알아주는 것은 그래도 하늘일 것
이다.

> **해석** 공자가 명군을 만나지 못함을 한탄한 것으로 시작하여 천하의
> 진리를 깨달은 자긍심을 드러내면서 끝내고 있다.

공자가 말한다.

시민을 위한 민주주의를 실현시키려는 나의 현대정치학을 알아주는 사람이 없구나.

자공이 말했다.

왜 선생님을 알아주는 사람이 없다고 그러세요?

공자가 답한다.

나도 각종 하찮은 직업에도 종사해 보았고, 시민을 다스리는 국가의 중책도 수행하여 보았다. 그런 바탕 위에 다루는 나의 현대정치학은 시민을 위한 민주주의를 실현시키는 제도를 연구하는 것인데, 소위 국가 지도자들은 그들의 이익을 조금도 양보하지 않고 시민들은 시민들의 힘을 합법적으로 규합하는 방법을 내가 제시하여도 귀를 기울이지 않는다. 나의 주장은 시민들이 좀 더 깨어나야 해결될 문제로 보인다.

해석 공자가 봉건제도의 밑받침이 될 인, 효 등을 주장해도 주변에서 귀를 기울이지 않자 하늘을 운운한 것이다. 마찬가지로 오늘날 공자의 민주주의 등의 현대정치학을 살펴보았지만 지금 시대에도 민주주의 정착이 어려움을 토로한 것이다.

(19) 천명은 피할 수 없다.

公伯寮愬子路於季孫子服景伯以告曰
공 백 료 소 자 로 어 계 손 자 복 경 백 이 고 왈

夫子固有惑志於公伯寮吾力猶能肆諸市朝
부 자 고 유 혹 지 어 공 백 료 오 력 유 능 사 제 시 조

子曰道之將行也與命也道之將廢也與
자 왈 도 지 장 행 야 여 명 야 도 지 장 폐 야 여

命也公伯寮其與命何
명 야 공 백 료 기 여 명 하

자복경백이 모함에 대해 공자에게 말했다.

(공백료가 계강자에게 자로를 모함한다면서) 대부 계강자가 가신인 자로를
모함하는 공백료의 말에 미혹된 바가 있습니다. 그리하여 제가 공
백료를 죽여 그 시신을 저잣거리에 펼쳐놓고 싶습니다.

이에 공자가 말했다.

道가 행하여지는 것은 천명이다. 道가 사라지는 것도 천명이다. 공
백료가 천명을 어찌하겠는가?

해석 공백료의 잘못된 참언에 자복경복의 경솔한 개입을 자제할 것
을 충고하면서 자로가 참다운 의로움이 있으면 사필귀정할 것
이라고 공자는 말하고 있다.

21세기 말씀 자복경백이 모함에 대해 공자에게 말한다.

(공백료가 자로를 모함한다면서) 계강자가 그의 참모인 자로를 모함하는 또 다른 참모인 공백료의 참소를 받아들이려 합니다. 나는 이러한 참소 사실을 잘 알고 있으니 계강자를 만나서 공백료 배척을 주장하려는데, 스승님 생각은 어떤지요?

이에 공자가 말한다.

계강자가 여러 세력의 결탁에 의해 그 직위에 올랐으므로 그런 세력과 관계없는 참모인 자로의 올곧은 자세가 통할 수는 없다. 공백료가 참소를 하여 자로를 몰아내려 하는 것을 올곧게 살리는 자로 입장에서는 별 방법이 없다. 네가 자로를 위해 계강자를 만나 공백료의 부당성을 주장하는 것은 가상하나 계강자가 너의 뜻을 받아들이기는 어려울 것이다. 다만 올곧은 자로의 자세는 하늘이 알고 있어 결국 사필귀정할 것이다.

해석 오늘날 민주주의 나라에서도 일어나는 현상이다. 결과적으로는 사필귀정이지만 시시각각 일어나는 일에서는 정당한 논리가 통하기 어려움을 말해주는 구절이다.

(20) 어진 사람은 무도한 세상을 피한다.

子曰賢者辟世其次辟地
자 왈 현 자 벽 세 기 차 벽 지

其次辟色其次辟言
기 차 벽 색 기 차 벽 언

공자가 말했다.

현명한 사람은 어지러운 세상을 피하고, 그다음으로는 난국을 피하고, 그다음으로는 임금의 안색을 살피어 禮貌가 아니면 피하고, 그다음은 임금에게 간언하여 듣지 않으면 피한다.

해석 여기서 공자가 피한다고 말하는 것은 노자처럼 세상을 등지는 것은 아니고 仁이 없는 나라, 임금 등을 잠시 피한다는 처세술을 말하는 것으로 보인다.

21세기 말씀 공자가 말한다.

현명한 사람은 민주주의를 하지 않는 나라에는 거처하지 않으며, 가급적 잠시라도 머물지 않는다. 그리고 민주정치를 하지 않는 정치인과는 될 수 있는 한 친교를 맺지 않으며, 될 수 있는 한 말도 섞지 않는다.

해석 오늘날 민주주의에서 처세술을 살펴보았다.

(21) 흐트러진 세상을 바로잡는 것은 어렵다.

子擊磬於衛有荷簣而過孔氏之門者曰有心哉擊磬乎
자 격 경 어 위 유 하 궤 이 과 공 씨 지 문 자 왈 유 심 재 격 경 호

旣而曰鄙哉硜硜乎莫己知也
기 이 왈 비 재 갱 갱 호 막 기 지 야

斯已而已矣深則厲淺則揭子曰果哉末之難矣
사 이 이 이 의 심 즉 려 천 즉 게 자 왈 과 재 말 지 난 의

어떤 사람이 말했다.

(공자가 위나라에서 경쇠를 두드리며 연주하고 있는데 이때 삼태기를 메고 공자의

숙소 문 앞을 지나가면서) 깊은 뜻이 담겨 있구나. 경쇠 두드리는 소리

에……

잠시 후에 그가 또 말했다.

비루하구나, 경쇠 소리여. 자기를 알아주는 사람이 없으면 그만

두면 그뿐이고, 시경에서 말하듯이 '물이 깊으면 옷을 벗고 건너

고, 물이 얕으면 옷을 걷고 건너면 되리라'는 것처럼 하면 될 터인

데……

공자가 말했다.

과감하게 말하는구나. 그런 식으로 대처하면 어려울 것이 없겠다.

그러면 이 어지러운 세상을 어찌 할꼬.

해석 노자풍의 은둔 처세술에 익숙한 사람이 공자가 경쇠를 치는

소리를 듣고 세상을 구하고자 적극적으로 돌아다니는 공자의 처세 자세를 빈정대는 말과 이에 맞서는 공자의 말이 대조적으로 실린 구절이다.

21세기 말씀 **어떤 사람이 말했다.**

(공자가 위나라에서 경쇠를 두드리고 연주하고 있는데 이때 삼태기를 메고 공자 숙소 앞을 지나가면서) 경쇠 두드리는 것을 들으니 세월 가는지도 모르겠네. 이 분주한 시간에 경쇠나 두들기다니……

잠시 후에 그가 또 말한다.

경쇠 소리가 비루하게 들리는구나. 천하를 돌아다니지만 자기를 알아주는 사람이 없으니 그만두면 되는 것을 비루하게 경쇠만 두들기니 참 딱하네.

공자가 말한다.

그렇게 말하기는 쉽지. 그러나 이렇게 천하가 어지러워 불원간 치고 박는 싸움이 닥치는데 이를 막는 방법은 서로 간 국가나 시민이 모두 사는 민주주의를 받아들여야 하지 않겠는가. 그래서 어려움은 알지만 내가 나설 수밖에 없지 않는가.

해석 봉건주의 밑바탕이 되는 인, 효 등의 윤리의 가르침을 비웃는 사람과 이에 맞서는 공자의 태도를 오늘날 민주주의를 전파하려는 모습으로 표현한 것이다.

(22) 禮로써 다스리면 백성은 저절로 따라온다.

子曰上好禮則民易使也
자 왈 상 호 레 즉 민 역 사 야

공자가 말했다.

윗사람이 예를 좋아하면 백성들은 저절로 따르게 된다.

해석 원문을 직역하면 '윗사람이 예를 좋아하면 백성을 부리기 쉽다'로 해석되지만 의역을 하면 백성이 저절로 따른다고 해석함이 좋을 것 같아 의역을 해 보았다.

21세기 말씀 공자가 말한다.

정치하는 사람들이 민주주의에 맞게 처신하면 시민들도 저절로 영향을 받아 민주주의를 따른다.

해석 예를 따르는 것을 민주주의를 따르는 것으로 해석하였다.

(23) 자신을 수양하고 남을 받들어라.

子路問君子子曰修己以敬曰如斯而已乎
자 로 문 군 자 자 왈 수 기 이 경 왈 여 사 이 이 호

曰修己以安人曰如斯而已乎
왈 수 기 이 안 인 왈 여 사 이 이 호

曰修己以安百姓修己以安百姓堯舜其猶病諸
왈 수 기 이 안 백 성 수 기 이 안 백 성 요 순 기 유 병 제

공자가 대답했다.

(자로가 군자 됨을 묻자) 자신을 수양하여야 하는데 이를 경건하게 하여야 한다.

자로가 물었다.

그렇게만 하면 됩니까?

공자가 다시 대답했다.

자신을 수양하여 다른 사람을 평안하게 하여야 한다.

자로가 거듭 물었다.

그렇게만 하면 됩니까?

공자가 다시 말했다.

어진 사람은 자신을 수양하여 다른 사람을 평안하게 하는 것이지만, 자신을 수양하여 다른 사람을 평안하게 하는 것이 어려워 요임금이나 순임금도 염려하였었다.

해석 자로가 공자에게 묻는 군자 됨은 위정자의 군자 됨을 묻는 것
이다. 여기서 공자는 비교적 자세하게 위정자의 군자 됨을 애
기하고 있다.

21세기 말씀 **공자가 대답한다.**

(자로가 지성적 위정자 됨을 묻자) 자신 스스로 민주주의에 따라 행정
을 하여 모든 시민에게 그 혜택을 베풀어야 한다.

자로가 물었다.

그렇게만 하면 됩니까?

공자가 다시 말한다.

위정자가 민주주의에 따른 행정을 하여 모든 시민에게 그 혜택
을 주어 그들을 평안케 해야 한다.

자로가 거듭 물었다.

정말 그렇게만 하면 됩니까?

공자가 다시 말한다.

거듭 얘기하지만 위정자가 민주주의에 따른 행정을 하여 모든
시민에게 그 혜택을 주어 그들을 평안케 해야 한다. 이런 민주
주의에 따른 행정을 하여 시민을 평안케 하는 것은 별 어려움이
없어 보이지만 이를 제대로 이행한 지도자가 별로 없음에 주목
해야 한다.

해석 오늘날은 민주적 선거로 위정자들이 선출되는데 취임 초기에
는 시민에게 혜택과 평안함을 줄 것처럼 보이지만 이를 위정

자가 임기 말까지 성실하게 수행하는 경우가 별로 없음에 주목해야 한다.

(24) 무례하게 사는 사람은 삶의 도적이다.

原壤夷俟子曰幼而不孫弟長而無述焉
원 양 이 사 자 왈 유 이 불 손 제 장 이 무 술 언

老而不死是爲賊以杖叩其脛
노 이 불 사 시 위 적 이 장 고 기 경

공자가 말했다.

(원양이 앉아서 공자를 기다리자) 어려서 공손하지 못하고 자라서 칭찬받을 만한 것이 없고, 늙어서는 죽지 않고 살아 있는 너 같은 사람이 바로 사람을 해치는 도적이다.

(공자는 이렇게 말하면서 지팡이로 그의 정강이를 때렸다.)

해석 원양은 공자와 함께 어릴 때부터 같이 성장했다. 그는 어머니가 죽어 관을 만들 때도 박자에 맞춰 노래를 부를 정도로 무개념으로 살았다고 한다.

(원앙이 앉아서 공자를 기다리자) 너는 어려서부터 무위도식하였고 성장하여 사회에 기여도 한 번도 안 하고 남을 등쳐 먹는 데는 이골이 나지 않았느냐. 이젠 민주적인 사회이므로 네가 누리고 있는 권리에 상응되게 사회에 기여하거라.(공자는 이렇게 충고하였다.)

해석 공자는 사회생활 속에 맡은 바 각자의 자세를 요구한다. 이에 민주사회에서 각자의 자세를 요구하는 것으로 살펴보았다.

15
위영공(衛靈公)

이 편은 공자가 겪는 여러 가지 좋지 않은 일들에 관한 기록이 많다. 그 가운데에서도 몸을 닦고 올바른 처세의 길도 제시하고 있다.

자화 성은 공서이고 이름은 적이다. 또 다른 이름이 자화이다. 공자의 제자이며 공자보다 42세 아래이고 노나라에서 태어났다. 예절에 능하였고 외교적 수행에 탁월하였다.

(1) 자신이 모르는 분야는 깨끗이 사양한다.

衛靈公問陣於孔子
위 령 공 문 진 어 공 자

孔子對曰俎豆之事則嘗聞之矣
공 자 대 왈 조 두 지 사 즉 상 문 지 의

軍旅之事未之學也明日遂行
군 여 지 사 미 지 학 야 명 일 수 행

공자가 대답했다.

(위영공이 공자에게 군대의 진법에 대해 묻자) 제기를 놓는 법에 관하여는 일찍이 들어 알고 있지만 군대에 관한 것은 아직 배운 바가 없습니다.

(그리고 공자는 이튿날 위나라를 떠났다)

해석 위나라가 예법이 무너지어 위영공이 공자를 초빙하여 예에 대하여 물을 것으로 공자는 예상하였으나 실망스럽게도 진법에 대해 묻자 공자는 실망하여 위나라를 떠났다.

21세기 말씀 **공자가 대답한다.**

(위영공이 공자에게 군대의 진법에 대해 묻자) 일찍이 나라를 평화롭게 다스리는 민주주의 등의 현대정치에 대해서는 많은 것을 알고 있지만 나라 간의 싸움에 관한 전술은 아직 배운 바가 없습니다.

해석 봉건주의에서는 국가 제사 때에 제기 놓는 것도 중요한 법도에 따라 놓기 때문에 아무나 하는 것이 아니다. 공자도 제기 놓는 것에 숙달했던 것으로 보인다. 오늘날에 법도에 따라 한다면 법치주의에 따른다고 보이므로 민주주의 국가를 살핀 것이다.

(2) 군자는 곤궁해도 의연함으로 견딘다.

在陳絶糧從者病莫能與
재 진 절 량 종 자 병 막 능 여

子路慍見曰君子亦有窮乎
자 로 온 견 왈 군 자 역 유 궁 호

子曰君子固窮小人窮窮斯濫矣
자 왈 군 자 고 궁 소 인 궁 궁 사 람 의

자로가 화가 나서 공자에게 말했다.

(진나라에서 양식이 떨어지고 병들고 일어나지 못하니) 군자도 이렇게 곤궁
하여야 합니까?

공자가 답했다.

군자도 본디 곤궁하기 마련이지만 견디어내나, 소인은 곤궁하면 그
릇된 짓을 한다.

해석 위나라를 떠나 진나라에 공자 일행이 머물 때에 오나라와 초
나라가 대립하였는데 오나라 패잔병들이 공자 일행의 모든 것
을 강탈하고 누구도 공자 일행에게 식량 지원을 못해 곤궁에
처했었다.

21세기 말씀 자로가 공자를 뵙고 말했다.

(여행 중 진나라에서 오나라 패잔병에게 모든 것을 강탈당하여 여행 비용이 떨

어지고, 일행 중에 일부가 병들고 일어나지 못하자 자로가 화를 내며) 지성인
도 속수무책으로 곤궁할 때가 있습니까?
공자가 답한다.
지성인도 제대로 준비하지 않으면 갑자기 곤궁에 빠질 때가 있
기 마련이다. 일반인은 이럴 경우에 못된 일도 하기 마련이지만
지성인은 주어진 여건에서 조용하게 견디어 낸다.

해석 일반인은 곤궁하면 모든 수단을 동원하여 곤궁을 벗어나려 하
지만, 지성인은 곤궁 속에서도 도덕에 따라 행동해야 한다.

(3) 하나로 모든 것을 꿰뚫는다.

子曰賜也女以予爲多學以識之者與
자 왈 사 야 여 이 여 위 다 학 이 식 지 자 여

對曰然非與
대 왈 연 비 여

曰非也予一以貫之
왈 비 야 여 일 이 관 지

공자가 자공에게 물었다.

사야, 내가 많은 것을 배워 아는 사람이라고 생각하느냐?

자공이 대답했다.

예, 그런 것으로 압니다.

공자가 답했다.

그런 것은 아니다. 다만 나는 하나로 모든 것을 꿰뚫고 있는 것이다.

해석 공자가 두루 모든 것을 아는 것은 일관된 원리를 터득하여 두루 설명할 수 있었음을 고백하고 있다.

21세기 말씀 **공자가 자공에게 묻는다.**

사야, 너는 내가 누구보다도 현대정치에 관한 많은 것을 배우고 익힌 사람이라고 생각하느냐?

자공이 대답했다.

예, 그런 것으로 압니다.

공자가 답한다.

그런 것은 아니다. 다만 나는 현대정치의 핵심 개념으로 민주주의라는 하나의 원리에서 찾아서, 세부적이고 자세한 현대정치의 난맥상의 문제를 꿰뚫어 보는 것이다.

해석 현대정치를 민주주의 원리를 터득하여 대부분인 민주적 법령, 제도 등을 관통한다는 말이다.

(4) 진실로 덕을 아는 사람은 드물다.

子曰由知德者鮮矣
자 왈 유 지 덕 자 선 의

君子哉蘧伯玉邦有道則仕
군 자 재 거 백 옥 방 유 도 즉 사

邦無道則可卷而懷之
방 무 도 즉 가 권 이 회 지

공자가 말했다.

유(자로)야, 덕을 아는 사람이 드물구나. 그런 중에도 거백옥은 정말 군자로다. 군자란 道가 있으면 관직에 나가고 나라에 道가 없으면 거두어 감춘다.

해석 거백옥은 공자보다 50세 나이가 많은 위나라 대부이다. 50세에 그동안 잘못 살았다고 하면서 수양을 계속한 대부이다.

21세기 말씀 공자가 말한다.

자로야, 요즈음 민주주의를 제대로 아는 사람이 드물구나. 그런 중에도 거백옥은 정말 민주주의를 제대로 아는 사람으로 명성이 자자하기도 하다. 그리하여 거백옥 같은 지성적인 인사가 관직에 나가 있을 때는 구름과 같이 지성적인 인사들이 관직에 나갔지만 그가 관직을 그만두니 그를 따르던 지성적인 인사들이 관직에서 하나 둘 자취를 감추었던 것이다.

해석 거백옥을 오늘날 지성적인 정치가로 표현하여 보았다.

(5) 헛된 말을 하지 마라.

子曰可與言而不與之言失人
자 왈 가 여 언 이 불 여 지 언 실 인

不可與言而與之言失言
불 가 여 언 이 여 지 언 실 언

知者不失人亦不失言
지 자 불 실 인 역 불 실 언

공자가 말했다.

함께 말할 수 있는 사람과 말하지 않으면 사람을 잃고, 더불어 말할 수 없는 사람과 말을 하면 말을 잃게 되니 지혜로운 사람은 사람도 잃지 않고 말도 잃지 않는다.

해석 말할 수 있는 사람을 지혜로운 자로 표현하고 있다. 지혜로운 사람은 제대로 말할 상대를 찾아 흉금을 털어 놓고 말하고, 말할 상대가 아니면 말을 건네는 일은 없어야 한다는 것이다.

21세기 말씀 **공자가 말한다.**

말을 더불어 공유해야 할 사람과 말하지 않으면 그 사람을 잃고, 말을 더불어 공유해서는 안 될 사람과 말을 하면 말을 잃게 되니 지혜로운 사람은 말할 상대를 적절하게 하여 사람도 잃지 않고 말도 잃지 않는다.

해석 오늘날 지혜로운 대화 상대를 살펴보았다.

(6) 자신을 죽여 仁을 이룬다.

子曰志士仁人無求生以害人有殺身以成仁

자 왈 지 사 인 인 무 구 생 이 해 인 유 살 신 이 성 인

공자가 말했다.

志士나 仁者는 다른 사람을 해치는 일이 없고, 도리어 자신의 몸을 죽여서라도 仁을 이룩한다.

해석 공자가 얼마나 인을 이루는 것에 공을 들였는지 짐작이 가는 명구이다. 자기 몸을 죽여서라도 인을 이룩하고자 하는 것이 공자의 마음이다.

21세기 말씀 공자가 말한다.

진정한 지성인은 다른 사람에게 피해를 주는 민주정치를 하지 않으며, 자신은 손해를 입더라도 시민을 위한 민주정치를 이룩한다.

해석 봉건주의의 최고의 가치관인 인을 오늘날 최고의 가치관인 민주주의로 살려보았다.

(7) 자신보다 현명한 사람과 벗하라.

子貢問爲仁子曰工欲善其事
자 공 문 위 인 자 왈 공 욕 선 기 사

必先利其器居是邦也
필 선 리 기 기 거 시 방 야

事其大夫之賢者友其士之仁者
사 기 대 부 지 현 자 우 기 사 지 인 자

공자가 말했다.

(자공이 仁을 이룩하는 방법을 묻자) 기술자는 그 일을 잘하고자 하면 반드시 먼저 그 연장을 예리하게 다듬듯이 그 나라에 살면서 그 나라 대부 중의 현명한 사람을 섬기고 인물 중의 어진 사람을 벗으로 삼아야 한다.

공자는 인을 이룩하기 위해서는 오늘날로 보면 멘토를 두라는 말로 보인다.

21세기 말씀 공자가 말한다.

(자공이 민주주의를 이룩하는 방법을 묻자) 기술자가 그 일을 잘하고자 하면 반드시 먼저 그 연장을 예리하게 다듬는 법이니, 그 나라에 사는 정치 원로 중에서 민주주의에 출중하게 기여한 사람의 자문을 구하고, 한편으로는 민주주의에 열정을 가진 사람을 벗으로 삼아야 한다.

해석 민주주의 멘토를 살펴본 것이다.

(8) 앞을 내다보지 못하면 머지 않아 걱정거리가 생긴다.

子曰人無遠慮必有近憂
자 왈 인 무 원 려 필 유 근 우

공자가 말했다.

사람이 먼 앞날까지 생각하지 않으면, 눈앞에 근심거리가 생긴다.

해석 시대를 초월한 명구이다.

공자가 말한다.

먼 앞날까지 내다보는 주도면밀한 혜안이 없이 일 처리를 하면, 멀지 않아서 근심거리가 발생한다.

해석 시대를 초월한 문구여서 크게 손을 보지 않았다.

(9) 어진 사람은 필히 등용되어야 한다.

子曰臧文仲其竊位者與知柳下惠之賢而不與立也
자 왈 장 문 중 기 절 위 자 여 지 류 하 혜 지 현 이 불 여 립 야

공자가 말했다.

장문중은 지위에 상응하게 할 일을 다 못 하고 있는 사람이다. 그는 류하혜가 仁者인 줄 알면서도 추천하여 같이 좋은 정치를 하려 하지 않았다.

해석 류하혜의 仁者함이 장문중도 알고 있어서 등용시켜 같이 행정을 함이 마땅한데 이를 행하지 않는 장문중을 공자가 비난하는 것이다.

공자가 말한다.

장문중은 지위에 맞게 일을 한 사람이 못 된다. 그는 류하혜가
민주 행정을 잘 펼칠 것을 잘 알면서도, 그를 일부러 민주정부에
등용하여 일을 시키지 않았다.

해석 봉건주의 시대에 권력 행사에 있어서 권력을 독점하지 않고 백
성들에게 仁으로 다스리는 사람을 대체로 현명하다고 한다.
여기서 류하혜가 그런 사람으로 보이고 오늘날 민주정치 내지
는 민주 행정가로 본 것이다.

(10) 자신을 꾸짖어라.

子曰躬自厚而薄責於人則遠怨矣
자 왈 궁 자 후 이 박 책 어 인 즉 원 원 의

공자가 말했다.

자신을 책하는 것을 엄격히 하고 남을 책하는 것을 가볍게 하면
원망으로부터 멀어질 것이다.

해석 시대를 초월한 명구이다.

공자가 말한다.

오늘날 공적인 업무를 맡는 경우가 많아진다. 이럴 경우 자신이 공무를 수행을 할 때에는 스스로 엄격하게 점검해야 한다. 한편 다른 사람의 공무 수행을 점검할 때에는 공정하고 투명하게 점검해야 한다. 그리고 문책할 경우에도 공정하고도 수긍이 가게 하여야 원망 듣는 일에서 멀어진다.

해석 오늘날 공적 수행의 모범을 살펴보았다.

(11) 자신 스스로가 문제를 풀어야 한다.

子曰不曰如之何如之何者
자 왈 불 왈 여 지 하 여 지 하 자

吾末如之何也已矣
오 말 여 지 하 여 이 의

공자가 말했다.

'어찌할까, 어찌할까'라고만 말하고 깊은 생각을 하지 않는 사람은 나도 어찌할 수 없다.

해석 어떤 문제에도 책임 있는 사람은 스스로 그 문제를 해결할 자세를 갖추어야 한다.

공자가 말한다.

민주 행정 처리에 어려움에 봉착하여서도 어찌할까, 어찌할까 하며 당황만 하는 사람이 많다. 결국 이런 사람들은 민주 행정 처리를 못 하거나 지체만 하고 있는 것이다. 더구나 봉착한 일 처리의 자초지종을 누구에게도 말해주지 않아 다른 사람이 개입하기도 어렵게 한다. 이런 경우 나 공자도 훈수하기 정말 어렵다.

해석 시시각각 일어나는 민주 행정 처리를 살펴보았다.

(12) 여럿이 모여 잡담만 하면 정말 부질없는 짓이다.

子曰群居終日言不及義好行小慧難矣哉
자 왈 군 거 종 일 언 불 급 의 호 행 소 혜 난 의 재

공자가 말했다.

여럿이 종일토록 함께 있어도 말하는 것이 의로운 것이 없고 오직 한담을 즐겨 농지거리만 한다면 정말 부질없는 짓이다.

해석 공자는 부질없는 농만 일삼는 군자를 비난하고 있다.

공자가 말한다.

여럿이 종일토록 함께 있어도 모인 사람들 말하는 것이 건설적인 이야기는 없고 자리에 없는 사람들을 험담하는 잡담만 한다면 정말 부질없는 짓이다.

해석 공허한 잡담만 하는 것을 경계하고 있다.

(13) 군자는 의를 바탕으로 삼는다.

子曰君子義以爲質禮以行之
자 왈 군 자 의 이 위 질 례 이 행 지

孫以出之信以成之君子哉
손 이 출 지 신 이 성 지 군 자 재

공자가 말했다.

군자는 오직 의를 바탕으로 하고 예로써 행하며, 겸손하게 말하고 일을 성실로 이루어내야 한다. 이래야 참다운 군자로다.

해석 참다운 군자가 따로 있는 것이 아니다. 군자가 다른 사람보다 특출한 것이 아니라 매사에 의롭고 예로써 겸손하고 일을 성실하면 족한 것이다.

21세기 말씀 공자가 말한다.

지성인이라면 매사 민주주의에 바탕을 두고, 민주적 법 절차에 따라 실행하여야 한다. 그리하여 시민에게는 민주주의에 맞게 겸손하게 말하고 민주적 절차에 따라 성실하게 일해야 한다. 이 래야 참다운 지성인이다.

해석 오늘날 민주적 지성인을 살펴보았다.

(14) 남이 알아주지 않아도 걱정하지 않는다.

子曰君子病無能焉不病人之不己知也
자 왈 군 자 병 무 능 언 불 병 인 지 불 기 지 야

공자가 말했다.

군자는 자기의 무능을 걱정하지만 다른 사람들이 자기를 알아주 지 않는 것에 노심초사하지 않는다.

해석 군자란 모든 문제점을 자기 자신에서 찾는다.

21세기 말씀 자가 말한다.

지성인이라면 민주사회에 스스로 기여하지 못한 무능함을 걱정

하지만, 민주사회에서 득세한 사람들이 자기를 알아주지 않는 것에 노심초사하지 않는다.

해석 민주사회의 진정한 본질을 말하고 있다.

(15) 군자는 명성 없이 사라질 것을 염려한다.

子曰君子疾沒世而名不稱焉
자 왈 군 자 질 몰 세 이 명 불 칭 언

공자가 말했다.
군자는 명성 없이 사라질 것을 염려한다.

해석 군자는 세상에 기여함을 긍지를 갖고 살아가는데 제대로 학문을 연마하여 조직에 기여하고자 하였였는데도 이러한 기여함이 없이 사라질 것을 두려워한다는 말이다.

21세기 말씀 **공자가 말한다.**
지성인은 자기 학문에서 독보적인 존재로 부각되지 못하고 사라질 것에 노심초사한다.

(16) 자신에게서 찾아라.

子曰君子求諸己小人求諸人
자 왈 군 자 구 제 기 소 인 구 제 인

공자가 말했다.

군자는 모든 것을 자기에게 찾으나 소인은 남에게서 찾는다.

해석 군자는 모든 것을 자신의 책임으로 하나 소인은 잘못된 책임
을 남에게 전가한다.

21세기 말씀 **공자가 말한다.**
지성인은 자기에게서 모든 문제점을 찾으나 일반인은 다른 사람
에게서 모든 문제점을 찾으려 한다.

해석 오늘날 세태는 문제점이 드러나면 타인에게 전가하려 한다. 이
러한 세태에서 지성인의 본보기가 중요하다.

(17) 군자는 파당을 만들지 않는다.

子曰君子矜而不爭群而不黨
자 왈 군 자 긍 이 불 쟁 군 이 부 당

공자가 말했다.

군자는 긍지를 가지되 결코 다투지 않으며, 무리를 이루되 편당을
만들지 않는다.

해석 군자는 인 가치관을 갖고 살아감에 긍지를 가지므로 결코 자
신의 이익을 위해 다투지 않고 자신의 이익에 초연하여 편당
을 만들지 않는다.

21세기 말씀 **공자가 말한다.**

지성인은 민주주의에 맞게 살아감에 긍지를 갖고 매사에 민주
주의에 합당하게 처신한다. 그리하여 정당이나 위원회 등에서도
공익에 맞게 처신하고 자기 이익을 추구하는 편당에 가담하지
않는다.

해석 지성적 정치인의 자세를 살펴보았다.

(18) 군자는 말만으로 천거하지 않는다.

子曰君子不而言擧人不而人廢言

자 왈 군 자 불 이 언 거 인 불 이 인 폐 언

공자가 말했다.

군자는 말만으로 사람을 천거하지 않고, 사람을 가려 그 말을 버리지 않는다.

해석 군자는 말과 행동 모두에서 평가된다.

21세기 말씀 **공자가 말한다.**

지성인은 말만 내세우고 실행하지 않은 사람을 천거하지 않고, 사람의 사회적 위치가 낮다 하여 그의 말까지 과소평가하지 않는다.

해석 오늘날 지성인도 말과 행동 모두에서 평가된다.

(19) 자기가 하고 싶지 않은 일을 남에게 강요하지 말라.

子貢問曰有一言而可以終身行之者乎
자 공 문 왈 유 일 언 이 가 이 종 신 행 지 자 호

子曰其恕乎己所不欲勿施於人
자 왈 기 서 호 기 소 불 욕 물 시 어 인

자공이 물었다.

한마디 말로써, 평생토록 지켜 행할 수 있는 것이 있습니까?

공자가 답했다.

오직 서(恕)라는 말이 있다. 자신이 하고 싶지 않은 일을 남에게 강요하지 말라는 것이다.

해석 恕라는 것은 스스로 내 마음을 통하여 다른 사람의 심정도 이해한다는 뜻이다. 그리하여 남들이 강요받기를 싫어하는 것에 남을 매사에 배려하고 조심하라는 훌륭한 명구이다.

21세기 말씀 **자공이 물었다.**

한마디 말로써, 종신토록 지켜야 할 말이 있습니까?

공자가 말한다.

그것은 매사에 '남의 입장에서 살핀다'는 서(恕)라는 말이다. 그리하여 자신이 하고 싶지 않은 일을 남에게 강요하지 말아야 한다.

(20) 큰일을 위해 작은 것을 참는다.

子曰巧言亂德小不忍則亂大謀
자 왈 교 언 난 덕 소 불 인 즉 란 대 모

공자가 말했다.

이리저리 교묘하게 말을 바꾸면 덕을 파괴하고, 작은 것을 참지 못하면 큰일을 파괴한다.

해석 말은 숨김없이 진솔하게 하여야 하고, 사소한 일에 대범하지 못하고 남의 사소한 일에 사사건건 개입하다가 큰일을 놓치기 쉽다.

21세기 말씀 **공자가 말한다.**

진실하지 못한 말은 민주주의를 어지럽히고, 작은 불편이 수반되는 민주주의를 참지 못하면 본질인 민주주의를 잃게 된다.

해석 사소한 것으로 보이는 말이나 행동이 민주주의 자체를 망칠 수 있다.

(21) 항상 잘 살펴보아야 한다.

子曰衆惡之必察焉衆好之必察焉
자 왈 중 오 지 필 찰 언 중 호 지 필 찰 언

공자가 말했다.

많은 사람들이 미워하더라도 반드시 잘 살펴보아야 하고, 많은 사람들이 좋아하는 것도 반드시 잘 살펴보아야 한다.

해석 많은 사람들의 당연해 보이는 처신도 내가 행동할 때는 신중하게 해야 함을 말하고 있다.

21세기 말씀 공자가 말한다.

많은 시민들이 미워하더라도 같이 미워하기에 앞서 잘 살펴보고 많은 시민들이 좋아하는 것도 추종하기에 앞서 잘 살펴보아야 한다.

해석 현대 민주주의에서 꼭 명심할 명구이다.

(22) 사람이 道를 펴고 넓히는 것이다.

子曰人能弘道非道弘人
자 왈 인 능 홍 도 비 도 홍 인

공자가 말했다.

사람이 道를 펴고 넓히는 것이지, 道가 사람을 넓히는 것이 아니다.

해석 종교나 철학이 대부분 道를 우선시하나 공자는 이곳에서 인간을 위하여 道가 있음을 말하고 있다.

21세기 말씀 공자가 말한다.

시민들이 정치에 스스로 참여하고 정치가 시민들을 위해서 있어야 진정한 민주정치이다. 따라서 겉으로만 시민을 위한 정치라 하면서도 속 내용이 시민을 위한 것이 아니면 민주정치가 아니다.

해석 진정한 민주주의와 겉으로만 민주주의를 흉내 내는 것을 살펴보았다.

(23) 종일 생각만 하는 것은 학문하는 것만 못하다.

子曰吾嘗終日不食終夜不寢以思無益不如學也
자 왈 오 상 종 일 불 식 종 야 불 침 이 사 무 익 불 여 학 야

공자가 말했다.

나는 전에 종일토록 먹지 않고 밤새도록 자지 않고 사색했으되 얻는 것이 없었으니, 역시 배우느니만 못했다.

해석 사색은 중요하다. 그러나 다른 사람의 학문을 터득함이 기본이다. 이를 무시하면서 사색하는 것은 얻는 것이 없음을 말하고 있다.

21세기 말씀 **공자가 말한다.**

학문을 제쳐 놓고 나는 종일토록 먹지 않고 밤새도록 자지 않고 생각했으나 나만의 생각에는 한계가 있어서 포기하였다. 그래서 지혜의 축적물인 학문에서 생각의 단서를 찾아 나섰던 것이다.

해석 오늘날에도 학문하는 기본적인 자세이다.

(24) 仁을 가까이 하여 죽은 사람은 없다.

子曰民之於仁也甚於水火
자 왈 민 지 어 인 야 심 어 수 화

水火吾見蹈而死者矣
수 화 오 견 도 이 사 자 의

未見蹈仁而死者也
미 견 도 인 이 사 자 야

공자가 말했다.

사람들에게 仁은 물이나 불보다 더 절실하게 필요하지만 물이나
불에 가까이 하여 죽은 사람은 내가 보았으나, 仁에 가까이 하여
죽은 사람은 아직 보지 못했다.

해석 공자가 봉건주의를 지탱하는 데 仁의 중요성을 물이나 불로 비
교하면서 설명하고 있다.

21세기 말씀 공자가 말한다.

시민들에게 민주주의는 물이나 불보다 더 절실하게 필요한 것이
다. 그러나 물이나 불을 잘못 다루어 죽은 시민은 간혹 생기지
만 민주주의가 자리 잡힌 나라에서는 민주주의 때문에 죽는 사
람은 없다.

(25) 仁을 행함에 있어 스승에게도 양보하지 마라.

子曰當仁不讓於師
자 왈 당 인 불 양 어 사

공자가 말했다.

仁을 앞에 두고서는 스승에게도 양보하지 말아야 한다.

해석 仁의 행함의 중요성을 스승을 거론하며 강조하고 있다.

21세기 말씀 공자가 말한다.

민주주의 지킴이는 어느 누구에게도 양보해서는 안 된다.

해석 오늘날 민주주의 지향은 시대적인 숙제이다.

(26) 군자는 작은 신의에 얽매이지 않는다.

子曰君子貞而不諒
자 왈 군 자 정 이 불 량

공자가 말했다.

군자는 굳게 바른길을 가나 小信을 맹목적으로 고집하지 않는다.

해석 맹목적으로 소신을 지키려다 큰 바른길을 잃을 수 있다는 명
구이다.

21세기 말씀 공자가 말한다.

지성인은 민주주의를 향한 큰길을 가야 한다. 도중에 작은 유혹
과 난관이 있어도 민주주의를 향한 큰길을 포기하면 안 된다.

해석 지성인은 민주주의 길을 굳게 가야 한다. 그 길에 있는 여러
가지 작은 유혹 등이 있어도 민주주의 큰 길을 가야 한다.

(27) 맡은 일에 충실하라.

子曰事君敬其事而後其食
자 왈 사 군 경 기 사 이 후 기 식

공자가 말했다.

임금을 섬김에 있어 그 맡은 일을 성심껏 수행하고, 그다음에 봉
록을 받는 것을 생각해야 한다.

해석 봉건주의의 착실하고 성실한 신하의 본분을 말하고 있다.

21세기 말씀 **공자가 말한다.**

공직자는 나라의 주인인 시민에게 성실하고 친절할 의무가 있다.
따라서 공직자로서 받는 봉록은 시민에게 하는 이러한 의무적
인 일의 대가로 받는 것임을 깊이 명심하여야 한다.

해석 오늘날 공직자의 자세를 살펴본 것이다.

(28) 가르치는 데 차별이 없다.

子曰有教無類
자 왈 유 교 무 류

공자가 말했다.

　나는 누구나 가르쳐 줄 뿐이지 대상을 구별하지 않는다.

해석 공자의 학문을 가르치는 자세가 매우 획기적이었다.

21세기 말씀 **공자가 말한다.**
　현대정치에 대한 나의 강의는 신분, 지위 등을 막론하고 배우기
를 원하는 시민에 게 모두 개방한다.

해석 공자의 학문 가르치는 자세를 살펴보았다.

(29) 뜻이 다르면 함께 도모하지 않는다.

子曰道不同不相爲謀
자 왈 도 불 동 불 상 위 모

공자가 말했다.

추구하는 道가 다르면 더불어 의논하지 않는다.

해석 여기서 도는 유학의 도로 보이며, 그렇지 않은 도는 도교 등을 일컫는 것으로 보인다.

21세기 말씀 **공자가 말한다.**

민주주의 등을 다루는 나의 현대정치학에 관심 없는 사람들에게 일부러 들을 것을 강요하지 않는다.

해석 오늘날 민주주의를 여기서 말하는 도로 살핀 것이다.

(30) 말은 뜻을 정확하게 전달되게 해야 한다.

子曰辭達而已矣
자 왈 사 달 이 이 의

공자가 말했다.

말은 뜻이 바르게 전달되어야 한다.

해석 사회가 바르게 자리를 잡으려면 중요한 지위에 있는 사람들이 말을 명확히 해야 한다.

21세기 말씀 **공자가 말한다.**
말은 사람의 뜻을 정확하게 전달되게 해야 한다.

해석 오늘날 민주주의 사회에서는 정확한 말의 전달이 점점 중요해지고 있다.

16
계씨(季氏)

이 편은 전쟁을 일삼는 노나라 실권자 계씨에 관한 기록이 많고
군자가 지켜야 할 계율 등도 많다.

계씨 노나라는 실력자들이 네 지역으로 나누어 통치하면서 임금을
모시고 있었다. 즉, 계자연이 두 지역을, 맹손씨가 한 지역을, 손숙씨
가 한 지역을 통치하고 있었다. 그러나 노나라에는 위 네 지역 외에
도 '전유'라는 별도 지역이 있었다.

전유 지역은 나라의 제사를 담당하는 지역이어서 위 실력자들에
게는 치외법권적으로 존재하여 있었는데 이 지역을 계씨가 무력 점
령하려고 하였다. 공자 제자들이 이러한 음모에 가담하고 있어 공자
가 이러한 행동을 비난하고 있는 것이 주 내용이다.

(1) 전쟁보다 내치에 힘써라.

季氏將伐顓庾冉有季路見於孔子曰
계 씨 장 벌 전 유 염 유 계 로 견 어 공 자 왈

季氏將有使於顓庾孔子曰求無乃爾是寡與
계 씨 장 유 사 어 전 유 공 자 왈 구 무 내 이 시 과 여

夫顓庾昔者先王以爲東蒙主且在邦域之中矣
부 전 유 석 자 선 왕 이 위 동 몽 주 차 재 방 역 지 중 의

是社稷之臣也何以伐爲
시 사 직 지 신 야 하 이 벌 위

冉有曰夫子欲之吾二臣者皆不欲也
염 유 왈 부 자 욕 지 오 이 신 자 개 불 욕 야

孔子曰求周任有言曰陳力就列
공 자 왈 구 주 임 유 언 왈 진 력 취 열

不能者止危而不持顚而不扶則將焉用彼相矣
불 능 자 지 위 이 불 지 전 이 불 부 즉 장 언 용 피 상 의

且爾言過矣虎兕出於柙龜玉毀於櫝中是誰之過與
차 이 언 과 의 호 시 출 어 합 구 옥 훼 어 독 중 시 수 지 과 여

冉有曰今夫顓庾固而近於費
염 유 왈 금 부 전 유 고 이 근 어 비

今不取後世不必爲子孫憂
금 불 취 후 세 불 필 위 자 손 우

孔子曰求君子疾夫舍曰欲之而必爲之辭
공 자 왈 구 군 자 질 부 사 일 욕 지 이 필 위 지 사

丘也聞有國有家者不患寡而患不均
구 야 문 유 국 유 가 자 불 환 과 이 환 불 균

不患貧而患不安蓋均無貧和無寡安無傾
불 환 빈 이 환 불 안 개 균 무 빈 화 무 과 안 무 경

夫如是故遠人不服則修文德以乃之旣來之則安之
부 여 시 고 원 인 불 복 즉 수 문 덕 이 내 지 기 래 지 즉 안 지

今由與求也相夫子遠人不服而不能來也
금 유 여 구 야 상 부 자 원 인 불 복 이 불 능 래 야

邦分崩離析而不能守也而謀動干戈於邦內
방 분 붕 리 석 이 불 능 수 야 이 모 동 우 과 어 방 내

吾恐季孫之憂不在顓庾而在蕭將之內也
오 공 계 손 지 우 불 재 전 유 이 재 소 장 지 내 야

계씨의 신하인 염유와 계로가 공자를 찾아와 말했다.

(계씨가 전유를 침략하려 하자) 계씨가 전유를 정벌하려고 전쟁을 벌이려고 합니다.

이에 공자가 말했다.

구9야, 이는 다름 아닌 너의 잘못이 아니냐? 전유는 옛날 선왕께서 동쪽 동산 밑에 봉하고 그를 제주로 삼으신 적이 있고, 또한 노나라 지역 안에 위치해 있으니 그는 노나라 신하이다. 그런데 어찌 그곳을 침략할 수 있겠느냐?

염유가 말했다.

계씨 대부께서 침략하려고 한 것이지 저희들은 모두 바라지 않았습니다.

공자가 대답했다.

구야, 주임이라는 옛 사관이 말하기를 '있는 힘을 다하여 대열에 나아가되 할 수 없을 것 같으면 그만두라'는 말을 한 적이 있다. 나라가 위태로운데 붙잡아 주지 않고 엎어져도 일으켜 주지 않으면 그런 신하를 장차 어디에 쓰겠느냐? 또한 너의 말이 잘못되었다. 호랑이와 들소가 우리에서 뛰쳐나오거나 속에 넣어둔 귀중한 거북이나 옥이 상자 안에서 망가졌으면 이는 누구의 잘못이냐?

염유가 말했다.

지금 전유는 성이 견고하고 비읍에 가까이 있어 지금 정벌하지 않으면 후세에 반드시 근심거리가 될 것입니다.

공자가 말했다.

구(염유)야, 군자는 그것을 갖고 싶다고 욕심을 내거나 또 말을 꾸미는 것을 싫어해야 한다. 내가 듣자 하니, '국가를 다스리는 사람과 집을 소유한 백성은 적은 것을 근심하지 않고 편안하지 않은 것을 근심한다'고 했다. 분배가 고르면 가난함이 없고 화목하면 적음이 없고 편안하면 기울어짐이 없다. 그러므로 먼 나라 사람이 복종하지 않으면 덕을 닦아서 스스로 찾아오게 하며 그들이 찾아오면 편안하게 해 주어야 한다. 지금 유(자로)와 구(염유)는 계씨를 보필하는데, 멀리 있는 사람이 스스로 복종하여 찾아오는데 이를 막으면서 같은 나라 안에서 전쟁을 일으키려고 한다. 나는 계손씨의 걱정거리가 전유에 있지 않고 자신의 집안에 있을까 두렵다.

해석 제자인 자로와 염유가 관련된 전유 지역을 계씨의 야욕에 대해 공자가 냉철하게 말하고 있는 것이다.

21세기 말씀 염유와 계로가 공자를 찾아와 말한다.

(계씨가 전유 지역을 침략하려 하자) 계씨가 전유 지역을 정벌하려고 전쟁을 일으키려고 합니다.

이에 공자가 말한다.

전유 지역은 이웃 국가와 국내 세력들이 모두 노리고 있는 지역이다. 각 세력들의 다툼의 완충 지역이다. 그리하여 전유 지역을 완충 지역으로 계속 남겨두면 누구에게도 손실을 주지 않고 평화를 유지할 수 있는 지역이다. 오늘날 스위스와 같은 지역이다.

염유가 말했다.

우리 상관인 계씨께서 침략하려 한 것이지 우리는 침략을 원하지 않습니다.

공자가 대답한다.

구야, 그걸 말이라고 하느냐? 너희들은 나에게서 학문을 배운 사람들이다. 그리고 그 학문은 천하의 국가들이 평화 공존을 가르치고 한편으로는 지성인의 몸가짐을 배우는 것이다. 그런 학문을 배워 한 나라의 많은 지역을 다스리는 사람의 공직자가 되었으면 모시는 상관이 정의롭게 다스리게 보필하고, 상관이 정의롭지 않으면 사직하는 것이 순리라고 본다. 너희들 상관의 잘못은 결국 보필하는 너희들의 잘못도 있음을 명심하여야 한다.

염유가 말했다.

전유 지역은 곧 세력 다툼의 완충 역할은 끝날 것이므로 성이 견고하고 비읍에 가까이 있어 지금 공격하지 않으면 후에 반드시 근심거리가 될 것입니다.

공자가 말한다.

구야, 네가 말하는 것은 이치에 맞지 않다. 오히려 완충지대를 건드리면 국제적 전쟁에 돌입할 가능성이 있음을 명심하여야 한다. 내가 듣자 하니, '국가를 다스리는 공직자나 다스림을 받는 시민들은 시시콜콜 일어나는 자그마한 근심은 인내하지만, 나라 간 충돌인 전쟁의 큰 근심은 인내할 수 없다'고 했다. 그리하여 먼저 호전적이어서 이웃들에게 표적이 되어서는 안 되고, 될 수 있는 한 이웃을 자극하지 말고 이웃 관계에서 굴욕적이지 않게 평화를 유지케 하는 것이 너희 같은 학문하는 사람의 몫이다. 즉, 유와 구는 나라의 지도자를 보필하는데, 지도자가 전쟁으로 일거에 문제를 해결하려는 자세를 고치게 해야 한다. 그것보다는 나라 안에 해결해야 할 시민들의 경제 문제가 산적해 있는데 이를 해결하지 않으면 내부의 불만의 폭발할 수 있음을 지도자에게 주지시킬 필요가 있다.

해석 내전이나 국제전의 평화로운 해결책을 모색해 본다.

(2) 힘으로 빼앗으면 오래가지 못한다.

孔子曰天下有道則禮樂征伐自天子出
공 자 왈 천 하 유 도 즉 례 악 정 벌 자 천 자 출

天下無道則禮樂征伐自諸候出
천 하 무 도 즉 례 악 정 벌 자 제 후 출

自諸候出蓋十世希不失矣
자 제 후 출 개 십 세 희 불 실 의

自大夫出五世希不失矣
자 대 부 출 오 세 희 불 실 의

陪臣執國命三世希不失矣
배 신 집 구 령 삼 세 희 불 실 의

天下有道則政不在大夫
천 하 유 도 즉 정 불 임 대 부

天下有道則庶人不議
천 하 유 도 즉 서 인 불 의

공자가 말했다.

천하에 道가 있으면 예악과 정벌이 천자로부터 나오고 천하에 道가 없으면 예악과 정벌이 제후로부터 나온다. 정벌이 제후로 부터 나오면 대략 열 세대에 망하지 않은 경우가 드물고, 대부로부터 나오면 다섯 세대에 정권을 잃지 않은 경우가 드물고, 가신이 나라의 운명을 쥐고 있으면 세 세대에 정권을 잃지 않은 경우가 드물다.

천하에 道가 있으면 정권이 대부에 있지 않고, 천하에 道가 있으면
백성들이 논란하지 않는다.

해석 공자는 천자로부터 다스려지는 봉건제도에 대한 믿음이 강하
다고 하겠다.

21세기 말씀 공자가 말한다.

천하가 모두 민주주의를 한다면 제도와 문물이 시민들로부터 나
오게 된다. 그러나 천하가 모두 민주주의를 하지는 않는다. 그리
하여 제도와 문물은 각국의 정치 형태에 맞게 발전한다. 그리하
여 민주주의 나라는 시민의 뜻에 따라 열 세대 이상으로 번성하
지만 민주주의를 하지 않는 나라는 시민의 뜻을 저버린 만큼 시
민의 저항이 잇따라 발생하여 각국의 정치 형태에 따라 한세대
혹은 두어 세대를 버티지 못하고 망할 수 있다.

해석 오늘날 민주주의에 대해 살펴본 것이다.

(3) 친구는 잘 사귀어야 한다.

孔子曰益者三友損子三友
공 자 왈 익 자 삼 우 손 자 삼 우

友直友諒友多聞益矣
우 직 우 량 우 다 문 익 의

友便辟友善柔友便佞損矣
우 변 벽 우 선 유 우 변 녕 손 의

공자가 말했다.

도움이 되는 벗이 셋이요, 손해가 되는 벗이 셋이다. 곧은 사람과 벗하고, 성실한 사람과 벗하고, 들은 것이 많은 사람과 벗하면 도움이 되고, 편벽한 사람과 벗하고, 굽실 잘하는 사람과 벗하고, 빈말 잘하는 사람을 벗하면 해롭다.

해석 공자 시대에도 혼자 사는 세상이 아니어서 주변의 벗이 중요하였음을 말하고 있다.

21세기 말씀 **공자가 말한다.**

도움이 되는 벗이 셋이요, 손해가 되는 벗이 셋이다. 정직한 사람과 벗하고, 근면하게 일 처리하는 사람과 벗하고, 실용적인 학문의 배움이 많은 사람과 벗하면 도움이 된다. 자기만의 가치관에 함몰된 사람, 상황에 따라 자주 말을 바꾸는 사람, 실행이 없는 빈말 잘하는 사람은 해롭다.

해석 현대 생활을 하는 데도 친구의 중요성은 변함이 없다.

(4) 좋아하는 일 중에도 손익이 상존한다.

子曰益者三樂損者三樂
자 왈 익 자 삼 요 손 자 삼 요

樂節禮樂樂道人之善樂多賢友益友
요 절 예 악 요 도 인 지 선 요 다 현 우 익 우

樂驕樂樂佚遊樂宴樂損友
요 교 락 요 일 유 요 안 락 손 우

공자가 말했다.

좋아하는 일 중에 유익한 것이 셋이요, 손해가 되는 일이 셋이다. 절제하여 예악을 따르는 것을 좋아하고, 남의 좋은 점을 말하는 것을 좋아하고, 현명한 친구가 많음을 좋아하면 도움이 된다. 한편 교만과 방종을 좋아하고, 만연히 노는 것을 좋아하고, 쾌락에 빠지는 것을 좋아하면 해롭다.

해석 이곳에서는 사람에게 利로운 三樂과 害로움을 주는 三樂을 살펴보는 것이다.

21세기 말씀 **공자가 말한다.**

좋아하는 일 중에 바람직한 것이 셋이요, 해로운 것이 셋이다. 경제적인 것을 절제하고 민주적 절차를 따르는 것을 좋아하고, 남의 행실을 칭찬하고 지지하는 것을 좋아하고, 현명한 친구 많음을 좋아하면 바람직한 것이다. 한편 일 처리에 신중하지 않고 교만하여 방종하거나, 일 처리에 미숙하고 만연히 게으르고, 일 처리를 도외시하고 쾌락에만 빠져드는 사람은 해롭다.

해석 오늘날에도 해당되는 말이다.

(5) 군자를 모시려면 제대로의 자세를 갖추어야 한다.

孔子曰侍於君子有三愆言未及之而言謂之躁
공 자 왈 시 어 군 자 유 삼 건 언 미 급 지 이 언 위 지 조

言及之而不言謂之隱未見顔色而言謂之瞽
언 급 지 이 불 언 위 지 은 미 견 안 색 이 언 위 지 고

공자가 말했다.

학덕이 있는 군자를 모시고 있을 때 저지르기 쉬운 과실이 세 가지가 있다. 윗사람이 말을 하기 전에 먼저 입을 여는 것은 조급함 탓이다. 그리고 윗사람이 말을 했는데도 대꾸하지 않은 것은 속으로 감추는 것이다. 그리고 윗사람의 표정을 살피지 않고 멋대로 함부로 떠드는 것은 소경 같은 성격의 탓이다.

해석 여기서 말하는 학덕이 많은 군자는 엄격하게 말하는 것이 아

니라 보통 장유유서 정도의 윗사람을 가리킨다.

공자가 말한다.

지성적 윗사람을 모시고자 할 때에 세 가지 주의할 점이 있으니, 윗사람이 말을 하기 전에 먼저 입을 여는 것은 윗사람을 모시는 자세가 아니며, 윗사람이 지시하는 말을 했는데도 별다른 반응을 보이지 않는 것은 윗사람의 지시를 무시하는 것이며, 윗사람의 표정도 살피지 않고 멋대로 함부로 떠드는 것은 윗사람에 대한 자세가 결핍된 것이다.

해석 오늘날 민주사회에서는 지성적 윗사람은 일반 성인 모두에게 해당한다고 하겠다.

(6) 군자는 나이에 따라 경계할 것이 있다.

孔子曰君子有三戒
공 자 왈 군 자 유 삼 계

少時之血氣未定戒之在色
소 시 지 혈 기 미 정 계 지 재 색

及其壯也血氣方剛戒之在鬪
급 기 장 야 혈 기 방 강 계 지 재 투

及其老也血氣既衰戒之在得
급 기 노 야 혈 기 기 쇠 계 지 재 득

공자가 말했다.

군자에게는 세 가지 경계할 것이 있다. 청소년 때는 여색을 경계
해야 하고, 장년기에 이르러서는 혈기가 강하니 싸움을 경계해
야 하고, 늙어서는 혈기가 쇠했으니 탐욕을 경계해야 한다.

해석 시대를 초월한 명구로 보이는데 이 구절은 군자뿐 아니라 인
간 모두에게 해당된다고 하겠다.

21세기 말씀 **공자가 말한다.**

지성인에게는 세 가지 경계할 것이 있다. 청소년 때는 남녀 문제
로 꼭 해야 할 일을 못 할까 경계해야 하며 장년에 이르러서는
혈기가 강하니 쓸데없는 일에 집착함을 경계해야 하며, 늙어서
는 혈기가 쇠했으니 욕심 부림을 경계해야 한다.

해석 현대적으로 세 가지 경계할 것을 살펴보았다.

(7) 군자는 정말 두려워해야 할 것이 있다.

孔子曰君子有三畏
공 자 왈 군 자 유 삼 외

畏天命畏大人畏聖人之言
외 천 명 외 대 인 외 성 인 지 언

小人不知天命而不畏也
소 인 불 지 천 명 이 불 외 야

狎大人侮聖人之言
압 대 인 회 성 인 지 언

공자가 말했다.

군자에게는 세 가지 두려워해야 할 것이 있다. 천명을 두려워하고 높은 어른을 두려워하고 성인의 가르침을 두려워해야 한다. 반면 소인은 천명을 알지 못해 두려워하지 않으며 높은 어른을 함부로 대하며 성인의 가르침을 업신여긴다.

해석 군자는 천명, 웃어른, 성인 등을 두려워할 것을 권고한다.

21세기 말씀 **공자가 말한다.**

현금 지성인에게는 세 가지 두려워해야 할 것이 있다. 주어진 생명체의 존재로서의 불확실성를 두려워하고, 동시대의 첨단 학문을 습득하지 못함을 두려워하고, 시대의 화두인 민주주의 발전과 정착에 기여하지 못함을 두려워해야 한다. 반면 일반인은 생명체의 존재에 대해 관심이 없어 두려움도 없고, 학문 습득은 오로지 호구지책 차원에서 하는 것이므로 학문의 추구에 두려움을 느끼지 못하고, 민주주의가 자기에게 미치는 것에 관심이 없어 그 두려움을 모른다.

해석 오늘날 지성인이 두려워할 문제를 살펴보았다.

(8) 군자는 필히 깊이 생각할 것이 많이 있다.

孔子曰君子有九思
공 자 왈 군 자 유 구 사

視思明聽思聰色思溫
시 사 명 청 사 총 색 사 온

貌思恭言思忠事思敬
모 사 공 언 사 충 사 사 경

疑思問忿思難見得思義
의 사 문 노 사 난 견 득 사 의

공자가 말했다.

군자에게는 깊이 생각할 것이 아홉 가지가 있다. 사물을 밝고 정확하게 보려고 숙고하고, 남의 말을 들을 때에는 사리를 총명하게 분별하려고 노력하고, 남을 대할 때는 표정을 온화하게 가지려 노력해야 한다.

특히 윗사람을 대할 때는 용모를 공손하려고 노력해야 하고, 말을 성실하고 진실하게 하려고 해야 하며, 일 처리를 신중하게 처리하려 생각해야 한다. 그리고 의아한 것이 있으면 남에게 물을 것을 생각해야 하고, 화가 나서 겉으로 표출하면 닥칠 재난을 생각해야 하며, 이익이 있을 때에는 올바른 것인지 생각해야 한다.

해석 공자가 全人的 人格者로 군자를 살펴본 것이다.

21세기 말씀 **공자가 말한다.**

지성인에게는 사회생활에서 지켜야 할 것이 아홉 가지가 있다.

사회생활의 모든 것을 밝고 정확하게 분석해야 하고, 개방된 사회에서 터져 나오는 말들을 총명하게 분별하여야 하고, 남을 대할 때는 표정을 밝고 온화하게 갖고자 노력해야 한다.

특히 사회생활에서 공개된 인터뷰 등에는 용모를 공손히 하고, 말을 당당하고 성실하게 하고, 깔끔하게 마무리해야 한다. 그리고 의아한 것이 있으면 정중하게 물어야 하고 화를 유발하는 질문 등에는 감정을 절제하고 여유 있게 답해야 한다. 또 이익이 생겼을 때는 그것이 올바른 것인지 살펴보아야 한다.

해석 오늘날 민주주의 사회의 지성인을 살펴보았다.

(9) 세상이 어지러우면 은거하여 뜻을 지킨다.

孔子曰見善如不及見不善如探湯
공 자 왈 견 선 여 불 급 견 불 선 여 탐 탕

吾見其人矣吾聞其語矣隱居以求其志
오 견 기 인 의 오 문 기 어 의 은 거 이 구 기 지

行義以達其道吾聞其語矣未見其人也
행 의 이 달 기 도 오 문 기 어 의 미 견 기 인 야

공자가 말했다.

좋은 일을 보면 좇으며 혹 좇지 못할까 안타까워하면서 계속 좇
고, 좋지 못한 일을 보면 끓는 물에서 손을 빨리 빼듯이 물러난다
고 했는데, 난 그런 사람을 실제 보았고 그런 사람의 말을 듣기도
했다.

한편 무도한 세상을 피해 은거해서 자신의 뜻을 추구하여 도를 찾
고, 옳은 일을 행하여 천하의 道를 달성한다고 했지만, 나는 그런
사람의 말을 들어 왔으나 아직 그런 사람을 내 눈으로 보지는 못
했다.

해석 좋은 일에 적극적으로 나설 때와 소극적 입장에서 도를 지키
고 달성하는 예를 살펴본 것이다.

21세기 말씀 공자가 말한다.

민주주의를 진정 사랑하는 사람은 민주주의가 위기에 처해도 민주주의를 위한 일이라면 손을 빼지 못하고 안타까워하고, 민주주의에 해가 되는 것이라면 끓는 물에서 손을 빼듯이 물러난다고 한다. 나는 이런 사람을 실제로 보았고 그런 사람의 말을 듣기도 했다.

한편 민주주의를 실현하지 않는 정부에는 들어가지 않고 재야에서 민주주의를 할 것을 정부에 촉구하여 결국 관철시킨 사람도 있었을 것이다. 그러나 그렇게 하여 민주주의에 기여하였다는 말을 들었지만 실제로는 나도 그런 사람은 만나진 못했다.

해석 오늘날 민주주의 시대의 지성인을 살펴보았다.

(10) 백이와 숙제는 죽어 그 이름을 빛냈다.

齊景公有馬千駟死之日民無德而稱焉
제 경 공 유 마 천 사 사 지 일 민 무 덕 이 칭 언

伯夷叔齊餓于首陽之下民到于今稱之其斯之謂與
백 이 숙 제 아 우 수 양 지 하 민 도 우 금 칭 지 기 사 지 위 여

제나라 경공은 수레를 이끄는 말 사천 필이 있었으나 그가 죽자

백성들 중에 그의 덕을 칭송하는 이가 없었으며, 백이와 숙제는 수양산 아래에서 굶어 죽었지만 백성들이 지금까지 칭찬하고 있다.

해석 백이와 숙제의 덕이 뛰어났으므로 백성이 칭찬하였다고 하면서 부유한 경공보다도 덕이 많은 백이와 숙제를 두둔하고 있다.

21세기 말씀

수레를 끄는 말 사천 필을 가지고 있었던 제나라 경공처럼 오늘날 독재 정권에 붙어 엄청난 치부를 한 재벌의 죽음에는 시민들이 별 관심도 두지 않는다. 그러나 덕을 지키다 죽은 백이, 숙제처럼 이 나라 민주주의를 위해 죽은 민주 투사들에게는 모든 시민이 늘 경의를 표한다.

해석 오늘날 민주주의를 위해 죽은 민주 투사를 살펴보았다.

(11) 공자의 아들 가르침도 일반 학도의 것과 같았다.

陳亢問於伯魚曰子亦有異聞乎
진 항 문 어 백 어 왈 자 역 유 이 문 호

對曰未也嘗獨立鯉趨而過庭
대 왈 미 야 상 독 립 리 추 이 과 정

日學詩乎對曰未也不學詩無以言鯉退而學詩
왈 학 시 호 대 왈 미 야 불 학 시 무 이 언 리 퇴 이 학 시

他日又獨立鯉趨而過庭曰學禮乎對曰未也
타 일 우 독 립 리 추 이 과 정 왈 학 례 호 대 왈 미 야

不學禮無而立鯉退而學禮聞斯二者
불 학 례 무 이 립 리 퇴 이 학 례 문 사 이 자

陳亢退而喜曰問一得三聞詩聞禮
진 항 퇴 이 희 왈 문 이 득 삼 문 시 문 례

又聞君子之遠其子也
우 문 군 자 지 원 기 자 야

진항이 백어에게 물었다.

그대는 아버지로부터 가르침을 받은 적이 있었는가?

백어가 대답했다.

아직 없습니다.

다만 어느 날 아버지께서 홀로 서 계실 때 제가 종종걸음으로 마당을 지나가는데 말씀하시기를 '시를 공부했느냐?'라고 물으시기에 '아직 못 했습니다'라고 대답하자 '시를 공부하지 않으면 말을 할 수 없다'라고 하시므로 저는 물러가서 시를 공부했습니다.

어느 날, 또 홀로 계실 때 제가 종종걸음으로 마당을 지나가는데 말씀하시기를 '예를 공부했느냐?'라고 하시기에 대답하기를 '아직 못 했습니다'라고 대답하자 '예를 공부하지 않으면 세상에 설 수 없다'라고 하시므로 저는 물러가서 예를 배웠습니다.

제가 아버지로부터 들은 말은 이 두 가지뿐입니다.

진항이 물러나와 기뻐하며 말했다.

하나를 묻고 셋을 얻었으니 시와 예의 가르침을 알았고, 군자는 자신의 아들을 편애하지 않음을 알았다.

해석 백어는 공자의 아들이고, 진항은 공자의 제자이다.

21세기 말씀 진항이 백어에게 묻는다.

그대는 아버지인 공자로부터 어떻게 가르침을 받는가?

백어가 대답했다.

일반 사람과 다르지 않습니다. 아버지는 저와 같이 기거하고 있지만 대화를 나누지 않는 편입니다. 한번은 시 등 문학에 대해 물으시어 제가 잘 모른다고 하니까, 교양을 위해 관심을 갖는 것이 좋다고 하여 시에 관한 고전, 현대시를 섭렵한 바 있습니다. 그리고 다시 대화할 기회가 있었는데 저의 전공 과목인 법학에 대해 물으셨습니다.

내가 아직 대학원생이지만 '전공을 정하지 않고 있습니다'라고 하자, 이 나라 민주주의를 위해 헌법을 전공하는 것이 어떠냐고 하여 헌법을 전공하고 있습니다.

진항이 물러나와 기뻐하며 말했다.

공자도 자기 아들을 다르게 가르치지 않고 있고, 공자 아들도 특별한 방법 없이 공부하는 것을 알았다.

해석 공자가 아들에게 시와 예를 공부하기를 권했는데 오늘날에서
보면 시는 시문학, 예는 법에 대한 공부로 보인다.

17
양화(陽貨)

양화는 노나라 대부 계씨의 가신이었다. 이 편은 양화의 부도덕한 행위가 많다. 양화는 자신의 반역 행위를 정당화시키기 위해 공자를 끌어들이려 하였고, 양화의 회유에 공자가 의연히 물리치고 자기 밑에서 벼슬하기를 권하자 공자가 사양했다.

자공 기원전 520년에 태어났고 기원전 456년에 죽었다. 성은 단목이고 이름은 사이다. 또 다른 이름은 자공이다. 위나라 출신이며 언변이 뛰어났고 외교력도 탁월하였다. 재물도 잘 늘렸다고 한다. 공문십철 중 한 사람이다.

(1) 때가 아니면 벼슬에 나가지 않는다.

陽貨欲見孔子孔子不見歸孔子豚
양 화 욕 견 공 자 공 자 불 견 귀 공 자 돈

孔子時其亡也而往拜之遇諸塗
공 자 시 기 망 야 이 왕 배 지 우 제 도

謂孔子曰來予與己言曰懷其寶而迷其邦
위 공 자 왈 래 여 여 이 언 왈 회 기 보 이 미 기 방

可謂仁乎曰不可好從事而亟失時可謂知乎
가 위 인 호 왈 불 가 호 종 사 이 극 실 시 가 위 지 호

曰不可日月逝矣歲不我與孔子曰諾吾將仕矣
왈 불 가 일 월 서 의 세 불 아 여 공 자 왈 낙 오 장 사 의

양화가 공자에게 물었다.

(양화가 공자를 만나려 했지만 공자가 만나주지 않자 공자께 돼지를 선물로 보냈다.

이때 공자가 양화가 집에 없는 기회를 보아 사례하러 가다가 우연히 양화를 만나

니) 이리 오시오. 내가 그대에게 할 말이 있소. 소중한 보물을 지니

고 있으면서도 나라를 혼미하게 놓아두면 仁이라 할 수 있습니까?

공자가 대답하였다.

아닙니다.

양화가 공자에게 다시 물었다.

정치에 참여하는 것을 좋아하시면서 자꾸 때를 놓치면 지혜롭다

고 할 수 있습니까?

공자가 답했다.

아닙니다.

양화가 공자에게 말했다.

세월은 계속 흘러가고 나를 기다려 주지 않습니다.

공자가 답했다.

그렇습니다. 내가 장차 나가서 일하지요.

해석 양화는 노나라 대부 계씨의 가신이었으며 이름은 양호이다. 대부 계평자가 죽자 그의 장례 후에 후계자인 계환자를 유폐 시키고 자기 뜻에 맞는 사람을 후계자로 하려 했다. 그러나 이러한 것이 실패하여 여러 나라로 망명하였다. 이곳의 공자 와의 대화는 양화가 한참 세력이 있을 때의 것이다.

21세기 말씀 양화가 공자에게 묻는다.

(양화가 공자를 만나려 하였지만 공자가 만나주지 않자 공자께 청자를 선물로 보냈다. 이때 공자가 양화가 집에 없는 것을 기회로 사례하러 가다가 양화를 만나니) 이리 오시오. 내가 그대에게 할 말이 있소. 그대가 나라의 혼미를 막는 소중한 보물인 정치력을 지니고 있으면서, 나라가 지금 혼미할 때에도 그대로 모른 척 놓아두면 무슨 소용이 있겠 소이까? 입각하여 정치력을 보여 주세요.

공자가 답한다.

지금은 내가 개입할 때가 아닌 것 같습니다.

양화가 공자께 다시 물었다.

그대는 정치에 참여하는 것을 바라면서 때를 놓치고 있소이다.

지금이 그대의 지혜가 필요한 시국입니다.

공자가 답한다.

지금은 나의 지혜가 필요 없는 시국이라 판단합니다.

양화가 마지막 충고의 말을 했다.

세월은 계속 흘러가니 입각할 기회도 물거품이 될 수 있소이다.

공자가 답한다.

잘 알고 있습니다. 아직 입각할 뜻은 없습니다. 다만 현 시국이 혼미하는 것은 정치가 정도로 가지 않아 그런 것 같습니다. 정도로 갈 것을 충고드립니다.

해석 현대의 장관 내지는 총리의 입각을 살펴보았다.

(2) 사람의 본성은 비슷하나 배움에 따라 달라진다.

子曰性相近也習相遠也

자 왈 성 상 근 야 습 상 원 야

공자가 말했다.

사람의 타고난 본성은 서로 비슷하되 타고난 이후의 배우고 익힘에 따라 서로 멀어지고 달라진다.

해석 태어날 때는 선과 악으로 구별되지 않았지만 세상에서 습득된 습관 등으로 구별된다고 하여 성선설을 두둔하고 있는 것으로 보인다.

21세기 말씀 **공자가 말한다.**

사람의 타고난 본성에서는 크게 다르지 않으나 점점 크면서 가정 환경, 배움 등에 따라 점점 다르게 큰다. 따라서 올바른 민주 시민이 되기 위해서는 여러 가지로 가정, 국가의 노력이 필요하다.

해석 오늘날에는 성선설을 무조건 두둔하기보다는 자라면서 주위 환경이나 교육 등이 성격 형성에 주요한 요소임을 표현하여 보았다.

(3) 지혜로운 사람은 어리석은 사람으로 변하지 않는다.

子曰唯上知與下愚不移
자 왈 유 상 지 여 하 우 불 이

공자가 말했다.

지혜로운 사람은 간혹 어리석은 행동을 할 수 있으나 어리석은 사람으로 바뀌지는 않는다.

해석 공자는 유교적 교육에 무한한 자긍심을 갖고 있다.

21세기 말씀 공자가 말한다.

지성인도 간혹 어리석은 행동을 할 수 있으나 어리석은 사람으로 바뀌지는 않는다.

해석 지성인의 자긍심을 살펴보았다.

(4) 道의 배움에는 군자, 소인이 따로 없다.

子之武城聞弦歌之聲

자 지 무 성 문 현 가 지 성

夫子莞爾而笑曰割鷄焉用牛刀

부 자 완 이 이 소 왈 할 계 언 용 우 도

子遊對曰昔者偃也聞諸夫子

자 유 대 왈 석 자 언 야 문 제 부 자

曰君子學道則愛人小人學道則易使也

왈 군 자 학 도 즉 애 인 소 인 학 도 즉 이 사 야

子曰二三者偃之言是也前言戲之耳

자 왈 이 삼 자 언 지 언 시 야 전 언 희 지 이

공자가 빙그레 웃으면서 말했다.

(공자가 작은 읍 무성에서 예악이 울리는 소리를 듣고) 닭을 잡는데 어찌 소 잡는 칼을 쓰느냐?

무성의 읍재인 자유(언)가 말했다.

전에 제가 선생님께 들었는데 말씀하시기를 '군자가 道를 배우면 사람을 사랑하고 소인이 道를 배우면 부리기 쉽다'고 하셨지 않습니까?

그러자 공자가 말했다.

너희들도 들어라. 언의 말이 맞다. 앞에 한 말은 나의 농담이었다.

해석 제자가 스승인 공자의 작은 실수를 지적하자 이를 솔직하게 공자가 받아들이고 있다.

21세기 말씀 **공자가 웃으면서 말한다.**

(공자가 작은 읍인 무성에서 예악이 울리는 소리를 듣고) 작은 읍성에서 모든 격식을 갖출 필요는 없다. 이는 닭을 잡는데 소 잡는 칼을 쓰는 격이 아니겠는가?

무성의 읍재(장)인 자유(언)는 공자에게 반문했다.

선생님이 '지성인이 민주주의를 배우면 시민을 사랑하고, 일반 시민이 민주주의를 배우면 의사소통이 수월하다'고 하지 않았나요?

공자가 말한다.

너희들도 들어라. 자유(언)가 정확하게 말했다. 내가 경솔하게 말했지만 자유가 이를 깨우쳐 주는구나.

(5) 공손, 관대 등 다섯 가지를 실천하면 인을 이룬다.

子張問仁於孔子孔子曰能行五者於天下爲仁矣
자 장 문 인 어 공 자 공 자 왈 능 행 오 자 어 천 하 위 인 의

請問之曰恭寬信敏惠恭則不懷寬則得衆
청 문 지 왈 공 관 신 민 혜 공 즉 불 회 관 즉 득 중

信則人任焉敏則有功惠則足以使人
신 즉 인 임 언 민 즉 유 공 혜 즉 족 이 사 인

공자가 말했다.

(자장이 공자께 仁에 대해 묻자) 천하에 다섯 가지를 잘 실천한다면 그것
이 곧 仁이다.

자장이 물었다.

그럼 다섯 가지를 말씀해 주십시오.

공자가 말해 주었다.

공손, 관대, 믿음, 민첩, 은혜이다. 공손하면 업신여기지 않게 되
고, 관대하면 인심을 얻고, 믿음이 있으면 남들이 신뢰하고, 민첩
하면 공을 이루고, 은혜를 베풀고 감화시키면 백성들이 저절로 협
력한다.

해석 仁의 구체적인 실천 사항으로 恭, 寬, 信, 敏, 惠를 제시했다.

21세기 말씀 **공자가 말한다.**

(자장이 공자께 민주주의에 대해 묻자) 요약하면 다섯 가지를 잘 실천한다면 그것이 곧 민주주의의 실천이다.

자장이 물었다.

그럼 그 다섯 가지가 무엇인가요?

공자가 말해 준다.

공손, 관대, 믿음, 민첩, 은혜이다. 민주주의를 실천하려는 사람은 우선 공손하여야 한다. 그러면 시민들이 부담 없이 접근할 것이다. 그리고 관대하여야 한다. 그러면 시민들이 민주주의에 적극 호응할 것이다. 그리고 믿음을 주어야 한다. 그러면 시민들이 호응을 잘하여 민주주의를 펼치기 쉽다. 그리고 민첩하게 일 처리를 해야 한다. 그러면 일을 성취하여 공을 세울 것이다. 마지막으로 매사에 은혜로운 처신을 해야 한다. 그러면 민주주의가 스스로 정착하게 되는 것이다.

해석 민주주의 실천 사항 다섯 가지를 살펴본 것이다.

(6) 仁에는 기본적으로 육언 육폐가 있다.

子曰由也女聞六言六蔽矣乎對曰未也居吾語女
자 왈 유 야 여 문 육 언 육 페 의 호 대 왈 미 야 거 오 어 여

好仁不好學其蔽也愚好知不好學其蔽也蕩
호 인 불 호 학 기 페 야 우 호 지 불 호 학 기 페 야 탕

好信不好學其蔽也賊好直不好學其蔽也絞
호 신 불 호 학 기 페 야 적 호 직 불 호 학 기 페 야 교

好勇不好學其蔽也亂好剛不好學其蔽也狂
호 용 불 호 학 기 페 야 난 호 강 불 호 학 기 페 야 광

공자가 자로에게 물었다.

유야, 너는 여섯 가지 교훈 속에 숨은 여섯 가지 폐단을 들었느냐?

자로가 대답했다.

아직 듣지 못했습니다.

그러자 공자가 말했다.

앉거라. 내가 너에게 말해 주겠다.

仁을 좋아하면서 배우기를 좋아하지 않으면 어리석게 되는 것이요, 지혜를 좋아하면서 배우기를 좋아하지 않으면 무절제 상태에 빠지게 되는 것이다. 그리고 신의를 좋아하면서 배우기를 좋아하지 않으면 義를 해치게 되는 경우가 많고, 정직함을 좋아하면서 배우기를 좋아하지 않으면 각박함에 갇히게 된다.

한편 용기를 좋아하면서 배우기를 좋아하지 않으면 난폭해질 우려

가 있고, 굳셈을 좋아하면서 배우기를 좋아하지 않으면 경솔한 狂氣에 빠질 우려가 있다는 것이다.

해석 공자의 육언 육폐는 인간 본질을 세심하게 분석하여 군자의 수양의 어려움을 보여주고 있다.

21세기 말씀 **공자가 자로에게 묻는다.**

유야, 넌 민주주의 배움에 여섯 교훈과 여섯 폐단을 들었느냐?

자로가 답했다.

아직 듣지 못했습니다.

그러자 공자가 말한다.

앉거라, 내가 너에게 말해 주겠다.

민주주의를 사랑하면서 민주주의 배움을 좋아하지 않으면 시민들을 민주주의로 자신 있게 선도하지 못할 것이며, 민주정치의 구체적 실현을 바라면서도 그 실현을 위한 연구하기를 좋아하지 않으면 민주정치의 실현이 요원하게 될 것이다.

그리고 민주 행정 공약하기를 좋아하면서 민주 행정의 전문성에 대해 배우기를 좋아하지 않으면 말뿐인 민주 행정이 되어 시민의 마음에 상처를 주고, 원칙적인 일 처리만 좋아하면서 원칙적으로만 해결할 수 없는 사례도 간혹 있다는 것을 배우기를 좋아하지 않으면 시민들에게 유연성이 없다고 비난받을 수 있는 것이다.

그리고 민주적 권력 행사라도 권력의 힘만 좋아하고 권력의 힘

의 적절한 조절을 배우는 것을 좋아하지 않으면 권력 행사에서
민주성을 상실할 우려가 있는 것이다.

해석 민주주의에 대해 육언 육폐를 살펴본 것이다.

(7) 시는 여러 가지 유익함을 준다.

子曰小子何莫學夫詩,詩可以興可以觀可以群
자 왈 소 자 하 막 학 부 시 , 시 가 이 흥 가 이 관 가 이 군

可以怨邇之事父遠之事君多識於鳥獸草木之名
가 이 원 이 지 사 부 원 지 사 군 다 식 어 조 수 초 목 지 명

공자가 말했다.

너희들은 어찌하여 시를 공부하지 않느냐? 시는 감흥을 돋우고 세
태를 관찰할 수 있고, 대중과 어울릴 수 있으며 가까이는 부모를
잘 섬길 수 있고 멀리는 군주를 잘 섬길 수 있으며, 새나 짐승과
초목의 이름도 많이 배우게 된다.

해석 여기서 말하는 시는 시경을 말한다. 공자는 여기서 시의 효용
론을 말하고 있다.

너희들은 어찌하여 시를 공부하지 않느냐? 시에는 감흥을 다루는 서정시가 대부분이고, 사회의 여러 형태를 예리하게 관찰하는 시도 있고, 대중들의 삶과 죽음의 시도 있다. 한편 민주주의와 공산주의의 치열한 이념 시도 있고 자연 속의 생명체의 굴곡을 노래하는 시도 있어 많은 것을 배울 수 있다.

해석 오늘날 시의 효용론을 살펴보고 있다.

(8) 반드시 시경을 읽어야 한다.

子謂伯魚曰女爲周南召南矣乎
자 위 백 어 왈 여 위 주 남 소 남 의 호

人而不爲周南召南其猶正牆面而立也與
인 이 불 위 주 남 소 남 기 유 정 장 면 이 립 야 여

공자가 아들 백어에게 말했다.

너는 주남과 소남을 익혔느냐? 사람이 주남과 소남을 익히지 않으면 마치 담장을 마주 보고 서 있는 듯이 앞으로 나아갈 수 없다.

해석 주남과 소남은 시경의 첫머리 부분이다. 그 내용은 몸을 닦고

다스리는 것을 살피고 있다.

공자가 아들 백어에게 말한다.

너는 동서양의 시를 접하였느냐? 사람의 영혼이 담긴 동서양의
시에 대해 익히지 않으면 동, 서양인의 영혼을 모르면서 동서양
시 세계를 제대로 알고 있는 착각에 빠질 우려가 있다.

해석 시경의 주남과 소남은 오늘날에는 동양 서양의 시 세계만큼이
나 생소하다. 그리하여 시경 첫머리를 모르면 담장을 마주 보
고 있는 것처럼 답답하다고 표현한 공자 말을 현대적으로 살
려보았다.

(9) 마음이 옹졸한 사람은 좀도둑과 같다.

子曰色厲而內荏譬諸小人其猶穿窬之盜也與
자 왈 색 려 이 내 임 비 제 소 인 기 유 천 유 지 도 야 여

공자가 말했다.

표정은 위엄을 갖추고 있는데 속으로는 옹졸한 사람이 있다. 소인
에 비유하면 담을 뚫고 넘나드는 도둑과 같다고 하겠다.

좀도둑은 허술한 집을 노리듯, 소인배도 자기보다 약한 사람 앞에서 큰소리치는 법이다. 그리하여 안색을 꾸미는 사람은 인격을 훔치는 좀도둑이라 하겠다.

21세기 말씀 공자가 말한다.

겉으로는 지성을 갖춘 위엄 있는 표정을 하고 있지만 실제로는 지성과는 먼 자기만을 챙기는 옹졸한 사람이 있다. 이런 위인에게 공유할 물건들을 맡기면 담을 불법적으로 넘나드는 도둑과 같아 공유할 건을 야금야금 빼어 먹는다.

요즈음도 이런 사람들이 많다.

(10) 덕을 해치는 자는 도적과도 같다.

子曰鄕原德之賊也

자 왈 향 원 덕 지 적 야

공자가 말했다.

俗人들 틈바구니의 卑俗한 마음에서 용납되는 거짓 점잖은 德의 賊이다.

공자는 덕을 수양을 갖춘 도덕으로 보고 속인들의 평판으로 보는 덕과 엄밀하게 구분하고 있다.

공자가 말한다.

겉으로는 사회질서를 지키는 것처럼 하면서 속으로는 사회적 약자를 괴롭히는 사람들은 민주주의를 해치는 사회적 암적인 존재이다.

민주주의 사회에서도 이를 무너뜨리는 암적인 존재가 있다.

(11) 저속한 말을 곧장 옮기면 덕을 버리는 것과 같다.

子曰道聽而塗說德之棄也
자 왈 도 청 이 도 설 덕 이 기 야

공자가 말했다.

길에서 떠도는 말을 듣고 곧장 다른 사람에게 옮겨 말한하면 덕을 버리는 것과 같다.

말을 옮기는 것을 경계하는 말이다.

공자가 말한다.

비공개 장소에서 한 얘기를 곧바로 공개된 장소에서 말을 하면 민주주의에서 보장된 언론의 자유를 오히려 버리는 것과 같다.

해석 언론의 자유의 한계를 살펴본 것이다.

(12) 천박한 사람은 못하는 짓이 없다.

子曰鄙夫可與事君也與哉其未得之也
자 왈 비 부 가 여 사 군 야 여 재 기 미 득 지 야

患得之旣得之患失之苟患失之無所不至矣
환 득 지 기 득 지 환 실 지 구 환 실 지 무 소 불 지 의

공자가 말했다.

졸렬한 사람과 함께 임금을 섬길 수 있겠는가? 그들은 이득을 얻지 못하면 얻을 걱정만 하고, 얻으면 잃지 않을까 걱정한다. 잃지 않으려고 걱정하면 다급해져 못 하는 짓이 없게 된다.

해석 시대를 초월한 명구이다.

공자가 말한다.

지위나 권세만 탐하는 사람과는 민주주의를 의논할 수 있겠는
가? 그들은 지위나 권세를 얻지 못하면 얻을 걱정만 하고, 얻으
면 잃지 않을까 전전긍긍한다. 그래서 잃지 않으려고 전전긍긍
하다 다급해져 비민주적 방법을 동원하는 것도 불사하게 된다.

해석 오늘날 민주주의를 좀먹는 것을 경계하는 문구이다.

(13) 하늘의 도리를 깨닫고 스스로 실천하라.

子曰天何言哉四時行言百物生言天何言哉
자 왈 천 하 언 재 사 시 행 언 백 물 생 언 천 하 언 재

공자가 말했다.

하늘이 무슨 말을 하더냐? 사계절이 운행되게 하고 만물이 자라게
하되 하늘이 무슨 말을 하더냐?

해석 공자는 하늘의 도를 따르는 것이 인간의 도리이요 목표라고 보
았다. 즉, 밤과 낮의 어김없는 반복, 사계절의 끊임없는 반복
등 천하 만물의 생성과 소멸이 질서정연하게 계속됨과 같이
인간사도 하늘의 도에 순응해야 한다는 것이다.

21세기 말씀 공자가 말한다.

사람들이 삼라만상의 운행을 자기들 잣대로 해석하지만 실제로 삼라만상은 제 위치에서 그대로 고금 이래 운행되고 있는 것이다.

해석 삼라만상의 큰 질서는 인간들의 행동에 심대한 영향을 주고 있음은 자명하다.

(14) 무도한 사람의 청도 명분 있게 거절해야 한다.

孺悲欲見孔子
유 비 욕 견 공 자

孔子辭以疾將命者出戶
공 자 사 이 질 장 명 자 출 호

取瑟而歌使之聞之
취 슬 이 가 사 지 문 지

유비의 청을 거절하였다.

유비가 공자를 뵙자고 했으나 공자가 병이 있다고 하면서 거절하였다. 그러나 명을 받아 심부름 온 사람이 문을 나서자 거문고를 연주하며 노래를 불러 그 소리를 듣게 했다.

유비는 노나라 애공의 신하이며, 애공의 명으로 상례(喪禮)에 대해 공자의 가르침을 얻으러 갔었다. 그러나 별도의 소개도 없이 갑자기 공자를 찾아와 공자가 예의에 어긋난 유비의 접견을 거절한 것으로 보인다.

유비가 공자를 뵙자고 했으나 공자가 병이 있다고 거절하였다. 유비의 갑작스러운 방문을 공자가 병이란 명분을 내세워 거절하였다.

오늘날에도 갑작스런 방문은 방문받는 사람을 긴장시켜 결례되는 행동으로 본다.

(15) 용기는 옳은 자세가 밑받침이 되어야 한다.

子路曰君子尚勇乎子曰君子義以爲上
자 로 왈 군 자 상 용 호 자 왈 군 자 의 이 위 상

君子有勇而無義爲亂小人有勇而無義爲盜
군 자 유 용 이 무 의 위 난 소 인 유 용 이 무 의 위 도

자로가 물었다.

군자는 용기를 숭상합니까?

공자가 대답했다.

군자는 도의를 최상으로 여긴다. 따라서 군자가 용기가 있으면서 도의가 없으면 난을 일으키기 쉽고, 소인이 용기가 있으면서 도의가 없으면 도둑질을 할 우려가 있다.

해석 공자는 이곳에서 용기와 만용을 구별하고 있다.

21세기 말씀 **자로가 묻는다.**

지성인도 용기를 숭상합니까?

공자가 대답한다.

지성인의 최상의 덕목은 민주적인 절차를 따르는 것이다. 그리하여 지성 정치인은 민주적인 절차를 소신 있게 지킬 용기가 있어야 하는데, 이러한 민주적인 절차를 따르지 않고 정치적 목적만을 달성하려 하면 정변까지도 일으킬 우려가 있는 것이다. 하물며 일반인도 민주적 절차를 따르지 않으면 그런 습관이 쌓여 도둑질이나 할 우려가 있다.

해석 오늘날 용기는 만용하지 않은 도의에 맞는 용기여야 한다.

(16) 남의 단점을 말하는 사람을 미워한다.

子貢曰君子亦有惡乎子曰有惡惡稱人之惡者
자공왈군자역유오호자왈유오오칭인지악자

惡居下流而訕上者惡勇而無禮者惡果敢而窒者
오거하류이산상자오용이무례자오과감이질자

曰賜也亦有惡乎惡徼以爲知者
왈사야역유오호오요이위지자

惡不孫以爲勇者惡訐以爲直者
오불손이위용자오알이위직자

자공이 물었다.

군자도 미워하는 것이 있습니까?

공자가 대답했다.

미워하는 것이 있다. 남의 단점을 말하는 사람을 미워하고, 아랫사람이 윗사람을 비방하는 사람을 미워하고, 용맹하되 무례한 사람을 미워하고, 과감하되 꽉 막혀 사리에 통하지 않은 사람을 미워한다.

공자가 물었다.

사(자공)야, 너도 미워하는 것이 있느냐?

자공이 답했다.

엿보고 아는 척하는 사람을 미워하고, 불손한 것을 용감하다고 생각하는 사람을 미워하며, 고자질하는 것을 강직하다고 여기는 사람을 미워합니다.

해석 공자와 자공의 미움에 대한 대화가 퍽이나 자세하다.

21세기 말씀 **자공이 물었다.**

지성인도 혐오감을 느끼게 하는 사람이 있습니까?

공자가 답한다.

혐오감을 느끼게 하는 사람이 있다. 남의 단점을 함부로 공개적으로 말하거나, 조직을 흐트려 놓는 말을 자주하는 경우는 정말 혐오감을 느낀다. 그리고 용맹하지만 안하무인격으로 조직을 운영하려는 사람이나, 사리에 맞지 않는 주장을 관철하려는 사람들에게 혐오감을 느낀다.

공자가 묻는다.

사야, 너는 미워하는 사람이 있느냐?

자공이 답했다.

별로 아는 것이 없으면서 아는 척하는 사람에 혐오감을 느끼며, 남이 조직을 원만하게 운영되게 만들어 놓으니까 자기가 다 하였다고 너스레 떠는 사람을, 모두가 알고 있는 일을 공개적으로 폭로함이 강직한 사람이라 착각하는 사람을 혐오감을 느낍니다.

해석 오늘날에도 맞는 구절이다.

(17) 사십에 비웃음을 사면 인생의 가망은 없다.

子曰年四十而見惡焉其終也已
자 왈 연 사 십 이 견 오 언 기 종 야 이

공자가 말했다.

나이 사십이 되었어도 남에게 미움을 산다면 그는 가망이 없는 것
이다.

해석 사십 정도의 나이이면 사람의 됨됨이가 드러나므로 남의 미움
을 사는 사람은 크게 기대할 것이 없다는 것이다.

21세기 말씀 **공자가 말한다.**

나이 사십이 되었어도 남에게 미움만 산다면 사회 지도자가 될
가능성이 없는 것이다.

해석 오늘날에도 이치에 맞는 구절이다.

18
미자(微子)

미자는 은나라 폭군 주왕에게 여러 차례 간언하다가 은나라를 떠났다. 이 편은 대부분 성현과 현인들의 출사와 은퇴를 다루고 공자의 현실 참여 및 개혁 사상을 부각시키려 한다.

미자 은나라 마지막 왕은 주왕이다. 미자는 주왕의 이복형이다. 기자와 미간은 주왕의 숙부이다. 주왕은 폭군이었는데, 기자는 주왕에게 무도함을 중지할 것을 간하였지만 말을 듣지 않자 종노릇을 하였고, 미간은 무도함을 간하다가 주왕에게 죽임을 당했다. 그리고 미자는 무도함을 간하여도 이를 중지하지 않자, 은나라를 떠났다.

(1) 은나라에 어진 세 사람이 있었다.

微子去之箕子爲之奴比干諫而死
미 자 거 지 기 자 위 지 노 비 간 간 이 사

孔子曰殷有三仁焉
공 자 왈 은 유 삼 인 언

은나라 마지막 왕인 폭군 주왕의 이복형인 미자는 여러 차례 간언했지만 받아들이지 않자 은나라를 떠나갔고, 기자도 역시 주왕에게 여러 차례 간언하다 받아들이지 않자 머리를 헤치고 미친 척하며 남의 종노릇을 하며 살았다. 비간은 여러 차례 간언하다 주왕의 화를 불러와 죽임을 당했다.
이에 공자가 말했다.
은나라에 세 분의 어진 사람이 있었다.

해석 공자는 어진 왕을 봉건제도를 지키는 중요한 핵심적 요소로 보고 이에 반하는 주왕과 같은 폭군에 대해 맹비난하고 있다.

21세기 말씀

은나라 마지막 왕인 폭군 주왕의 횡포를 막으려고 미자, 기자, 비간 등의 충성스러운 간언이 있었으나 받아들여지지 않았다. 즉, 은나라 주왕의 횡포를 막기 위해 한 분(비간)은 목숨을 잃거나 한 분(미자)은 조국을 떠나가거나 한 분(기자)은 초야에 숨어

머슴살이를 하였다.

이에 공자가 말한다.

오늘날 모든 나라가 민주주의를 표방하고 있다. 그러나 실제적으로 민주주의를 실행하지 않는 독재자 등이 나오고 있다. 예컨대 북한처럼 김일성 3대 독재 세습을 자행하면서도 민주주의를 하고 있다고 우기기도 한다. 그러므로 비간, 미자, 기자가 폭군에 저항한 것처럼 민주주의를 실행하지 않는 독재자들에 저항하기 위해 위정자나 시민들이 깨어 있어야 한다.

해석 현재에도 김일성 3대 세습 독재자가 출현되고 중국도 민주주의가 실현되지 않고 있어, 민주주의를 위해 위정자나 시민들이 깨어 있어야 한다.

(2) 올바른 道로써 관리의 길을 간다.

柳下惠爲士師三黜人曰子未可以去乎
유 하 혜 위 사 사 삼 출 인 왈 자 미 가 이 거 호

曰直道而事人焉往而不三黜
왈 직 도 이 사 인 언 왕 이 불 삼 출

枉道而事人何必去父母之邦
왕 도 이 사 인 하 필 거 부 모 지 방

어떤 사람이 말하였다.

(노나라의 옥사를 맡는 관리인 류하혜가 세 번 내쫓기자) 당신은 노나라를 떠날 때가 되지 않았습니까?

이에 류하혜가 대답했다.

道를 곧게 하여 사람을 다스리면 어디에 간들 세 번 쫓겨나지 않겠습니까? 道를 굽혀 사람을 다스린다면 어찌 우리 부모님의 나라를 떠날 이유가 있겠습니까?

해석 류하혜는 노나라 관리였는데 인격이 뛰어난 사람이다. 원래 성은 전(展)이고 이름은 획(獲)이며 또 다른 이름은 금(禽)이다. 그의 식읍이 류하였고 시호가 혜여서 류하혜라 하는 것이다.

21세기 말씀 **어떤 사람이 말한다.**

(노나라 형사범 처리를 맡는 관리인 류하혜가 세 번 경질되자) 당신은 노나라 관리 생활을 그만둘 때가 되지 않았습니까?

이에 류하혜가 답한다.

오늘날 민주 선거로 정권이 바뀝니다. 그리하여 나처럼 천직으로 알고 있었던 전문직도 영향을 받습니다. 그래서 관리로서 올곧게 근무하면 되지 정권이 바뀜에 따라 경질되는 것은 나 개인적인 문제로 바뀌는 것이 아니어서 크게 걱정하지 않습니다.

해석 오늘날 민주 선거로 정권이 교체 때에 전문직 경질을 살펴보았다.

(3) 정치를 게을리 하면 나라가 망할 수 있다.

齊人歸女樂季桓子受之三日不朝孔子行
제 인 귀 여 악 계 환 자 수 지 삼 월 불 조 공 자 행

제나라가 노나라를 정치적 혼란을 유발시켰다. 제나라가 노나라를 정치적 혼란을 유발시키려고 미녀 악공 등을 보냈는데, 노나라 실권자 계환자가 이를 받아들이고 이들과 연회를 즐기느라 사흘 동안 조회에 참석하지 않자 노나라 사구직에 있던 공자도 공직을 떠났다.

해석 공자가 노나라 대사구에 있으면서 치적을 쌓아 정치적으로 안정기를 맞았는데 일부 정치인(계환자)이 정치적 혼란을 자초하자 공자가 대사구직을 떠났다는 것이다.

21세기 말씀

지도급 사람들이 최선을 해야 한다. 노나라 실권자인 계환자가 미녀와 연회를 즐기느라 사흘 동안 조회에 참석하지 않자 공자가 실망하여 공직을 그만둔 것처럼 오늘날 정치인도 정부가 민주주의에서 벗어나면 처신을 분명히 해야 한다.

해석 정치적 혼란이나 독재는 긴장하지 않고 느슨하면 언제라도 올 수 있음을 알아야 한다.

(4) 성인이 가르친 대로 세상은 흘러간다.

楚狂接輿可而過孔子曰鳳兮鳳兮
초 광 접 여 가 이 과 공 자 왈 봉 혜 봉 혜

何德之衰往者不可諫來者猶可追
하 덕 지 쇠 왕 자 불 가 간 래 자 유 가 추

已而已而今之從政者殆而
이 이 이 이 금 지 종 정 자 태 이

孔子下欲與之言趨而辟之不得與之言
공 자 하 욕 여 지 언 추 이 벽 지 불 득 여 지 언

접여가 말했다.

(초나라의 狂人인 접여가 노래하며 공자 앞을 지나가며) 새야, 새야 봉황새야,
잊은 성덕 어이 할꼬. 가는 해를 묻지 말고, 오는 님을 기다릴까 그
만두라, 물러 가라. 정치 참여 위태롭고, 벼슬아치 원수니라.
(공자가 수레에서 내려 접여와 함께 말을 나누고자 하였으나 그가 재빠르게 몸을
피하여 말하지 못했다)

해석 공자 시대는 춘추시대로 봉건제도가 무너지고 있었다. 공자가
예견한 대로 대 혼란기인 전국시대가 뒤를 이었으며 진, 한나
라를 거치면서 수습되었다. 공자가 이러한 혼란을 막아보려고
노력하였으나 접여 같은 무리는 그러는 공자의 행위를 냉소한
것이다.

현재하고 있는 민주주의에 대해 초나라 접여처럼 부정적으로 보는 학자들이 많다. 그들은 현재 민주주의가 비효율적 제도라고 비웃으며 획기적인 효율적인 제도로 개선하지 않으면 민주주의가 종말을 맞을 수도 있다고 주장하고 있다. 그러나 이상적인 민주주의는 하늘에서 나타나는 봉황처럼 갑자기 하늘에서 나타나는 것이 아니라 시민들이 점진적 개혁을 하여 우리 주변에서 생겨나는 것이다. 그리하여 공자의 주장처럼 민주주의는 꾸준히 전진하는 것이고, 이상적인 민주주의는 시민들의 꾸준한 노력의 결실로 봉황새처럼 시민 곁으로 오는 것이다.

해석 오늘날 민주주의를 받아들이지 못한 나라는 초나라 접여처럼 혼란한 현실을 헤쳐 나가거나 극복하려 하지 않고 혼란한 현실에 주저앉고 냉소하는 경우가 많다. 이러한 현실 속에 공자적 자세로 민주주의를 꾸준히 추구하여야 한다.

(5) 바른 세상 이루기를 포기하지 않는다.

長沮桀溺耦而耕孔子過之使子路問津焉
장 저 걸 익 우 이 경 공 자 과 지 사 자 로 문 진 언

長沮曰夫執與者爲誰子路曰爲孔丘

장저왈부집여자위수자로왈위공구

曰是魯孔丘與曰是也曰是知津矣

왈시노공구여왈시야왈시지진의

問於桀溺桀溺曰子爲誰曰爲仲由曰是魯孔丘之徒與

문어걸익걸익왈자위수왈위중유왈시노공구지도여

對曰然曰滔滔者天下皆是也而誰以易之

대왈연왈도도자천하개시야이수이역지

且而與其從辟人之士也豈若從辟世之士哉耰而不輟

차이여기종벽인지사야개약종벽세지사재우이불철

子路行以告夫子憮然曰鳥獸不可與同群

자로행이고부자무연왈조수불가여동군

吾非斯人之徒與而誰與天下有道丘不與易也

오비사인지도여이수여천하유도구불여역야

공자가 자로를 시켜 나루터를 물었다.

(장저와 걸닉은 나란히 밭을 가는데 공자가 지나가다가) 나루터가 어디 있습니까?

장저가 말했다.

(나루터를 가르쳐 주진 않고) 저 고삐를 잡고 있는 사람이 누구요?

자로가 답했다.

공구이십니다.

장저가 다시 물었다.

그가 노나라의 공구라는 사람이오?

자로가 답했다.

그렇습니다.

장저가 빈정대며 말했다.

모든 것을 아는 그가 나루터도 알 것 아니오.

자로가 걸닉에게 나루터를 묻자 걸닉이 말했다.

그대는 누구요?

자로가 대답했다.

중유라는 사람입니다.

걸닉이 다시 물었다.

그러면 노나라의 공구라는 사람을 따르는 무리요?

자로가 답했다.

그렇소.

걸닉이 말했다.

지금 세상은 無道가 滔滔하여 흐르는 물을 걷잡지 못함과 같은데 도대체 누구와 함께 세태를 개혁할 생각인가? 또한 그대가 不義를 피한다고 이 군주를 피하고 저 군주를 피하며 돌아다니는 사람(공자)을 따르느니 차라리 우리처럼 세상을 피해서 숨어 사는 것이 낫지 않겠소?

이렇게 말하고는 밭에 뿌린 씨앗을 계속 덮기만 했다.

자로가 와서 이 사실을 알리자 공자가 한탄하며 말했다.

사람은 새와 짐승과 어울릴 수는 없으니, 내가 사람들과 더불어 살지 않으면 누구와 살겠느냐? 천하에 道가 행해지면 나도 구태여 세상을 바꾸려고 하겠는가?

해석 공자 일행이 초나라에서 채나라로 가는 도중에 장저, 걸닉의
두 隱者와 나눈 대화이다.

21세기 말씀 **공자가 자로를 시켜 나루터를 묻는다.**

(장저와 걸닉이 밭을 갈고 있었는데 공자가 지나다가) 나루터가 어디 있습
니까?

장저가 빈정대며 말했다.

모든 것을 다 아는 사람이 나루터 하나를 모릅니까?

공자는 이들의 조소적인 태도를 한탄하며 말한다.

(장저와 걸닉은 나루터는 가르쳐 주지는 않고, 천하의 평화로운 질서를 위해 나
서는 공자를 조소하니) 사람은 새와 짐승과 어울릴 수는 없고, 사람
들과 더불어 평화롭고 민주적인 사회를 만들어 사는 것이 도리
인데 그런 것을 지레 포기하고 빈정대고만 있구나?

해석 오늘날도 장저와 걸닉 같은 위인은 언제나 있다.

19
자장(子張)

이 편은 공자의 제자들의 말을 발췌하였다. 그중에서도 자하의 글이 제일 많고 자공, 증자 순으로 기술되어 있다.

자장 기원전 503년에 진나라에서 태어났으며 공자보다 48세 아래이다. 성은 전손이고 이름은 사이다. 두뇌가 뛰어났으나 게을렀다고 한다. 그러나 공자의 가르침에 분발하여 공문십철 중 한 사람이 되었다.

(1) 이득을 보면 먼저 의를 생각하라.

子張曰士見危致命見得思義
자 장 왈 사 견 위 치 명 견 득 사 의

祭思敬喪思哀其可已矣
제 사 경 상 사 애 기 가 이 의

子夏之門人問交於子張子張曰子夏云何
자 하 지 문 인 문 교 어 자 장 자 장 왈 자 하 운 하

對曰子夏曰可者與之其不可者拒之
대 왈 자 하 왈 가 자 여 지 기 불 가 자 거 지

子張曰異乎吾所聞君子尊賢而容衆
자 장 왈 이 호 오 소 문 군 자 존 현 이 용 중

嘉善而矜不能我之大賢與於人何所不容
가 선 이 긍 불 능 아 지 대 현 여 어 인 하 소 불 용

我之不賢與人將拒我如之何其拒人也
아 지 불 현 여 인 장 거 아 여 지 하 기 거 인 야

자장이 말했다.

선비는 위태로움을 보면 목숨을 바쳐 구하고, 이득을 보면 의를 생
각하고, 제사 때는 공경할 것을 생각하고, 喪事에는 애통해야 비로
소 괜찮은 삶이다.

자장이 말했다.

(자하의 문인이 사람을 사귀는 일에 대해 묻자) 그대의 선생 자하는 뭐라고
말했는가?

자하의 문인이 답했다.

자하께서 말씀하시기를 '좋은 사람은 사귀고 좋지 못한 사람은 사
귀지 말아야 한다'고 하셨습니다.

자장이 말했다.

내가 (공자에게) 들은 것과 다르구나. 군자는 현명한 사람을 존중하지만 모든 사람들을 포용하기도 하며, 선한 사람을 칭찬하지만 능력 없는 사람을 가련하게 여긴다고 한다. 내가 만약 현명하다면 누구나 받아줄 것이다. 그러나 내가 현명하지 않다면 사람들이 실제로 나를 거부할 것이다. 이렇게 보면 내가 먼저 남을 거부할 수 있겠느냐?

해석 자하는 시시비비를 주장하고 자장은 포용주의를 주장하는 것으로 보인다.

21세기 말씀 **자장이 말한다.**

지성인은 남의 위태로움을 보면 목숨을 바쳐 구하고, 이득을 보면 의로운 것인가 생각해 보고, 주변의 애경사도 무리 없이 처리해야 한다.

자하의 문인이 묻는다.

어떤 사람과 사귀어야 하나요?

자장이 오히려 되묻는다.

그대의 선생인 자하는 뭐라고 했는가?

자하의 문인이 답했다.

'민주주의를 좋아하는 사람은 사귀고 민주주의를 좋아하지 않는 사람과는 사귀지 말라'고 하였습니다.

자장이 말했다.

나는 공자의 말을 다르게 들었다. 즉, 지성인이라면, 주변의 민주주의를 사랑하는 사람과 깊게 사귀지만 일반 시민과도 사귐을 소홀하지 않아야 한다고 들었다. 특히 사회에서 처진 부류의 사람들과의 사귐을 소중하게 여기고 이들과의 소통을 꾸준히 해야 한다고 했다.

해석 오늘날 민주주의에서는 자하의 시시비비보다는 자장의 포용주의가 더 실용적이라고 본다.

(2) 군자는 기예만 다루는 道는 배우지 않는다.

子夏曰雖小道必有可觀者焉
자 하 왈 수 소 도 필 유 가 관 자 언

致遠恐泥是以君子不爲也
치 원 공 니 시 이 군 자 불 위 야

자하가 말했다.

비록 기예를 연마하는 것에도 반드시 볼 만한 것이 있기 마련이지만 일관되고 원대한 道의 수행에 장애가 될까 두려워 군자는 기예만 익히는 것에는 빠져들지 않는다.

해석 군자는 不器라는 공자의 말과 비슷한 말이다.

21세기 말씀 **자하가 말한다.**

다양하게 민주주의를 거론하지만 귀담을 것도 있게 마련이지만 진정한 민주주의는 시민의 자유로운 권리를 포함하고 있어야 한다. 따라서 지성인이라면 진정한 민주주의를 배우고 실천해야 한다.

해석 진정한 민주주의와 다른 것을 살펴보았다.

(3) 끊임없이 배워야 한다.

子夏曰日知其所亡
자 하 왈 일 지 기 소 망

月無忘其所能
월 무 망 기 소 능

可謂好學也已矣
가 위 호 학 야 이 의

자하가 말했다.

날마다 자신이 몰랐던 것을 알고, 달마다 잘하는 것을 잊지 않는다면, 가히 배움을 좋아한다고 할 수 있다.

해석 호학함은 꾸준함에 있다는 것이다.

21세기 말씀 **자하가 말한다.**
매일 자신이 몰랐던 것을 알아 배우고, 매월에 이제껏 터득한 지식을 스스로 점검하고 삭이면 가히 학문을 좋아한다고 할 수 있다.

해석 오늘날도 호학함에 왕도는 없고 꾸준함에 있다.

(4) 널리 배우고 뜻을 독실하게 다진다.

子夏曰博學而篤志切問而近思仁在其中矣
자 하 왈 박 학 이 독 지 절 문 이 근 사 인 재 기 중 의

자하가 말했다.
널리 배우고 뜻을 독실하게 다지며 절실히 묻고 가까이 생각하면 仁이 그 속에서 저절로 나온다.

해석 仁의 습득과 관련된 시대를 초월한 명구이다.

21세기 말씀 자하가 말한다.

현대정치학을 널리 배우면서도, 현대정치의 정수인 민주주의에

관해 보다 독실하게 다지며 절실하게 파고들면 현대 민주주의를

저절로 터득하게 된다.

해석 민주주의 배움의 기본적인 자세를 살펴보았다.

(5) 소인은 잘못하면 반드시 꾸민다.

子夏曰小人之過也必文

자 하 왈 소 인 지 과 야 필 문

자하가 말했다.

소인은 자기의 허물을 속이고 덮으려 한다.

해석 소인은 보통 자기 잘못을 속이고 덮으려는 심리가 오늘날에도

맞는 말로 보인다.

21세기 말씀 자하가 말한다.

일반 시민들은 잘못을 저지르면 속이려 하고, 늘 변명하려 한다.

오늘날에도 일반적으로 저질러지고 있다.

(6) 군자는 엄숙하고 온화하고 명료하다.

子夏曰君子有三變望之儼然卽之也溫聽其言也厲
자 하 왈 군 자 유 삼 변 망 지 엄 연 즉 지 야 온 청 기 언 야 려

자하가 말했다.

군자는 세 가지 다른 모습이 있는데, 멀리 바라보면 엄숙하여 말을 붙이기가 어려워 보이고, 가까이 하면 온화하고, 그 말을 들으면 바르고 엄중하게 보인다.

군자를 보고 느끼는 것을 세심하게 분석하였다.

21세기 말씀 자하가 말한다.

지성인은 세 가지 다른 모습이 있다. 멀리서 바라보면 무언가 심각해 보이지만, 가까이 살펴보면 잔잔한 미소가 보일 정도로 여유가 있다. 그리고 그의 말하는 것을 들으면 현대 생활의 문제에 적극적으로 대처함을 느낀다.

오늘날 지성인의 자세를 살펴보았다.

(7) 상대방의 믿음을 얻고 나서 간(諫)한다.

子夏曰君子信而後勞其民未信則以爲厲己也
자 하 왈 군 자 신 이 후 로 기 민 미 신 즉 이 위 려 기 야

信而後諫未信則以爲謗己也
신 이 후 련 미 신 즉 이 위 방 기 야

자하가 말했다.

군자는 믿음을 얻은 뒤에 백성을 부려야 한다. 믿음을 얻지 못했
으면 자기들을 혹독하게 괴롭힌다고 생각한다. 그리고 윗사람에게
믿음을 얻은 뒤에 간언해야 한다. 믿음을 얻지 못하고 간언하면
상대는 자기를 방해한다고 생각한다.

해석 여기서 군자는 백성과 임금의 중간의 위치에 있는 관리를 말
한다.

21세기 말씀 **자하가 말한다.**

민주주의 관리는 시민들이 믿고 따르게 행정을 하여야 하며 특
히 시민들에게 부담을 주는 공공사업을 추진하려면 시민과의 소
통에 소홀하면 안 된다. 그리고 상, 하급 행정기관 사이에도 소
통에 소홀하면 안 된다. 이를 소홀히 하면 기관과의 충돌이 발생
할 우려가 있다.

민주주의에서 지도자나 시민과 행정을 하는 위치의 관리를 살펴본 것이다.

(8) 벼슬하면서 여력이 있으면 배운다.

子夏曰仕而優則學學而優則仕
자 하 왈 사 이 우 즉 학 학 이 우 즉 사

자하가 말했다.

벼슬하면서 여력이 있으면 배우고, 배우고서 여력이 있으면 벼슬한다.

해석 벼슬이나 직장 생활과 배우고 익히는 것은 인생에서 양자택일할 수 없는 문제이다.

21세기 말씀 **자하가 말한다.**

공직을 수행하려면 공직을 수행할 만한 실력를 갖추어야 하지만 공무 중에도 여력이 있으면 새로운 지식을 배워야 한다.

해석 문구를 현대적으로 풀어본 것이다.

(9) 喪禮에는 진심으로 애도해야 한다.

子遊曰喪致乎哀而止
자 유 왈 상 치 호 애 이 지

자유가 말했다.

상례, 즉 장례 때에는 죽은 사람을 진심으로 애도하면 된다. 거짓 울음과 화려한 조화 등은 지양해야 한다.

해석 장례는 허례허식을 버리고 진심으로 애도하면 된다.

21세기 말씀 자유가 말한다.

장례는 죽은 사람을 진심으로 애도하는 데 있다. 그리하여 장례는 처음부터 끝날 때까지 애도심을 유지하면서 무사히 순조롭게 끝내야 한다.

해석 오늘날 장례도 허례허식을 버려야 함이 타당하다.

(10) 부모의 喪은 정성을 다해야 한다.

曾子曰吾聞諸夫子人未有自致者也必也親喪乎
증 자 왈 오 문 제 부 자 인 미 유 자 치 자 야 필 야 친 상 호

증자가 말했다.

내가 선생님께 들었는데, 사람이 일관되게 정성을 쏟는 경우는 별로 없지만, 부모님 喪禮에는 그래도 일관되게 정성을 쏟게 된다.

해석 인간이 부모에게 효를 실행해도 크게 눈에 띄지 않지만 부모님 喪禮 중에는 정성을 들인다고 한다.

21세기 말씀 **증자가 말한다.**
사람은 일관되게 정성을 쏟아서 일을 해야 할 경우가 간혹 있다. 그중 고금을 털어 변함없이 일관되게 정성을 쏟아야 하는 경우는 부모님 상례이다.

해석 오늘날에도 부모의 喪禮는 중요하다.

(11) 맹장자의 효성은 지극하였다.

曾子曰吾聞諸夫子孟莊子之孝也其他可能也
증 자 왈 오 문 제 부 자 맹 장 자 지 효 야 기 타 가 능 야

其不改父之臣之政是難能也
기 불 개 부 지 신 지 정 시 난 능 야

증자가 말했다.

내가 선생님께 이런 말을 들었다. 맹장자의 효성에 있어서 다른 것은 따라갈 수 있으나, 그가 선친의 가신을 그대로 두고 선친의 정치를 바꾸지 않은 것은 실로 따라 하기 어렵다.

해석 맹장자는 노나라 대부 중손숙을 가리킨다. 중손숙의 부친은 맹헌자이다. 맹헌자는 현명한 사람이었다고 한다.

21세기 말씀 증자가 말한다.

나는 선생님(공자)이 맹장자에 대해 말하는 것을 들은 적이 있다. 그(맹장자)는 정치를 하면서도 효성스러움이 대단하여, 정치적 손실을 감내하면서도 죽은 아버지의 정치관을 그대로 이어받고, 아버지가 받아들인 사람들은 크게 잘못이 없으면 그대로 두었다고 한다.

해석 현대적인 보수적 정치인을 살펴보았다.

(12) 군자는 하류에 몸을 두지 않는다.

子貢曰紂之不善不如是之甚也
자 공 왈 주 지 불 선 불 여 시 지 심 야

是以君子惡居下流天下之惡皆歸焉
시 이 군 자 오 거 하 류 천 하 지 악 개 귀 언

자공이 말했다.

은나라 주왕의 포악무도함이 그다지 심한 것은 아니었는데 사람들이 그를 미워하였다. 그래서 군자는 하류에 居하는 것을 싫어한다. 하류에 거하고 있으면 천하의 악명이 모두 주왕에게 돌아가는 것을 군자도 자연스럽게 받아들여야만 하기 때문이다.

해석 역사상에 나타난 폭군 중에 대표적인 사람이 주왕이었다. 그리하여 폭군을 거론할 때에는 주왕, 주왕하게 되었다는 것이다. 모든 무도함을 주왕에게만 있는 것은 아니지만 하류의 분위기상 군자도 어쩔 수 없다는 것이다.

21세기 말씀 **자공이 말한다.**

은나라 폭군 주왕의 무도함이 처음에는 그렇게 심한 무도는 아니었으리라. 그리하여 민주정치를 사랑하는 지성인들이 명심하여야 할 것은 민주주의를 일단 벗어나면 다시 돌아오기가 어렵다는 것이다. 즉, 주왕처럼 독재정치에 점점 빠져들고 독재자 위치를 벗어나지 못한다는 것이다.

해석 민주주의를 벗어나면 다시 돌아오기는 힘들다는 것을 주왕에 비견하여 보았다.

(13) 군자 스스로 자신의 잘못을 고치면 모두 우러러본다.

子貢曰君子之過也如日月之食焉
자 공 왈 군 자 지 과 야 여 일 월 지 식 언

過也人皆見之更也人皆仰之
과 야 인 개 견 지 갱 야 인 개 앙 지

子貢曰文武之道未墜於地在人賢者識其大者
자 공 왈 문 무 지 도 미 추 어 지 재 인 현 자 식 기 대 자

不賢者識其小者莫不有文武之道焉
불 현 자 식 기 소 자 막 불 유 문 무 지 도 언

夫子焉不學而亦何常師之有
부 자 언 불 학 이 역 하 상 사 지 유

자공이 말했다.

군자의 허물은 일식이나 월식과 같아서 잘못을 저지르면, 이를 모두 보고 있어 이 허물을 고치면 사람들이 모두 우러러본다.

자공이 말했다.

주나라의 문왕과 무왕의 道가 아직 땅에 떨어지지 않고 사람들이 지키고 있습니다. 그러므로 현명한 사람은 그중 큰 것을 배워 알게, 현명하지 않은 사람은 그중 작은 것을 배워 알게 마련입니다. 그 모든 것이 문왕과 무왕의 道가 아닌 것이 없습니다. 그럴진대 선생님께서 누구에겐들 배우지 않으시겠습니까? 그래서 또 어찌 정해진 스승이 있겠습니까?

해석 자공이 말한 것 중에 뒤쪽의 것은 위나라 대부 공손조와의 대화로 공자에 대한 답변이다. 공손조가 공자의 박학다식은 어디에서 배웠느냐고 자공에게 묻자 자공의 답변 내용이다.

21세기 말씀 자공이 말한다.

방송에서 저명한 지성인이 말하면 일식이나 월식처럼 세상의 시민 모두가 시청한다. 그래서 그가 솔직하게 말했지만 잘못 말한 것이 있으면 은폐되지 않게 되고 공개적으로 잘못을 시정하게 되어 오히려 시민들이 안심하게 되어 오히려 우러러 본다.

자공이 또 말한다.

주나라 문왕과 무왕에 의해 다져진 봉건제도를 밑받침하는 仁과 孝 등을 개척한 공자가 아닙니까? 더구나 스승님은 오늘날 민주주의 등을 밑받침되는 현대정치학을 가르치는 데에도 노심초사하고 있는 것입니다. 미국 등에서 민주주의 등의 현대정치가 도입되었지만 민주주의 등이 정착하지 못하고 그동안 군부독재 등을 겪었습니다. 이제야 그래도 민주주의 등이 정착해 가고 있습니다. 이젠 공자가 주장하는 민주주의 등을 포함하는 현대정치가 어느 정도 자리 잡혀가는 것을 실감합니다. 이젠 공자도 민주주의 등을 위한 진정한 현대정치학을 세울 시점으로 보입니다.

해석 봉건제도 때의 밑받침인 인, 효 등의 윤리학을 가르치는 공자를 현대 사회과학인 현대정치학자로 묘사하였다.

20
요왈(堯曰)

이 편은 논어의 마지막 편이다. 이 편은 공자나 제자들의 말을 발췌한 것이 아니다. 논어를 총괄하는 형식을 취한 것으로 보인다.

요 중국 상고사 오제의 하나인 제곡의 손자이다. 요 다음의 제위에 오른 순과 합하여 '요순의 치'라 하여 중국의 가장 이상적인 천자라 알려지고 있다. 요는 효심이 훌륭한 순에게 두 딸을 시집보내고 섭정을 하였는데 순이 요의 아들 단주를 제위에 오르게 하였으나 제후들이 모두 순이 요를 이어야 한다고 하여 순이 제위에 올랐다.

(1) 백성들이 곤궁하면 하늘의 녹은 끊긴다.

1. 堯曰咨爾舜天之曆數在爾躬允執其中
   요왈자이순천지역수재이궁윤집기중

   四海困窮天祿永終
   사해곤궁천록영종

2. 舜亦以命禹
   요역이명우

3. 曰予小子履敢用玄牡敢昭告于皇皇后帝
   왈여소자이감용현목감소고우황황후제

   有罪不敢赦帝臣不蔽簡在帝心
   유죄불감혁제신불폐간재제심

   朕躬有罪無以萬方萬方有罪罪在朕躬
   짐궁유죄무이만방만방유죄죄재짐궁

4. 周有大賚善人雖有周親
   주유대뢰선인수유주친

   不如仁人百姓有過在子一人
   불여인인백성유과재자일인

   謹權量審法度修廢官四方之政行焉
   근권량심법도수폐환사방지정행언

   興滅國繼絶世擧逸民天下之民歸心焉
   흥멸국계절세거일민천하지민귀심언

所重民食喪祭寬則得重

소 중 민 식 상 제 관 즉 득 중

信則民任焉民則有功公則設

신 즉 민 임 언 민 즉 유 공 공 즉 열

1. 요임금이 말했다.

아, 그대 순(舜)이여. 하늘이 정해준 임금의 차례가 그대에게 있으니 그대는 中庸의 도를 잘 잡으라. 사해의 백성들이 곤궁에 처하면 하늘의 복록은 영원히 끊기리라.

2. 순임금도 이 말을 일러 주었다.

순임금이 역시 이 말을 우임금에게 선양할 때 일러주었다.

3. 탕왕이 하나라 걸왕을 치고 하늘과 제후에게 말했다.

변변치 않은 나는 감히 검은 황소를 제물로 올리고 빛나고 크신 천제께 아뢰옵니다. 죄 지은 자를 감히 용서할 수 없으며, 앞 천자의 신하들이라도 현명한 사람은 모두 등용해 쓸 것이니, 이것들을 살피심은 오로지 천제의 뜻에 달려 있습니다. 제 몸의 죄는 제후에게 허물이 있음이 아니요, 제후의 죄는 저 자신의 죄이옵니다.

4. 주 무왕이 은 주왕을 칠 때에 다음과 같이 말했다.

우리 주나라에는 하늘이 내려주신 큰 선물인 훌륭한 인재가 많다. 은나라에 비록 지극히 친근한 사람이 있다 해도 우리의 어진 사람만 같지 못하다. 백성들에게 잘못이 있다면 그 죄는 바로 나, 무왕에게 있다. 무게와 부피의 도량형을 바로잡고 문물제도를 잘 살펴 고치고, 폐지된 관직을 회복하니 나라의 정치가 안정되었다. 망했

던 왕손들의 나라를 다시 일으켜 주고, 끊어졌던 대를 다시 이어
주고, 숨은 인재를 등용하니 천하의 민심이 주나라에 돌아왔다. 특
히 주나라가 소중하게 여긴 것은 백성들을 잘살게 하고, 상례, 제
례를 정중하게 모시는 일이었다. 임금이 관대했으므로 많은 사람
들이 귀속했고 신의가 있으므로 백성들이 신임했고, 민첩했으므
로 공적을 세우고, 모든 것이 공평했으므로 기뻐했다.

해석 中庸의 道란 치우침이 없이 중심을 잡는 것을 말한다.

21세기 말씀

1. 요임금이 세세연년 지도자에게 말한다.

   아, 순이여, 하늘이 정해준 지도자인 임금의 차례가 그대에게
   있으니 그대는 中庸의 도를 잘 잡아서 세세연년 이어가야 한
   다. 그렇지 않으면 온 누리의 시민들이 곤궁에 처하게 되고,
   하늘이 주는 지도자의 복록도 끊기리라.

2. 이 '中庸의 도'의 말을 순임금도 그 다음 지도자인 우임금에게
   전해주었다.

3. 하나라 지도자 탕왕이 말한다.

   하나라도 '중용의 도'인 시민 모두에게 공평하게 베풀고자 노
   력했다. 그러나 불행하게도 폭군 걸이 온 누리를 흩트려 놓았
   다. 이제 다시 '중용의 도'를 이어받으리라.

4. 하나라를 이은 주나라는 동양사회의 문물제도를 확립하였다.

   특히 문왕, 무왕을 거치면서 동양식 봉건제도, 즉 종법제도를

완성하였다. 그리하여 모든 시민들이 공평한 대우를 받아 모두 기뻐하였다. 이 동양사회의 종법제도는 근대까지 이어졌다. 이젠 시대가 바뀌어 오늘날 시대의 '중용의 도'인 민주주의를 받아들이고 정착시킬 의무가 지도자들에게 있다.

해석 오늘날 중용의 도는 너무 진보적이거나 너무 보수적이지도 않은 모든 시민을 아우르는 민주주의를 말한다.

(2) 백성들에게 은혜를 베풀어라.

子張問於孔子曰何如斯可而從政矣
자 장 문 어 공 자 왈 하 여 사 가 이 종 정 의

子曰尊五美屛四惡斯可而從政矣
자 왈 존 오 미 병 사 악 사 가 이 종 정 의

子張曰何謂五美子曰君子惠而不費
자 장 왈 하 위 오 미 자 왈 군 자 혜 이 불 비

勞而不怨欲而不貪泰而不驕威而不猛
노 이 불 원 욕 이 불 탐 태 이 불 교 위 이 불 맹

자장이 공자께 물었다.

어떻게 하면 나라를 바르게 다스릴 수 있습니까?

공자가 대답했다.

다섯 가지 훌륭한 것을 존중하고, 네 가지 악덕한 것을 물리치면 바르게 다스릴 수 있다.

자장이 물었다.

우선 무엇을 가지고 다섯 가지 훌륭한 것이라고 합니까?

공자가 답했다.

군자는 은혜를 베풀어 주되 낭비하지 않고, 백성들을 노역에 부리되 원망을 받지 않고, 하고자 하는 원하는 바 있으되 탐욕하지 않고, 편안하되 교만하지 않고, 위엄이 있지만 사납지 않는 것이다.

해석 나라를 바르게 다스리는 것을 구체적으로 열거하는 것이 인상적이다.

21세기 말씀 **자장이 공자께 묻는다.**

어떻게 하면 나라를 바르게 다스릴 수 있습니까?

공자가 대답한다.

다섯 가지 훌륭한 것을 존중하고, 네 가지 사악한 것을 물리치면 바르게 다스릴 수 있다.

자장이 묻는다.

무엇을 가지고 다섯 가지 훌륭한 것이라고 합니까?

공자가 답한다.

지도자는 우선 민주주의를 실행하여야 하며 그에 따라 비민주적인 조치가 일어나지 않게 조심하여야 한다. 그리고 시민들에게

부담스러운 의무를 부과할 경우에는 법에 따라 부과하여 원망을
사지 않아야 한다. 한편 모든 시민에게 공정한 민주적 복지 행정
을 시행하여 시민들에게 공평한 혜택이 돌아가게 하여야 한다.

해석 오늘날 나라를 잘 다스리는 것을 살펴보았다.

(3) 백성이 원하는 대로 하여 백성에게 이롭게 해 준다.

子張曰何謂惠而不費
자 장 왈 하 위 혜 이 불 비

子曰因民之所利而利之
자 왈 인 민 지 소 리 이 리 지

斯不亦惠而不費乎
사 불 역 혜 이 불 비 호

擇可勞而勞之又誰怨
택 가 로 이 로 지 우 수 원

欲仁而得仁又焉貪
욕 인 이 득 인 우 언 탐

君子無衆寡無小大無敢慢斯不亦泰而不驕乎
군 자 무 중 과 무 소 대 무 감 만 사 불 역 태 이 불 교 호

君子正其衣冠尊其瞻視儼然人望而畏之

군 자 정 기 의 관 존 기 첨 시 엄 연 인 망 이 외 지

斯不亦威而不猛乎

사 불 역 위 이 불 맹 호

子張曰何謂四惡子曰不敎而殺謂之虐不戒視成謂之暴

자 장 왈 하 위 사 악 자 왈 불 교 이 살 위 지 학 불 계 시 성 위 지 포

慢令致期謂之賊猶之與人也出納之吝謂之有司

만 령 치 기 위 지 적 유 지 여 인 야 출 납 지 린 위 지 유 사

자장이 물었다.

백성들에게 은혜를 주되 낭비하지 않는다는 말은 무슨 뜻입니까?

공자가 답했다.

백성들이 저마다 이득을 얻을 수 있는 곳에서 이득을 얻도록 위정자가 해 주니, 은혜를 주되 낭비하지 않는다고 하지 않겠느냐? 그리고 백성들을 노역에 동원할 만한 일을 신중히 택하여 부리니 백성들이 사리에 맞음을 알고 심복하니 누구를 원망하겠느냐? 인정을 베풀고자 원하여 인정을 하였으니 그 이상 바랄 것이 없다.

또한 군자는 상대방의 재물의 많고 적음을 가리지 않고 권력이 크고 적음을 가리지 않고 누구에게나 거만한 태도를 취하지 않으니 이 또한 태연하면서도 교만하지 않는 것이 아니겠느냐? 군자는 의관을 바르게 하고 태도를 존엄히 하여 자연스럽게 위엄이 있게 바라보게 묵직하게 하니, 이 또한 위엄이 있으나 남에게 사납게 하지 않은 것이 아니겠느냐?

자장이 물었다.

무엇이 네 가지 악덕입니까?

공자가 답했다.

백성을 미리 가르치지 않고 죄를 지은 사람을 죽이는 것을 학살이라 하고, 미리 훈계하지 않고 잘못된 일을 꾸짖는 것을 포악이라 하고, 법령 기일을 정하면서 기일을 촉박하게 정한 것을 적해라 한다. 그리고 마땅히 내어줄 금전 등인데 인색하게 구는 것은 크게 잘못하는 것이다.

해석 나라 잘 다스리는 방법을 구체적으로 열거하고 있다.

21세기 말씀 **자장이 묻는다.**

시민들에게 민주주의로 무한봉사를 하되 허비하지 않는다는 말은 무슨 뜻입니까?

공자가 답한다.

시민들에게 민주주의의 봉사내용을 사전에 조사, 선별하면 예산을 허비하지 않게 된다는 것이다. 그리고 제대로 된 지도자라면 민주주의에 입각하여 정치에 사심 없이 임해야 한다는 것이다. 개인적으로 갖추어야 할 윤리도 소홀하지 않고 시대의 흐름에 뒤지지 않게 학문의 연마에도 열심히 하여야 한다.

자장이 물었다.

무엇이 네 가지 악덕입니까?

공자가 답한다.

형법조항에도 없는 죄, 즉 죄형법정주의에 위반하여 민주주의에 반하는 독재정치를 일삼는 것을 학정이라 하고, 세금 항목에도 없는 세금을 징수하는 수탈정치를 포악이라 하고, 형식적인 법 조항을 그럴듯하게 갖추어 놓고 기일을 촉박하게 하여 감내하지 못하게 하는 것을 적해라 한다. 이러한 행정기관에서 당연히 줄 금전 등을 인색하게 구는 것은 늘 있어왔던 부패의 악습이라 하겠다.

해석 현대적인 상황에서 살펴본 것이다.

(4) 하늘의 명령을 알지 못하면 군자가 될 수 없다.

子曰不知命無以爲君子也不知禮
자 왈 불 지 명 무 이 위 군 자 야 불 지 례

無以立也不知言無以知人也
무 이 립 야 불 지 언 무 이 지 인 야

공자가 말했다.

천명을 알지 못하면 군자가 될 수 없고, 禮를 알지 못하면 세상에서 행세할 수 없고, 말을 알아듣지 못하면 사람을 다스릴 수 없다.

해석 사람의 인격 수양의 필요성을 살펴본 것이다.

21세기 말씀 **공자가 말한다.**

민주주의를 알지 못하면 지성인이라 할 수 없고, 예와 법치를 알지 못하면 행세할 수 없고, 상대방을 설득하지 못하면 민주사회를 다스릴 지성이 못 된다.

해석 지성인과 민주주의를 살펴본 것이다.